탑처럼
구조화된 신약성경

탑처럼
구조화된 신약성경

서정철 지음

신약성경은 예수님 믿음의 바탕이고
복음의 근간이다

바른북스

머리말

신약성경을 한·영·불 세 가지 언어로 읽어보니 신약성경은 제일 아래층에 예수님에게 이르기까지의 계보와 예수님으로부터 아담과 하와까지 거슬러 올라가는 계보가 맨 아래에 있고 그 윗단에 예수님의 치유와 이적, 비유와 말씀이 있고 보다 상단에 바울을 비롯한 사도들의 업적이 기록된 단이 구성되었다고 보았다.

내가 보는 방식이 신약성경을 축조적으로 구조화하여 보는 방식이라고 생각하여 신약성경을 내가 보는 방식으로 기술해 보았고 관계되는 에피소드들을 첨가하였다. 그리고 부록으로 약간의 중복이 있으나 바울의 생애와 가르침을 추적하는 작은 책자를 첨가하였다.

집필하는 과정에서 비롯되는 여러 가지 문제들을 해결하고 해소해 준 것은 이번에도 박가연 선생이었다. 박가연 선생은 내가 쓴 난잡한 글을 우아하게 고쳐 인터넷에 올려주었고 그의 도움 없이 책이 되는 것은 불가능했다.

출판사의 편집 담당 선생님들의 최종적인 정리와 첨삭을 통하여 이 책이 출판하게 되어 감사한다. 마지막으로 독자 여러분의 신약성경 이해에 작은 도움이라도 될 수 있기를 간절히 소망한다.

여의도 우거에서

서정철

신약성경의 이해

신약성경은 예수님 믿음의 바탕이고 복음의 근간이다. 다니엘은 항상 계신이 즉 하나님이 인자 즉 예수님에게 이 세상의 모든 권세를 넘겨주시는 장면을 보여주었다. 그리고 이사야 선지자를 비롯하여 이후의 선지자들은 하나님의 말씀을 받고 예수님이 메시아로 오시어 우리 죄를 대속하기 위하여 고난을 받으신다고 예고하였다.

그러니 하나님의 말씀을 담은 구약성경은 신약성경의 뿌리이면서 그 증거역할을 한다. 따라서 구약성경이 신약성경을 이해하는 데 도움이 되기 때문에 신약성경에서 구약성경을 2,000여회 인용된 것이다. 그렇기 때문에 구약성경과의 연결을 끊고 신약성경을 이해하는 데에는 분명한 한계가 있다.

그렇기는 하나 신약성경은 복음성경으로서의 독자성과 적합성을 지니고 있어 신약성경 없이 복음을 알거나 전할 수는 없다. 신약성경은 예수님의 이적, 치유, 말씀, 비유 등을 담고 있고 베드로와 바울을 비롯한 사도들의 사역과 교리에 관련된 필요한 사항들을 제공하고 있다.

신약성경은 구약성경과는 다른 구성을 이루고 있다. 우리는 구약이 담고 있는 수백, 수천의 이야기를 스토리텔링으로 풀고자 하였고 신약성경에도 그런 방식을 부분적으로 적용하였으나 신약성경은 기본적으론 다른 구성 원칙을 보여주고 있다.

신약성경은 세 가지 단계로 이루어진다.

첫째, 예수님의 삶과 사역 그리고 그에 따른 가르침들이 이루는 단계가 있고 둘째로 사도들의 행적과 서신들 그리고 요한의 계시록이 이루는 첨탑 단계가 있고 셋째로 믿음과 관련되는 논제 주제들을 모은 사항들이 이루는 논단적인 단계도 올려져 있다.

그리하여 우리는 신약성경이 구조를 이루는 탑적인 구조로 보고 그에 따라 신약성경을 다시 쓰게(Rewrite)된 것이다.

목차

III. 셋째 단 : 사도들의 행적과 사역

IV. 넷째 단 : 자유논단

V. 별책부록

1.

기저 단 : 두 가지 족보와 예수님의 오심

1. 예수님의 두 가지 족보

i. 마태의 '낳고' 족보

본래 세리였던 마태는 예수님의 족보를 아브라함부터 시작하여 그가 이삭을 낳고 이삭이 야곱을 낳고 야곱은 유다를 비롯한 12지파를 세운 열두 아들을 낳았다고 하면서 세칭 '낳고 복음'을 통하여 아브라함에서 다윗까지 14대가 있고 다윗부터 시드기야까지 14대가 있으며 그 후 예수님까지 14대 모두 42대 만에 예수님이 탄생하셨다고 알려준다.

ii. 누가의 '위에' 족보

그런가 하면 환자를 진찰하면서 가족의 병력을 중시하는 의사 누가는 환자의 위 세대를 밝히는 '위에 족보' 방식으로 역으로 올라가 뿌리에 이르는 방식을 택한다.

그에 따르면 예수님 위에 요셉이 있고 요셉 위에 헬리이고 헬리 위에 맛단, 맛단 위에 레위, 레위 위에 멜기에라고 하면서 '위에 복음'의 역족보는 셋까지 오르고 셋 위에는 아담이고 아담 위에는 하나님이시라고 한다.

마태가 전통적인 족보기록 방식에 따라 '하행선'을 택하였다면 누가는 역방향식 족보기록에 따라 '상행선'을 타고 창세의 원천이신 하나님께까지 다다른다.

두 사람의 족보 형성 방법은 사고방식의 차이와 신학적 차이까지 보여주고 있다. 마태의 방식은 누구를 거쳐 예수님이 탄생하셨는가를 보여주는 전통적 방식이고 누가의 방식은 예수님과 이스라엘 민족의 뿌리는 하나님이신 것을 강조하는 것이다.

iii. 예수님 오심

요셉과 마리아가 단지 정혼만 하였을 뿐인데 마리아가 임신된 것을 감지하고 요셉과 마리아는 속으로 고민하고 있었다. 그때 가브리엘 천사가 찾아와 '은혜를 받은 자여 평안할지어다. 주께서 너와 함께 하시는도다 (……) 보라 네가 잉태하여 아들을 낳으리니 그 이름을 예수라 하라 (……) 영원히 야곱의 집을 왕으로 다스리실 것이며 그 나라가 무궁하리라'(눅 1:28~33)라 한다.

이사야가 '보라 처녀가 잉태하여 아들을 낳을 것이요'(사 7:14)라 한 것이 이루어진 것이다.

한편 마리아의 잉태를 알게 된 요셉은 드러내지 않고 관계를 끊고자 하였으나 하나님의 사자가 현몽하여 '다윗의 자손 요셉아 네 아내 데려오기를 무서워하지 말라 그에게 잉태된 자는 성령으로 된 것이라 아들을 낳으리니 이름을 예수라 하라 이는 그가 자기 백성을 그들의 죄에서 구원할 자이심이다'(마 1:20~21)라 하였다.

그 당시 로마 황제는 모든 로마 시민들에게 자기 고향에 가서 호적을 등록하게 명하여 요셉과 마리아도 베들레헴에 가게 되었다. 그곳에 가니 여관에 방이 없는데 출산을 하게 되니 마리아는 말의 구유에 아기 예수를 누일 수밖에 없었다.

거의 같은 시기에 임신을 한 마리아의 친척 엘리사벳은 마리아보다 먼저 아들을 출산하였으니 그가 바로 침례 요한이다.(눅 1:57~63)

한편 동방의 천문박사들은 하늘에 유대인 왕의 탄생을 예고하는 징조가 보이자 별을 따라오니 예루살렘을 비추고 있어 정확한 장소를 알고자 헤롯 왕을 찾아가 물었다. 대제사장들과 서기관들이 문헌을 찾아보고 그곳이 베들레헴이라고 일러준다. 헤롯 왕은 그것을 알려주며 그곳을 찾거든 자기에게도 알려달라고 부탁한다.

또한 들에서 양을 치던 목자들에게 천사가 나타나 '오늘 다윗 동네에 너희를 위하여 구주가 나셨으니 곧 그리스도 주시니라'(눅 2:11)라 일러준다. 예수님은 강보에 쌓여 구유에 누우시어 가장 낮은 백성들을 위하여 가장 낮은 곳에 태어나신 것이다.

동방박사들은 아기 예수 있는 곳을 찾아가 경배하고 황금, 유향, 몰약을 선물로 드렸으나 꿈에 헤롯에게 들리지 말라는 계시를 받고 다른 길로 고국에 돌아갔다.

동방박사들에게 속은 것을 알게 된 헤롯은 두 살 아래의 아기들을 모두 죽이라고 명령한다. 요셉은 주의 사자의 현몽에 따라 아기와 마리아를 데리고 애굽으로 도피하였다. 3년 후 헤롯이 죽었으니 이스라엘로 돌아가도 좋다는 주의 사자의 현몽으로 성가족은 이스라엘로 돌아갔다.(마 2:19~21)

침례 요한은 유대 광야에서 '회개하라 천국이 가까이 왔느라'(마 3:12) 하고 외쳤다. 그는 자기를 따르는 자들에게 요단강에서 침례를 베풀었고 사방에서 그를 찾아오는 사람들은 죄를 자복하고 침례를 받았다. 그는 메뚜기와 석청만 먹으면서 낙타털옷을 입고 허리에 가죽띠를 메었다.(마 3:4~6)

바리새인들과 사두개인들이 침례를 받으러 오면 그는 '독사의 자식들아 누가 너희를 가르쳐 임박한 진노를 피하라 하더냐'(마 3:7)라고 일갈한다.

그들은 아브라함의 자손이 아니라고 생각하며 '나는 너희로 물로 침례를 베풀거니와 내 뒤에 오시는 이는 나보다 능력이 많으시니 나는 그의 신을 들기도 감당하지 못하겠노라. 그는 성령과 불로 침례를 베풀 것이요'(마 3:11)라 한다.

그에게 너는 누구냐라고 물으니 '나는 예수 그리스도가 아니라' 하고 예수님이 침례를 받으러 그에게 오시니 침례 요한은 '내가 당신에게 침례를 받아야 할 터인데 당신이 나에게 오시나이까'(마 3:14)라 한다.

예수님이 대답하여 '이제 허락하라 우리가 이와 같이 하여 모든 의를 이루는 것이 합당하니라'(마 3:13~14)라 하신다.

예수께서 침례를 마치시고 물에서 올라오신다. 그러자 하늘이 열리고 하나님의 성령이 비둘기처럼 예수님 위에 임하시는 것을 보셨다. 하늘로부터 소리가 있어 '이는 내 사랑하는 아들이요 내

기뻐하는 자라'(마 3:15~17) 한다.

iv. 마귀의 시험

예수께서는 성령에 이끌리시어 광야로 가 마귀의 시험을 받으신다. 40일을 온전히 금식하시니 배가 주리신 상태였다.

마귀는 예수님께 '네가 하나님의 아들이거든 이 돌들도 떡덩이가 되게 하라'(마 4:3) 한다. 예수님께서는 '사람이 떡으로만 살 것이 아니요 하나님의 입으로부터 나오는 모든 말씀으로 살 것이라'(마 4:4)고 반박하신다.

그러자 마귀는 거룩한 성으로 데려가 성전 꼭대기에서 예수님에게 '네가 만일 하나님의 아들이거든 뛰어 내리라 그가 너를 위하여 그의 사자들을 명하시리니 그들이 손으로 너를 받들어 돌에 부딪히지 않게 하리로다'(마 4:5~6)라 한다. 그에 예수님은 '주 너희 하나님을 시험하지 말라'(마 4:7)고 꾸짖으셨다.

마지막으로 마귀는 지극히 높은 산으로 가 천하만국과 그 영광을 보이며 '만일 내게 엎드려 경배하면 이 모든 것을 네게 주리라'(마 4:8, 9)라 한다.

이에 예수님은 '사탄아 물러가라'라 하시고 다만 '그를 섬기라'(마 4:9, 10)라 선포하신다. 그러자 마귀는 물러가고 천사들이 예수님을 수종드렸다.

2. 성전의 소년 예수

열두 살 유월절에 부모와 함께 예루살렘에 가 성전 예식이 끝나고 부모는 나오면서 아들 예수님이 뒤따라오는 줄 알고 하룻길을 가서 보니 아들이 없는 것을 알게 되었다. 급히 성전에 돌아가 보니 소년 예수는 사흘 동안 성전에서 랍비들과 토론하기도 하고 듣기도 하고 묻기도 하였다.

랍비들은 그의 지혜에 놀라워했다. 그를 찾은 부모들은 '아이야 어찌하여 우리에게 이렇게 하였느냐 보라 네 아버지와 내가 근심하여 찾았노라'(눅 2:41~48)라 하였다.

그러자 소년 예수님은 '어찌하여 나를 찾으셨나이까. 내가 내 아버지 집에 있어야 될 줄을 알지 못하셨나이까'(눅 2:49)라 하나 그의 부모는 예수님의 말씀을 잘 깨닫지 못하고 나사렛으로의 길을 재촉하였다. 예수님은 지혜와 몸이 성장하며 더 성숙하고 사랑스러워졌다.

로마의 통치 지역에 큰 변화가 있었다. 디베료 Tiberius가 통치한 지 15년이 되자 빌라도가 새 총독이 되고 헤롯은 갈릴리 분봉왕이 되고 그 동생 빌립은 이두래와 드라고닛 지방 분봉 왕이 된다. 루시아나가 아빌레네의 분봉 왕이 되었다.

안나스와 가야바가 대제사장으로 있고 침례 요한은 하나님의 말씀에 따라 요단강 부근에서 죄 사함을 받게 하는 회개의 침례를 베풀고 있었다.

분봉 왕 헤롯은 동생의 아내 헤로디아를 취하자 악한 일로 말미암아 침례 요한의 책망을 받자 그를 감옥에 잡아넣는다.

한편 집에 돌아간 예수님은 부모에게 순종하는 유순한 아들로 아버지 요셉의 일을 따라다니며 큰 도움을 주었다. 요셉은 일감이 있으면 이곳저곳을 떠돌아다니는 목수였으나 당시의 목수는 석수, 미장이 일도 하면서 집 짓는 일은 모두 하는 사람이었으나 벌이가 충분치 못하여 하루 세 끼를 먹기 힘들었다고 한다.

예수님은 노동으로 신체가 단련되기는 하였으나 하루 두 끼 먹기도 어려웠다고 한다. 그래서 예수님은 축제나 기념일에 식사 초대를 받으시는 것을 좋아하셨고 부모에 대한 효성과 하나님을 경외하는 청년으로 성장하였으나 공생애를 시작하기 전까지의 예수님의 삶은 거의 기록되지 않았다.

II.

둘째 단 :
예수님의 삶과 사역

1. 제자들을 부르심

예수님이 공생애를 시작하시기 전부터 갈릴리 회당들과 동네에 다니며 전도하셨음을 마태, 누가 등이 알려주고 있다.(마 4:13, 14, 악 1:14, 15, 눅 4:14, 15)

그러나 공적으로 가장 먼저 시작한 일은 제자들을 부르시는 일이었다. 예수님은 침례 요한이 체포되었음을 들으시고 갈리리로 물러가셨다가 시몬 베드로와 그의 형제 안드레가 그물 던지는 것을 보시고 그들에게 '나를 따라오라 내가 너희를 사람 낚는 어부가 되게 하리라'(마 4:18, 19)라 하시니 그들이 즉시 그물을 두고 예수님을 따랐다.

예수님은 세베데의 두 아들 야고보와 요한도 보시고 부르시니 그들도 배에서 그물을 깁다가 아버지와 배를 두고 예수님을 따랐다.(마 4:21)

다음날 예수님은 갈릴리로 가려 하시다가 빌립을 만나시고 나를 따르라 하신다.(요 1:43, 44) 빌립은 안드레, 베드로와 벳세다와 같은 동네 출신이다. 빌립은 나다니엘에게 예수님을 소개하였다.

예수님은 나다니엘을 보시고 '보라 이는 참으로 이스라엘 사람이라 그 속에 간사한 것이 없도다'(요 1:47) 그리고 이르시되 '전에 네가 무화과나무 아래에 있을 때에 보았노라'(요 1:48) 하신다. 나다니엘은 '랍비여 당신은 하나님의 아들이시오 당신은 이스라엘의 임금이로소이다'(요 1:48, 49)라 하였다.

예수님께서는 나다니엘에게 더 큰 일도 보리라고 말씀하신다.

예수님께서는 제자들과 갈리리에 이르시고 그곳에서 사마리아를 지나가는 것이 북쪽으로 가는 가까운 길인데 유대인들은 사마리아인들이 앗수르족과의 혼혈들이 많이 있어 사마리아는 불경한 땅이라고 생각하고 오히려 우회하는 길을 택한다.

그곳에는 야곱의 우물도 있고 달리 생각하는 바도 있어 예수님은 사마리아를 통과하시기로 하신다. 정오 때라 제자들은 먹을 것을 사러 동네에 갔고 피곤하신 예수님은 목도 축이실 겸 우물 곁에 앉으셨다. 그때 한 사마리아 여인이 물을 길러 와 예수님이 물을 좀 달라고 하신다.

통상적으로 유대인들은 사마리아인들에게 말을 걸지 않는데 예수님이 그 여자에게 말을 하시니 놀란다. '당신은 유대인으로서 어찌하여 사마리아 여자인 나에게 물을 달라 하나이까'(요 4:9)라고 한다.

예수님께서는 '네가 만일 하나님의 선물과 또 네게 물 좀 달라 하는 이가 누구인 줄 알았더라면 그에게 구하였을 것이요. 그가 생수를 네게 주었으리라'(요 4:10) 하신다.

여자는 물을 길을 그릇도 없고 우물이 깊은데 어떻게 생수를 얻겠느냐고 물으면서 '우리 조상 야곱이 이 우물을 우리에게 주셨고 또 여기서 자기와 자기 아들들과 짐승이 다 마셨는데 당신이 야곱보다 더 크니이까'(요 4:12) 하고 묻는다.

예수님은 '내가 주는 물을 마시는 자는 영원히 목마르지 아니하리니 내가 주는 물은 그 속에서 영생하도록 솟아나는 샘물이 되리라'(요 4:14)라 하신다.

물의 비유를 알아차리지 못한 여자는 '그런 물을 내게 주사 목마르지 않고 또 여기 물 길으러 오지도 않게 하옵소서'(요 4:15)라고 딴 대답을 한다. 답답하신 예수님이 '남편을 불러오라' 하시니 그 여자는 남편이 없다고 대답한다.

예수님은 그 말이 옳다고 하시며 '너에게 남편 다섯이 있었고 지금 있는 자도 네 남편이 아니니 네 말이 참 되도다'(요 4:18) 하신다.

예수님께서 자기의 과거와 현재를 꿰뚫고 계심을 알게 된 그 여자는 '주여 내가 보니 선지자로소이다'(요 4:19)라고 한다.

그리고 '메시야 곧 그리스도라 하는 이가 오실 줄 내가 아노니 그가 오시면 모든 것을 우리에게 알려 주시리라'(요 4:25)고 예상한다. 예수님께서는 '네게 말하는 내가 그이니라'(요 4:26)고 알려 주신다.

그것이 계기가 되어 많은 사마리아인들이 예수님을 믿게 된다.

예수님의 기적같은 행적을 알게 되어 많은 무리들이 그를 따르는 것을 보고 유대인들은 위험을 느껴 아예 그를 없애버릴 생각을 하게 된다.

유대인 명절인 초막절이 가까워 오자 형제들은 예수님이 유대 지방으로 가서 제자들과 세상에 자신을 나타내 보이라고 권한다. 이에 예수님은 '내 때가 이르지 아니하였거니와 너희 때는 늘 준비되었느니라'(요 7:6) 하시며 자기는 가지 않으니 모두 올라가라고 하신 후 자기도 은밀히 다녀오신다.

명절 기간 중에 예수님은 성전에서 가르치시니 사람들은 배우지 않고 어떻게 가르칠 수 있는지 의아해한다. 예수님은 '내 교훈은 내 것이 아니요 나를 보내신 이의 것이니라'(요 7:16)라 하신다.

예수님께서는 침례 요한이 체포되고 헤롯은 동생의 헤로디아를 아내로 취하였음을 아시게 된다. 요한이 그 행위가 옳지 않다고 하자 헤롯은 헤로디아의 딸로 하여금 침례 요한의 목을 베게 한다.(마 14:3~11)

예수님께서는 빌립보 가이샤랴 지방에 이르러 사람들이 인자를 누구라 하는가 물어보시고 나서 제자들에게 '너희는 나를 누구라 하느냐'(마 16:15)라 물으신다. 그러자 베드로는 '주는 그리스도시오 살아계신 하나님의 아들이시니이다'(마 16:18)라고 정답을 드린다.

이에 예수님께서 '너는 베드로라 내가 이 반석 위에 내 교회를 세우리니 음부의 권세가 이기지 못하리라 내가 천국 열쇠를 네게 주리니 네가 땅에서 무엇이든지 매면 하늘에서도 매일 것이요 네가 땅에서 무엇이든지 풀면 하늘에서도 풀리리라'(마 17:18~20)라 하신다.

예수님께서는 자기가 예루살렘에 올라가 장로들과 대제사장들, 서기관들에게 고난을 받으시고 죽은 후 사흘 만에 살아나실 것이라고 알려주신다.

베드로는 그런 일이 결코 일어나지 않을 것이라고 하자 예수님은 '네가 하나님의 일을 생각지 아니하고 도리어 사람의 일을 생각하는도다'(마 16:23)라 하시고 '누구든지 나를 따라오려 하거든 자기를 부인하고 자기 십자가를 지고 나를 따를 것이니라'(마 16:24)라 하신다.

예수님은 자기가 십자가의 고난을 받으시고 죽으신 지 사흘 만에 부활하실 것을 알고 제자들도 어떤 마음을 가질 것인지를 알려주신다.

며칠 후 예수님께서는 가장 가까운 베드로, 야고보 그리고 그의 형제 요한의 트리오만 데리고 높은 산에 오르신다. 예수님은 그들 앞에서 얼굴이 해같이 빛나고 옷이 빛과 같이 희어지셨다.

그러자 모세와 엘리야와 더불어 예수께서 대화하는 것이 보인다. 베드로는 주께서 원하시면 세분을 위하여 초막을 짓겠다고 말씀드린다. 그때 구름 속에서 '이는 내 사랑하는 아들이요 내 기뻐하는 자니 너희는 그의 말을 들으라'(마 17:5)라고 이른다.

그 후 유월절에 예수께서 예루살렘에 오신다는 것을 알고 큰 무리가 종려나무 가지를 들고 예수님을 맞으러 나가 '호산나 찬송하리로다 주의 이름으로 오시는 이 곧 이스라엘의 왕이시여'(요 12:13) 하고 외친다. 예수님은 스가리아 9:9에서 예고한 바와 같이 어린 나귀를 타고 오신다.

예수님께서는 성전에 들어가시어 성전 안에서 거래하는 돈 바꾸는 사람, 비둘기 파는 사람들의 의자를 둘러엎으시고 '내 집은 기도하는 집이라 일컬음을 받으리라 하였거늘 너희는 강도의 소굴을 만드는 도다'(마 21:12~13)라 외치신다.

대제사장들과 서기관들은 어린이들도 '호산나 다윗의 자손이여' 하는 것을 보고 화가 나서 예수님께 그들이 하는 말을 듣느냐 하니 예수께서 '그렇다. 어린 아기와 젖먹이들의 입에서 나오는 권능으로 세우심이여'(시 8:2)라 함을 너희가 읽어본 적이 없느냐 하신다.

예수님과 일행은 베다니에 가서 유하고 이른 아침에 성으로 들어온다. 시장하신 예수님은 무화과나무를 보시고 그리로 가서 보니 열매가 없고 잎사귀뿐이었다. 예수님이 '이제부터 영원토록 네가 열매를 맺지 못하리라'(마 21:19)고 하시니 무화과나무가 말라버린다.

제자들이 이상히 여겨 예수님께 여쭈니 '만일 너희가 믿음이 있고 의심하지 아니하면 이 무화과나무에게 된 이런 일만 할뿐 아니라 이 산더러 들려 바다에 던져지라 하여도 될 것이요 너희가 기도할 때에 무엇이든지 믿고 구하는 것은 다 받으리라'(마 21:21~22) 하신다.

평화와 번영의 상징인 무화과나무가 저주를 받은 것은 철이 되었는데도 열매를 맺지 못하고 겉으로 잎만 무성한 것이 종교의식과 형식만 있고 참된 신앙이 없는 유대교의 현실을 반영하고 있어 결국 나라가 멸망할 것을 예언하신 것이다.

예수님께서 성전에서 복음을 전하시니 대제사장들과 서기관들은 꼬투리를 잡아 예수님을 죽이고자 한다. 그들은 예수님께 '당신이 무슨 권위로 이런 일을 하는지 이 권위를 준 이가 누구인지 우리에게 말하라'(눅 20:2, 3)고 한다.

그러자 예수님께서는 역으로 '요한의 침례가 하늘로부터냐 사람으로부터냐'(마 20:4) 하신다. 궁지에 몰린 대제사장과 서기관들은 '어디로부터인지 알지 못하노라'라고 대답한다. 예수님께서도 '나도 무슨 권위로 이런 일을 하는지 너희에게 이르지 아니하리라'(마 20:8)라 하신다.

유월절을 맞아 제자들과 사람들이 뵙기를 청하자 예수님께서는 '인자가 영광을 얻을 때가 왔도다'(요 12:23)라 이르시고 '한 알의 밀이 땅에 떨어져 죽지 아니하면 한 알 그대로 있고 죽으면 많은 열매를 맺느니라'(요 12:24)라 하시며 자기를 한 밀알에 비유하신다.

그러나 인간으로 고난을 받고 죽으시러 오신 그리스도이시지만 괴로움이 없을 수 없다. 그리하여 '지금 내 마음이 괴로우니 무슨 말을 하리요 아버지여 아버지의 이름을 영광스럽게 하옵소서 아버지여 나를 구원하여 이때를 면하게 하옵소서 그러나 내가 이를 위하여 이때에 왔나이다 (……) 아버지여 아버지의 이름을 영광스럽게 하옵소서'(요 12:27~28) 하신다.

이에 하늘에서 소리가 나서 '내가 이미 영광스럽게 하였고 또 다시 영광스럽게 하리라' 하시니 곁에 서서 들은 무리는 천둥이 울었다고도 하고 어떤 이들은 천사가 그에게 말하였다고도 하였다. 예수님은 '이 소리가 난 것은 나를 위한 것이 아니요 너희를 위한 것이니라'(요 12:30) 하신다.

자기의 삶이 어떻게 끝날지를 알고 계신 예수님은 '이제 이 세상에 대한 심판이 이르렀으니 이 세상의 임금[1])이 쫓겨나리라 내

1) 사단을 지칭함

가 땅에서 들리면 모든 사람을 내게로 이끌겠노라[2)]' 하시니 이렇게 말씀하심은 자기가 어떠한 죽음으로 죽을 것을 보이심이라. 예수님께서는 '주 하나님은 유일한 주시니라 네 마음과 뜻을 다하고 힘을 다하여 주 너의 하나님을 사랑하라' 하시고 둘째는 '네 이웃을 네 자신과 같이 사랑하라 하신 것이라 이보다 큰 계명이 없느니라' 하신다.(마 12:29~34)

유월절 전에 자기가 이 세상을 떠나 아버지께 돌아갈 것을 아시는 예수님은 사랑하는 제자들과 마지막 식사 자리에 앉으신다. 마귀는 시몬의 아들 가룟 유다의 마음에 예수님을 팔려는 생각을 이미 넣었다.

저녁을 드시던 예수님은 자리에서 일어나 수건을 가지고 대야에 물을 붓고 제자들의 발을 씻기시고 수건으로 닦아주신다. 베드로 차례가 되자 베드로는 '주여 주께서 내 발을 씻기시나이까'(요 13:6)라 한다.

예수님은 '네가 지금은 알지 못하나 후에는 알리라'(요 13:7) 베드로가 강하게 그럴 수 없다고 하자 예수님께서는 '내가 너를 씻어주지 아니하면 네가 나와 상관이 없느니라'(요 13:8) 하시니 베드로가 순종한다.

그리고 그 숨은 뜻을 밝히신다. '내가 주 또는 선생이 되어 너희의 발을 씻었으니 너희도 서로 발을 씻어주는 것이 옳으니라 (……) 종이 주인보다 크지 못하고 보냄을 받은 자가 보낸 자보다 크지 못하나니 너희가 이것을 알고 행하면 복이 있으리라'(요

---

2) 부활하여 하나님께로 올라감

13:14~17)라 하신다.

예수님은 식사 도중에 두 가지를 말씀하신다. 한 가지는 '너희 중의 한 사람이 나를 팔리라'(마 26:21)라 하신 것이다. 제자들은 근심하며 서로 '주여 나는 아니지요'라고 하니 예수님께서 '나와 함께 그릇에 손을 넣는 그가 나를 팔리라'(마 26:23)라 하시고 '그 사람은 차라리 태어나지 아니하였더라면 제게 좋을 뻔하였느니라'(마 26:24)라 하신다.

그러자 유다는 '랍비여 나는 아니지요'라 하니 예수님께서 '네가 말하였도다'(마 26:25) 그리고 예수께서는 떡을 축복하시고 제자들에게 주시며 '받아서 먹으라 이것은 내 몸이니라'(마 26:26) 하시고 포도주 잔을 드시고 감사기도 하신 후 그들에게 주시며 마시라고 하시고 '이것은 죄 사함을 얻게 하려고 많은 사람을 위하여 흘리는 바 나의 피 곧 언약의 피니라'(마 26:26~28)라 하신다. 예수님은 자기가 떠난 후에 아버지께 요청하여 보혜사 성령을 보내어 모든 것을 가르치게 하시겠다고 말씀하신다.(요 14:26)

최후의 만찬을 마치시고 감람산으로 나아가시며 예수님께서는 '오늘밤에 너희가 다 나를 버리리라 기록된 바 내[3]가 목자[4]를 치리니 양의 떼[5]가 흩어지리라 그러나 내가 살아난 후에 너희보다 먼저 갈릴리로 가리라'(마 26:31~32) 하신다.

이에 베드로는 '모두 주를 버릴지라도 자기는 결코 버리지 않

---

3) 법정

4) 예수님

5) 제자들

겠나이다'(마 26:33)라 한다. 그러자 예수님께서는 '내가 진실로 네게 이르노니 오늘밤 닭 울기 전에 네가 세 번 나를 부인하리라'(마 26:34)라 하신다.

예수님께서는 제자들과 겟세마네[6]에 이르러 제자들에게 그곳에 앉아 있으라고 하시고 베드로 야고보 요한과 함께 기도하러 가시다가 '내 마음이 매우 고민하여 죽게 되었으니 너희는 여기 머물러 나와 함께 깨어 있으라'(마 26:28)라 하신다.

그리고 조금 나아가시어 엎드려 '내 아버지여 만일 할 만하시거든 이 잔을 내게서 지나가게 하옵소서 그러나 나의 원대로 마옵시고 아버지 원대로 하옵소서'(마 26:39)라고 간곡히 기도드린다.

기도 후 세 제자에게 오시니 그들은 잠들어 있었다. 베드로에게 한 시간도 깨어 있을 수 없느냐고 하시고 '시험에 들지 않게 깨어 기도하라 마음에는 원이로되 육신이 약하도다'(마 26:41)라 하신 후 다시 두 번째에도 먼저와 같은 기도를 드린다.

돌아와 보시니 그들이 자고 있었다. 그들을 그대로 두시고 세 번째로 같은 기도를 드리시고 제자들에게 오사 '이제는 자고 쉬라 보라 때가 가까이 왔으니 인자가 죄인의 손에 팔리느니라'(마 26:45)라 하신다.

유다는 군호를 짜 자기가 입맞추는 자가 그이니 잡으라고 하고 예수님께 '랍비여 안녕하시옵니까' 하고 입맞추니 예수님께서 '네가 무엇을 행하려고 왔는지 행하라'(마 26:50) 무리들이 예수님을 잡는다. 그러자 베드로가 칼을 빼어 대제사장의 종의 귀를

---

6) 감람산 기슭에 있는 작은 동산

베어버린다.

예수님께서는 베드로에게 '네 칼을 도로 칼집에 꽂으라. 칼을 가지는 자는 다 칼로 망하느니라'(마 26:52) 하시고 무리에게 '너희가 강도를 잡는 것 같이 칼과 망치를 가지고 나를 잡으러 나왔느냐 내가 날마다 성전에 앉아 가르쳤으되 너희가 나를 잡지 아니하였도다. 그러나 이렇게 된 것은 선지자들의 글을 이루려 함이니라'(마 26:55~56) 이 광경을 본 제자들은 모두 도망친다.

예수님을 체포하여 대제사장 가야바에게 가니 그곳에 서기관들, 장로들이 모여 있었다. 베드로는 멀찍이서 예수님을 따라와 대제사장 집 뜰에 하인들과 같이 앉았다. 대제사장들과 같이 있는 사람들은 예수님을 죽일 수 있는 증거를 찾고자 하는데 두 사람이 와 예수님이 성전을 헐면 사흘 안에 지을 수 있다고 하였다고 한다.

예수님이 침묵하시니 대제사장이 예수님에게 '네가 하나님의 아들 그리스도인지 우리에게 말하라'(마 26:63)라 하니 예수님께서 '네가 말하였느니라' 하시고 '이 후에 인자가 권능의 우편에 앉아 있는 것과 하늘 구름을 타고 오는 것을 너희가 보리라'(마 26:24) 하신다.

그 말을 예수님이 신성 모독을 한 증거라고 하며 자기 옷을 찢은 대제사장은 더 이상의 증거가 없이 예수님이 사형에 해당한다고 소리친다.(마 26:57~65, 막 14:53~65, 눅 22:54~65, 요 18:13~14, 19~24)

바깥뜰에 앉은 베드로에게 한 여종이 와서 '너도 갈릴리 사람 예수와 함께 있었도다'라 하자 베드로는 그 말을 부인하면서 '나는 그 사람을 알지 못하겠노라'(마 26:70)라 한다.

일어나 앞문 쪽으로 가자 다른 여종이 '이 사람은 나사렛 예수와 함께 있었도다'라고 하자 베드로는 '나는 그 사람을 알지 못하노라'(마 26:72)라 한다.

조금 후에 곁에 섰던 사람들이 베드로에게 '너도 진실로 그 도당이라 네 말소리가 너를 표명한다' 하니 그가 저주하여 '나는 그 사람을 알지 못하노라'(마 26:74) 하니 첫닭이 울었다. 그러자 베드로는 예수님이 자기에 대해 하신 말씀이 생각나 밖에 나와 통곡한다.(마 26:69~75, 막 14:66~72, 눅 22:56~62, 요 18:15~18, 25~27)

예수님을 판 유다는 예수님이 정죄되심을 보고 스스로 뉘우쳐 자기가 받은 은 30을 도로 대제사장들과 장로들에게 갖다주며 자기가 무죄한 피를 팔아 죄를 범하였다고 한다. 유다가 돈을 성소에 던져 넣고 가서 스스로 목매어 죽는다. 그들은 돈을 거두며 그것이 핏값이라 성전고에 두지 않고 토기장이의 밭값으로 주었다.(마 27:10)

대제사장들과 장로들은 예수님을 총독 빌라도에게 넘겨준다. 총독은 예수님에게 '네가 유대인의 왕이냐'라고 물으니 예수님은 '네 말이 옳도다'라 하시고 나머지에 대해서는 일체 답변을 하지 않으신다.

총독은 명절에 백성의 청원대로 죄수 하나를 풀어주는 전례가 있다. 그리하여 그가 죄수 바라바와 예수를 놓고 누구를 놓아주어야 하느냐고 묻자 예수를 죽이는 것이 목적인 대제사장들과 장로들은 바라바를 달라고 하고 예수님은 십자가에 못 박혀야 한다고 외친다.

총독은 아내의 권고도 있고 해서 예수님을 풀어줄 생각도 있었으나 대제사장들과 장로들이 요청하는 대로 바라바를 풀어주고 예수님을 십자가에 못 박히게 한다.

군인들은 명에 따라 예수님을 관정 안으로 데려가 옷을 벗기고 홍포를 입히고 머리에 가시관을 씌우고 조롱하며 '유대인의 왕이여 평안할지어다'라 하며 침을 뱉는다. 그리고 희롱을 한 후 홍포를 벗기고 예수님 옷을 입힌 후 십자가에 못 박으려고 데려갔다.

십자가를 지시고 사형장인 골고다 즉 해골의 곳으로 향하시던 중 십자가가 너무 무거워 여러 번 쓰러지신다. 그러자 군인들은 지나가던 구레네 사람 시몬에게 그것을 지게 한다. 일설에는 두 사람이 지었다고 하나 확실치는 않다.

골고다에 이르러 군인들이 쓸개를 탄 신 포도주를 마시게 하였으나 맛보시고 마시지 않으신다. 군인들이 예수님을 못 박은 후 군인들은 예수님 옷을 제비 뽑아 나누어 갖고 예수님 이마에 '유대인의 왕'이라는 죄패를 붙이고 두 죄수 사이에 세운다.

대제사장들, 장로들은 '그가 남은 구원하였으되 자기는 구원할 수 없도다 그가 이스라엘의 왕이로다 지금 십자가에서 내려올지어다 그리하면 우리가 믿겠노라 그가 하나님을 신뢰하니 하나님이 원하시면 이제 그를 구원하실지라 그의 말이 나는 하나님의 아들이라 하였도라'라 하며 조롱하였고 두 강도도 조롱하였다.(마 27:32~44, 막 15:25~31, 눅 23:26~43, 요 19:17~27)

그러나 그중 하나는 다른 하나에게 네가 동일한 정죄를 받고서도 하나님을 두려워하지 아니하느냐 우리는 우리가 행한 일에 상당한 보응을 받는 것이니 당연한 거니와 이 사람이 행한 것은 옳지 않은 것이 없느니라 하고 이르되 '예수여 당신의 나라에 임하실 때에 나를 기억하소서' 하니 예수께서 이르시되 '오늘 네가 나와 함께 낙원에 있으라'(눅 23:40~43)라 하신다.

제6시 즉 아침 9시에서부터 어두워져 제9시 즉 오후 3시까지 어두웠다. 그때 예수님께서 '엘리 엘리 라마 사박다니'라고 소리를 지르시니 곧 나의 하나님 나의 하나님 어찌하여 나를 버리셨나이까의 뜻이다. 예수께서 다시 크게 소리 지르시니 영혼이 떠나셨다.

그때 성소 휘장이 위로부터 아래까지 찢어졌고 땅이 진동하였다. 지성소에는 대제사장만 1년에 한 차례 들어갈 수 있는데 그것이 찢어진 것은 누구나 원하면 지성소에 자유로이 들어가 하나님과 소통할 수 있음을 의미한다.

백부장을 비롯한 경비병들은 일어난 일들을 보며 예수님이 진실로 하나님의 아들이었다고 하였다. 막달라 마리아, 야고보와 요셉의 어머니, 세베대 아들들의 어머니, 많은 여인들이 멀리서 보고 있었다.

날이 저물자 아리마대의 부자이며 예수님 제자인 요셉이 빌라도에게 예수의 시체를 달라 하여 허락을 받는다.

요셉은 시체를 가져다가 세마포로 감싸고 바위 속에 판 새 무덤에 넣어두고 큰 돌로 무덤을 막았다. 다음 날은 안식일 후의 날이라 대제사장, 바리새인들은 빌라도에게 저 죽은 자가 죽은 지 사흘 후에 살아나리라 한 것을 기억하니 무덤을 사흘까지 굳게 지키게 하라고 요구한다.

빌라도가 명하여 바리새인과 경비병이 돌을 인봉하고 무덤을 굳게 지키게 한다. 안식일 후 첫날 새벽에 막달라 마리아와 다른 마리아가 무덤을 보러 갔다.

그러나 큰 지진이 나며 천사가 내려와 돌을 굴려내고 그 위에 앉는다. 번개 같은 형상에 옷은 눈처럼 희었다. 병사들은 무서워 떨고 있었다.

천사는 여자들에게 '그가 여기 계시지 않고 말씀하신 대로 살아나셨고 너희보다 먼저 갈릴리로 가시나니 너희가 거기에서 뵈오리라 하라'(마 28:6~8)라 한다.

그 여자들은 무서움과 기쁨으로 제자들에게 알리려고 달음질하다가 예수님을 뵙는다. 예수님은 '평안하냐' 하시니 여자들이 발을 잡고 경배드린다. 그리고 무서워 말라고 하시고 형제들에게 '갈릴리로 가라 하라 거기서 나를 보리라' 하신다.(마 28:5~10, 막 16:1~8, 눅 24:1~12, 요 20:1~10)

한편 경비병들이 대제사장들에게 있었던 일을 알리니 그들은 장로들과 논의한 후 경비병들에게 돈을 많이 주며 제자들이 우리가 잠잘 때에 시체를 도둑질하여 갔다고 하라고 시킨다.

11제자들이 갈릴리에서 예수님을 만나 경배를 하였으나 제자들 중에는 부활을 확신하지 못하는 사람도 있었다. 특히 도마 같은 제자는 예수께서 오셨을 때 다른 제자들이 예수님을 뵈었다고 하니 그는 '내가 그의 손의 못 자국을 보며 내 손가락을 그 못 자국에 넣으며 내 손을 그 옆구리에 넣어보지 않고는 믿지 않겠노라'(요 20:25)라 한다.

그로부터 여드레 후 제자들이 다시 예수님을 뵈올 때 도마도 있었고 예수님은 '네 손을 내밀어 내 옆구리에 넣어 보라. 그리하여 믿음이 없는 자가 되지 말고 믿는 자가 되라'(요 20:27)라 하신다.

도마는 '나의 주님이시오, 나의 하나님이시나이다'(요 20:28)라고 고백한다. 그러자 예수께서는 '너는 나를 본 고로 믿느냐 보지 못하고 믿는 자들은 복되도다'(요 20:28, 29) 하신다.

예수님을 마지막으로 뵈올 때 예수님은 '하늘과 땅의 모든 권세를 내게 주셨으니 그러므로 너희는 가서 모든 민족을 제자로 삼아 아버지와 아들과 성령의 이름으로 세례를 베풀고 내가 너희에게 분부한 모든 것을 가르쳐 지키게 하라. 볼지어다, 내가 세상 끝날까지 너희와 함께 있으리라'(마 28:18~20, 막 16:14~18, 눅 24:36~49, 행 1:6~8)라 하신다.

2. 이적

i. 물로 포도주를

예수님이 공생애를 시작하시며 가장 먼저 참석한 곳이 가나의 혼인 잔치였다. 성모님도 먼저 가셨고 예수님은 제자들과 함께 청함을 받으시고 가셨다. 그 당시 혼례는 일주일가량 지속되었으나 예수님은 그중 한 차례만 참석하신 듯하다.

회식 중에 포도주가 떨어지자 성모님은 혹시 예수님께서 도와주실 수 있을까 하여 예수님께 포도주가 바닥이 났다고 알리니 예수님은 '여자여[7] 나와 무슨 상관이 있나이까 내 때가 아직 이르지 아니하였나이다'[8]라고 대답하신다.

그 집에는 정결예식에 쓰는 돌 항아리가 여섯 있는데 예수님은 하인들에게 그 항아리들에 물을 채우라고 하신다. 물을 채우자

---

7) 어머니를 '여자여'라고 부른 것은 비하적인 호칭이 아니라 따뜻하고 정감 있는 호칭이라고 한다. 뉴톰슨 주석성경 p.144 참조

8) 요 2:4

예수님은 그 물을 연회장에 가져가라고 이르시니 손님들은 가장 좋은 포도주를 마시게 되어 감탄하였다. 예수님은 이 이적을 통하여 처음으로 영광과 능력을 나타내신 것이다.

ii. 폭풍우를 잠재우다

예수님이 제자들과 함께 갈릴리 건너편으로 가시고자 제자들과 배에 오르시고 잠시 주무시는데 갑자기 광풍이 일어 배가 엎어질 위험이 있는지라 제자들이 겁에 질려 '주여 구원하소서 우리가 죽겠나이다'라고 하며 주님을 깨우니 주님은 '믿음이 작은 자들아'라 하시며 바람과 바다를 꾸짖으시니 물이 잔잔하게 되어 제자들은 바다도 예수님께 순종하는 것을 보게 되었다.(마 8:23~27)

iii. 물 위로 걸으심

예수님의 활동이 주로 갈릴리 호수를 중심으로 이루어진다. 예수님은 따르는 무리들을 보내신 후 제자들을 배에 태워 건너편으로 가게 하시고 산에 올라 기도하시고 혼자 계시는데 거스르는 바다를 만나 제자들이 고난을 당한다.

그것을 보시고 예수님이 바다 위로 걸어오시자 제자들은 예수님을 보고 유령인 줄 알고 무서워 소리를 지른다. 예수께서는 '안심하라, 나니 두려워하지 말라'(막 6:50)고 이르신다. 베드로가 배에서 내려 물 위로 걸어 예수님께 걸어간다.

그러다가 바람이 불자 무서워하다가 물에 빠지자 '주여 나를 구원하소서'(마 14:30) 한다. 예수께서는 즉시 손을 내밀어 그를 잡으시며 '믿음이 작은 자여 왜 의심하였느냐'(마 14:31) 하시고 배에 오르니 바람이 그쳤다.

그러자 제자들은 예수님께 절하며 '진실로 하나님의 아들이로소이다'(마 14:33)라 한다. 배가 게네사렛 땅에 이르니 많은 병자들이 예수님을 기다리고 있었다. 그들은 예수님의 옷자락에만 손을 대어도 나음을 얻는다고 하면서 그렇게 손댄 자들은 모두 나음을 얻었다.

iv. 5,000명을 먹이심

예수께서 갈릴리 건너편 디베랴로 가시자 병든 자들에게 행하시는 이적을 본 많은 무리들이 예수님을 뒤따른다. 유월절이 가까웠고 큰 무리가 온 것을 보신 예수님이 빌립에게 떡을 얼마나 사야 저들을 먹일 수 있겠냐고 물으신다.

빌립은 남자만 5,000명이니 200데나리온의 떡도 부족하겠다고 말씀드린다. 그때 베드로의 형제 안드레가 예수님께 한 아이가 보리떡 5개와 물고기 2마리를 가졌을 뿐이라고 알려드린다.

예수께서 사람들이 앉도록 하시고 광주리의 떡과 물고기를 보시고 그것을 축사하신 후 사람들이 원하는 만큼 나누어 주라고 하신다. 남는 것은 버리지 말고 바구니에 담으라고 지시하신다. 남긴 떡을 모으니 12바구니가 되었다.

이적을 본 사람들은 '이는 참으로 세상에 오실 선지자라'고 하

였고 예수께서는 사람들이 그를 억지로 임금을 만들지 않을까 하여 혼자 산으로 가셨다.(요 6:1~15)

v. 기적의 고기잡이

베드로가 다른 사람들과 함께 배를 타고 나가 그물을 던졌으나 밤새도록 고기를 잡으려고 했지만 물고기를 잡지 못하였다.

밤새 동안 바닷가에 서서 그들을 보시던 예수님은 '그물을 배 오른편에 던지라. 그리하면 잡으리라'(요 21:6)고 하셨다. 그래서 배 오른쪽에 던지니 물고기가 너무 많이 잡혀 그물을 들 수가 없었다.

예수님을 많이 사랑하는 요한은 예수님을 알아보고 베드로에게 '주님이시다'라고 알린다. 그러자 베드로는 겉옷을 두르고 바다에 뛰어내린다.

다른 제자들은 작은 배로 물고기 그물을 끌고 육지에 이르니 숯불이 있고 생선과 떡도 있었다. 베드로가 그물을 육지에 올려 세어보니 큰 물고기가 153마리였다. 예수님은 '방금 잡은 생선도 먹어보자' 하셨다. 정말 기적 같은 고기잡이였다.(요 21:1~10)

vi. 4,000명을 먹이심

예수님께서 두로와 시돈 지방에서 갈릴리호숫가에 이르러 산에 올라가 앉으시니 다리 저는 사람, 장애인, 맹인, 벙어리 등의 큰 무리가 뒤따른다. 예수님이 그들을 치료해 주시니 무리들이

지난 사흘 동안 먹지 못하여 그들이 기진할 것을 걱정한다.

예수님께서 먹을 것이 얼마나 남았느냐고 하시니 제자들이 떡 7개와 생선 두어 마리라고 대답한다. 예수님은 그것을 축사하시고 무리에게 나누어주라고 하여 돌리니 먹고 남은 조각들을 일곱 광주리에 담아야 하였다.(마 15:29~37)

예수님은 공생애 기간 동안 믿기 어려운 수많은 이적, 기적을 행하셨다. 그 모든 이적은 예수님 자신을 위하여 행하신 것이 아니고 상황이 그것을 필요로 하였기 때문에 백성들을 위하여 행하셨고 그것을 통하여 자신이 하나님께 받으신 능력과 하나님의 영광을 보이고자 하신 것이다.

3. 치유와 회생

병이 들면 운명으로 받아들이고 고통을 감내하는 길밖에 없던 시절 병자들을 돌봐줄 사람은 아무도 없었다. 그러나 불쌍한 병자들을 긍휼히 여기신 예수님이 그들을 치료해 주시고 회생시켜 주시자 소문은 쉽사리 전파되어 병자들이 예수님 계신 곳에 몰려들었다.

i. 귀신 들린 병자의 귀신을 쫓아내심

안식일에 제자들과 가버나움 회당에 가신 예수님이 사람들에게 가르침을 주셨다. 그때 귀신 들린 사람의 귀신이 소리 지르며 소란을 피운다. 그러자 예수님이 '잠잠하고 그 사람에게서 나오라'(막 1:25, 눅 4:31~37)고 꾸짖으신다.

그러자 귀신은 '나사렛 예수여 우리가 당신과 무슨 상관이 있나이까. 우리를 멸하러 왔나이까. 나는 당신이 누구인 줄 아노니 하나님의 거룩한 자이니이다'(막 1:24)라 한다. 예수님이 꾸짖으시고 그 사람에게서 나오라 하시니 그 사람에게 경련을 일으키고 큰 소리를 지르며 나온다. 더러운 귀신들도 예수님께 순종한다는 소문은 온 갈릴리 지방에 퍼진다.

ii. 베드로 장모를 고치심

회당에서 나오신 예수님은 야고보와 요한과 함께 베드로 장모 집에 들어가시니 장모는 열병으로 누워 있었다. 그 사실을 예수님께 알리자 예수님이 장모의 손을 잡고 일으키시니 즉시 열병이 사라진다. 장모는 일행의 수종을 들었다.(막 1:29~31)

iii. 많은 병자들을 고치심

소문을 듣고 여러 가지 병자들이 몰려왔다. 예수님은 모여든 많은 병자들을 고쳐주셨다.(막 1:23~24)

iv. 나병환자의 치료

예수님이 가버나움의 한 집에 계시다는 소문이 돌자 그 집에 사람들이 몰려들었다. 한 나병환자가 찾아와 꿇어 엎드리고 '원하시면 저를 깨끗하게 하실 수 있나이다'(막 1:41~42) 그를 불쌍히 여기신 예수님이 그에게 손을 대시고 '내가 원하노니 깨끗함을 받으라'(막 1:41) 하시니 나병이 없어지고 깨끗하게 되었다.

예수님은 그에게 소문을 내지 말고 제사장에게 가서 보이라고 이르신다. 그러나 그가 소문이 널리 퍼지게 하여 예수님께서 동네에 들어가지도 못하시고 한적한 곳에 계셨으나 사람들이 계속 몰려들었다.

v. 중풍환자의 치료

예수님께서 가버나움의 한 집에 들어가셨다는 소문이 돌자 사람들이 구름처럼 몰려들어 발 디딜 틈 없이 꽉 찼다. 네 사람에 메운 중풍환자는 안에 들어갈 수 없자 사람들은 지붕을 뜯고 병자가 누운 상을 달아 내린다. 예수께서는 그들의 믿음을 보시고 환자에게 '작은 자야 네가 죄 사함을 받았느니라'(막 2:5)라 이르신다.

그곳에 있던 서기관은 하나님만이 죄 사함을 내리실 수 있는데 이 사람이 말하는 것은 신성 모독이라고 생각한다. 서기관의 생각을 꿰뚫어 보신 예수님은 '인자가 땅에서 죄를 사하는 권세가 있는 줄을 너희로 알게 하려 하노라'(막 2:10) 하시고 '네 상을 가지고 집으로 가라' 하신다.

사람들이 놀라 하나님께 영광을 돌리며 이르되 '우리가 이런 일을 도무지 보지 못하였다'(막 2:12)라 한다.

vi. 귀신 들린 사람을 고치심

예수님께서 거라사 지방으로 건너가시어 배에서 내리시자 더러운 귀신 들린 사람이 무덤 사이에서 예수님께 온다. 무덤 사이에 사는 그는 쇠사슬을 매어도 그것을 끊어버려 아무도 그를 제

어할 수 없다. 그는 늘 소리치며 돌로 자해행위를 해도 말릴 수 없는 인간이다.

그가 예수님을 보자 달려와 절하며 큰 소리로 '지극히 높은 하나님의 아들 예수여 나와 무슨 상관이 있나이까 원하건대 하나님 앞에 맹세하고 나를 괴롭히지 마옵소서'(막 5:7) 예수님께서는 이미 귀신에게 '그 사람에게서 나오라' 하셨던 것이다.

예수님께서 '네 이름 무엇이냐'고 하시니 그는 '내 이름은 군대이니 우리가 많음이니이다'라고 하고 돼지의 큰 떼가 곁에서 먹고 있어 귀신들이 거의 2,000마리 되는 돼지들에게 들어가기 원하여 들어가게 하자 돼지들의 떼가 바다를 향하여 내려 달리니 그들이 바닷속에 들어가 몰사하였다.

귀신 들렸던 자는 자기 옷을 입고 정신이 온전하여 자리에 앉는다. 그 지방에 그 소문이 나자 사람들은 예수께서 떠나시기를 원하였다. 예수님이 배에 오르실 때 귀신 들렸던 자도 예수님과 함께하기를 원하였으나 예수님은 그가 가족에게 돌아가 '주께서 너를 불쌍히 여기시어 큰 은사를 행하신 것'(막 5:20)을 알리라고 하신다.

그 소문이 데가볼리에 나돌자 사람들이 놀라워하였다.

vii. 과부의 죽은 아들을 살리심

예수님께서 성읍 나인에 가시니 큰 무리가 몰려든다. 성문 가까이 이르시니 사람들이 과부의 죽은 아들을 메고 나오고 과부가 울부짖는다. 예수님은 과부를 불쌍히 여기시고 울지 말라고 하신다. 예수님은 관에 손을 대시고 '청년아 내가 네게 말하니 일어나라'(눅 7:11~18)라 하신다.

그러자 죽은 과부의 아들이 관을 뜯고 일어나 모든 사람이 하나님께 영광을 돌리며 '큰 선지자가 우리 가운데 일어나셨다'(눅 7:16)라 하였고 '하나님께서 자기 백성을 돌보셨다'(눅 7:16)고 하였다. 그 소문이 유대 사방에 전파되었다.

viii. 귀신 들린 딸을 고치심

예수께서 두로와시돈으로 가시자 한 가나안 여인의 딸이 귀신이 들렸으니 고쳐주시라고 외친다. 예수님이 대답이 없으시자 제자들은 그 여인이 소리를 지르니 보내시라고 말씀드린다. 그러자 예수님이 '나는 이스라엘 집의 잃어버린 양 외에는 다른 데로 보냄을 받지 아니하였노라'(마 15:24)라 하신다. 그 여인은 계속 도와주실 것을 간청한다.

그러자 예수님은 '자녀의 떡을 취하여 개들에게 던짐이 마땅하지 아니하니라'(마 15:26) 하신다. 그러나 그 여인은 '주여 옳소이다마는 개들도 제 주인의 상에서 떨어지는 부스러기를 먹나이다'(마 15:27)라 한다. 이에 예수님은 '여자여 네 믿음이 크도다 네 소원대로 되리라'(마 15:28)라 하시니 그의 딸이 나았다.

ix. 죽은 소녀와 혈루증 여인

예수님이 회당에서 말씀하시는데 회당장이 찾아와 절을 하고 방금 딸이 죽었는데 예수님이 손만 얹어주어도 살아나겠다고 간청하여 회당장을 따라가신다. 집에 들어가 사람들을 내보내시고 '이 소녀가 죽은 것이 아니라 잔다'(마 9:24)고 하시고 일으키신다.

열두 해째 혈루증 앓는 여자가 예수님 뒤에 와서 그 겉옷을 만진다. 그는 옷만 만져도 구원을 받을 것이라고 생각하였기 때문이다. 돌이켜 그 여인을 보신 예수님은 '딸아, 안심하라 네 믿음이 너를 구원하였다'(마 9:22) 하시니 그 여인이 즉시 구원되었다.

x. 죽어가는 고관의 아들

예수께서 갈릴리 가나에 가시니 고관의 아들이 죽게 되어 고쳐주시라고 간청한다. 그가 애타게 간청을 하니, 예수님께서 '가라 네 아들이 살아 있다'(요 4:50) 고관이 예수님 말씀을 믿고 돌아가다가 자기를 보러 오는 종을 만났다.

그 아들은 예수님이 아들을 살아 있다고 하신 그 시각부터 살아났다는 것이다. 그러니 그의 온 집안이 예수님을 믿게 된 것이다.

xi. 38년 된 병자를 고치심

예루살렘 양의 문 근처에 베데스다라는 연못이 있다. 가끔 천사가 내려와 몸을 씻어 물을 움직이게 하는데 천사가 나온 후 즉시 그 물에 들어가면 몸이 낫게 된다. 그러나 38년 동안 누워 있는 병자는 자력으로 남보다 앞서 물에 들어갈 수 없어 물의 혜택을 받지 못한다고 예수님께 하소연한다.

예수님이 그에게 '네 자리를 들고 걸어가라'(요 5:8)고 하시니 그 병자가 자기 자리를 들고 걸어갈 수 있었다. 그날은 안식일이어서 유대인들은 병자에게 병을 고쳐주고 자리를 들고 가게 한 자가 누구냐고 하면서 안식일에 병을 고치고 환자가 자리를 들고 가는 것이 옳지 아니하다고 지적한다. 그러나 병자는 자기를 고쳐주신 이의 이름을 알 수 없었다.

그러나 그 후 병자가 예수님을 만나고 예수님이 '보라 네가 나았으나 더 심한 것이 생기지 않게 다시는 죄를 범하지 말라'(요 5:14)고 하시어 유대인들에게 그분이 예수님이라고 하자 그들은 그가 신성 모독을 하였으니 그를 없애야 한다고 생각한다.

xii. 벳새다의 맹인

예수께서 벳새다에 이르시자 사람들이 맹인 한 사람을 데리고 와 예수님에게 손대어 주시기를 간구한다. 주께서는 맹인의 손을 잡고 마을 밖으로 나가시어 손에 침을 뱉으시며 그에게 안수하시고 보이느냐고 물으시니 사람들이 보이고 나무 같은 것이 걸어가는 것이 보인다고 한다.

이에 예수님이 눈에 안수하시자 모든 것이 밝게 보인다고 말씀드리자 예수께서 그 사람을 집으로 보내시며 '마을에 들어가지 말라'고 이르신다.(막 8:22~26)

xiii. 귀신 들린 소년을 고치심

제자들이 서기관들과 변론하는데 그중 하나가 귀신 들린 아들을 데려온다. 그를 잡으면 발작을 일으켜 거꾸러지는데 제자들은 그 귀신을 내쫓지 못하였다. 그러자 예수님은 제자들의 믿음 없음을 탓하시며 그 소년을 데려오라고 하신다. 귀신은 예수님을 보고 아이로 하여금 거품을 품으며 거꾸러지게 한다.

그 아들은 어릴 때부터 귀신이 들렸고 귀신이 그를 죽이려고 불과 물에도 던졌었다고 한다. 예수께서 그 더러운 귀신을 꾸짖어 '말 못 하고 못 듣는 귀신아 내가 네가 명하노니 그 아이에게서 나오고 다시 들어가지 말라'(막 9:25)고 하시자 귀신이 소리 지르며 아이는 경련을 일으키고 귀신이 나간다. 그 아이는 죽은 것 같았으나 예수께서 손을 잡아 일으키시니 일어났다.

제자들은 '우리는 어찌하여 능히 귀신을 쫓아내지 못하였나이까'(막 9:28) 하니 예수께서 '기도 외에 다른 것으로는 이런 종류가 나갈 수 없느니라'(막 9:29) 하신다.

xiv. 맹인 바디매오를 고치심

예수께서 여리고를 나가실 때 디매오의 아들 맹인 바디매오가 길가에 앉아 있다가 나사렛 예수라는 말을 듣는다. 그는 '다윗의 자손 예수여 나를 불쌍히 여기소서'라고 외친다. 예수께서 부르신다고 하니 그는 겉옷을 버리고 일어나 예수께 온다.

예수께서 '네게 무엇을 해주기를 원하느냐'(마 20:32)라고 물으시자 '선생님이여 보기를 원하나이다'라 하니 예수님이 '가라 네 믿음이 너를 구원하였느니라'(마 20:29~34)라 이르신다.

xv. 등 굽은 여인을 고치심

안식일 날 예수께서 회당에서 가르치시는데 18년 동안 귀신 들리고 등이 굽은 여인을 보시고 '여자여 네가 네 병에서 놓였다'(눅 13:12) 하시고 안수하시니 여자의 등이 펴지고 곧 하나님께 영광을 돌렸다.

예수께서 안식일에 병 고치시는 것을 못마땅하게 본 회당장은 무리에게 '일할 날이 엿새나 있으니 그 동안에 와서 고침을 받을 것이요 안식일에는 하지 말 것이니라'(눅 13:14)고 한다.

주께서 '외식하는 자들아, 너희가 각각 안식일에 자기의 소나 나귀를 외양간에서 풀어내어 이끌고 가서 물을 먹이지 아니하느냐. 그러면 열여덟 해 동안 사탄에게 매인 바 된 아브라함의 딸을 안식일에 이 매임에서 푸는 것이 합당하지 아니하냐'(눅 13:15~16)라고 예수께서 말씀하시니 반대하던 자들이 부끄러워하고 온 무리가 예수님의 모든 일을 영광스럽게 보고 기뻐하였다.

xvi. 열 명의 나병환자를 고치심

예수께서 예루살렘으로 가시며 사마리아와 갈릴리 사이로 지나가시니 나병환자 열명이 예수님을 보자 '예수 선생님이여 우리를 불쌍히 여기소서'(눅 17:13)라고 외친다.

그들을 보신 예수님은 '제사장들에게 너희 몸을 보이라'(눅 17:14) 하신다. 그들은 이미 깨끗함을 받은 것이다. 그 중 한 사람이 자기가 나은 것을 확인하고 큰 소리로 하나님께 영광을 돌리고 예수님 발 아래에 엎드려 감사하는데 그는 사마리아인이었다.

예수님께서 '열 사람이 다 깨끗함을 받지 아니하였느냐 그 아홉은 어디에 있느냐'(눅 17:17) 이방인 한 사람만이 큰 소리로 하나님께 영광을 돌리는 것을 보시고 '일어나 가라 네 믿음이 너를 구원하였느니라'(눅 17:19)라 하신다.

xvii. 태생부터의 맹인을 고치심

날 때부터 맹인인 사람을 보자 제자들은 그 사람이 맹인이 된 것이 누구 때문인지, 자기의 죄 때문인지 부모의 죄 때문인지 예수님께 묻는다. 예수님은 자기 때문도 아니고 부모 때문도 아니고 '그에게서 하나님이 하시는 일을 나타내고자 하심이라'(요 9:2~3) 하신다.

그리고 '내가 세상에 있는 동안에는 세상의 빛이로라'(요 9:5)라 하시고 땅에 침을 뱉어 진흙을 이겨 그의 눈에 바르시고 '실로암[9] 못에 가서 씻으라'고 하시니 그가 가서 씻고 밝은 눈으로 왔다.

---

9) 실로암은 '보냄을 받았다'는 뜻

xviii. 나사로의 회생

베다니에 사는 마리아[10]와 마르다의 자매 나사로는 병들어 누워 있었다. 그 사실을 예수님께 알리니 예수님은 '이 병은 죽을 병이 아니라 하나님의 영광을 위함이요 하나님의 아들이 이로 말미암아 영광을 받게 하려 함이라'(요 11:4) 하신다.

예수님께서는 세 남매를 사랑하였으나 소식을 들으시고 계시던 곳에 이틀을 더 머무시고 '우리 친구 나사로가 잠들었도다. 그러나 내가 깨우러 가노라'(요 11:11)라 하신다.

제자들은 예수께서 유대 지역에 가는 것이 두려워 나사로가 잠들었다 하시니 가실 필요가 없으시겠다고 하였다. 예수께 나사로가 죽었다고 하였는데 그 뜻을 잘 깨닫지 못한 것이다. 라고 생각한다. 그 집에 가셔서는 마르다에게 '네 오라비가 다시 살아나리라'(요 11:23)라고 하시니 마르다는 나사로가 죽어 무덤에 있는지 나흘이 되었으니 그가 '마지막 날 부활 때에는 살아날 줄을 내가 아나이다'(요 11:24)라고 한다.

예수님께서는 '나는 부활이요 생명이니 나를 믿는 자는 죽어도 살겠고 무릇 살아서 믿는 자는 영원히 죽지 아니하리니 이것을 네가 믿느냐'(요 11:25~26)라고 물으신다.

마르다는 '주는 그리스도시오 세상에 오시는 하나님의 아들이신 줄을 내가 믿나이다'(요 11:27)라고 화답한다.

마리아도 주 앞에 엎드려 '주께서 여기 계셨더라면 내 오라버

10) 값비싼 향유를 주님 발에 붓고 머리카락으로 씻은 여인

니가 죽지 아니하였겠나이다'(요 11:32) 마리아가 울고 그 자리에 있는 사람들이 우는 것을 보시고 예수님도 눈물을 흘리셨다.

그들은 예수님을 모시고 나사로의 무덤으로 갔다. 마르다가 나사로 죽은 지 나흘이 되니 냄새가 난다고 하자 예수님은 '네가 믿으면 하나님의 영광을 보리라고 하지 아니하였느냐'(요 11:40)라 하시고 큰 소리로 '나사로야 나오라'(요 11:43)라 부르시니 수족을 베로 동인 나사로가 나오는 것이었다. 예수님께서는 동인 것을 풀어 다니게 하라고 하신다.

4. 말씀

(a) 팔복

예수님은 놀라운 기적을 베푸시고 어려운 난치병도 치료해 주시기 때문에 그가 가시는 곳에는 항상 큰 무리가 따른다. 제자들이 예수님을 모시고 가르침의 말씀을 경청한다. 낮은 산에 오르시어 제자들에게 말씀을 주신다.

① '심령이 가난한 자는 복이 있나니 천국이 그들의 것임이여'(마 5:3) 심령이 가난한 자는 영적으로 겸손하고 탐심이 없는 의로운 자들을 가리킨다.

② '애통하는 자는 복이 있나니 그들이 땅을 기업으로 받을 것이요'(마 5:4) 애통하는 자는 박해받거나 큰 슬픔을 받거나 자신의 죄를 통회하는 자는 하나님의 위로를 받는다.

③ '온유한 자는 복이 있나니 그들이 긍휼이 여김을 받을 것임

이요'(마 5:5) 온유한 자는 영적으로 마음이 따뜻한 자로 자신을 내세우지 않고 다른 사람과 화평을 이루고 협동하는 사람이다.

④ '의에 주리고 목마른 자는 복이 있나니 저희가 배부를 것이요'(마 5:6) 하나님이 정하신 공의와 정의를 언제나 지키는 사람은 그에 대한 보상을 충분히 받을 것이라는 것이다.

⑤ '긍휼히 여기는 자는 복이 있나니 그들이 긍휼히 여김을 받을 것이요'(마 5:7) 다른 사람을 긍휼히 여기고 자비를 베푸는 사람은 하나님으로부터 긍휼히 여김을 받을 것이다.

⑥ '마음이 청결한 자는 복이 있나니 하나님을 볼 것임이요'(마 5:8) 마음이 청결하여 잡스러운 미혹을 물리치는 자는 복이 있나니 천국에 거하며 하나님을 뵈올 수 있는 복락을 누릴 수 있다.

⑦ '화평하게 하는 자는 복이 있나니 그들이 하나님의 아들이라 일컬음을 받을 것임이요'(마 5:9) 하나님의 아들 곧 예수님이 인간과 하나님의 화평을 위해 오셨는데 화평을 이루는 자는 하나님의 아들과 같은 사역을 하는 자이다.

⑧ '의를 위하여 핍박을 받은 자는 복이 있나니 천국이 저희 것임이라'(마 5:10) 하나님의 진리를 위하여 자신을 바치는 사

람은 천국에서 '궁극적인 구원'을 보장받은 사람이다.

그러므로 예수님의 복음을 전하느라 박해를 받는 사람은 하늘의 큰 복락을 누리게 될 것임으로 기뻐하라고 권면하신다.

(b) 율법의 완성

예수님은 '내가 율법이나 선지자를 폐하러 온 줄로 생각지 말라. 폐하러 온 것이 아니요 완전하게 함이라'(마 5:17) '율법을 완전하게 함'이라고 말씀하신 것은 율법이 구원으로 이끄는 법이 아님을 생각하신 것이라고 추정된다.

율법사가 예수님을 시험하기 위하여 율법에서 어떤 계명이 제일 중요하냐고 물으니 예수님은 '네 마음을 다하고 목숨을 다하여 주 너희 하나님을 사랑하라 하셨으니 크고 첫째 되는 계명이요 둘째도 그와 같도다 또 네 이웃을 네 자신과 같이 사랑하라 하셨으니 이 두 계명이 율법과 선지자의 강령이니라'(마 22:24~40, 막 12:28~34, 눅 10:25~28)라 하신다.

(c) 일곱화

예수님이 말씀하시는 자리에 서기관, 바리새인들도 앉았다. 예수님은 서기관과 바리새인들이 말만 하고 행하지 않는 그들의 행위는 본받지 말라고 하며 그들은 사람들에게 무거운 짐을 지우되 자신들은 손가락도 움직이지 않는다고 한다.

그뿐 아니라 다른 사람에게 보이기 위한 행위를 하고 잔치와 회당에서 높은 자리를 차지하고 '랍비' 선생이라고 불리는 것을 좋아하나 세상에서는 나 예수 그리스도만이 지도자이고 하늘나라에서는 하나님만이 절대적 스승이시라고 확언하신다.(마 23:7~8)

너희는 모두 다 형제인데 '누구든지 자기를 높이는 자는 낮아지고 자기를 낮추는 자는 높아지리라'(마 23:13)라 하시며 섬기는 자만이 큰 자가 될 수 있다고 하신다.

예수님은 서기관들과 바리새인들이 교인들을 천국에 들어가지 못하게 하고 자기들도 들어가지 못하는 외식하는 자들이라고 규정하신다.

그들은 눈먼 인도자로 성전을 두고 서약하면 아무 문제가 없을 것인데 제단 위에 올려진 예물을 제단보다 중히 여기는 맹인들이다.(마 23:17~19)

그들은 성전으로 서약하면 그것이 하나님의 보좌와 그 위에 앉으신 이로 맹세하는 것임을 알지 못한다고 지적하신다.

또한 그들이 박하와 회향과 근채의 십일조는 드리면서 율법이 정한 정의와 긍휼의 법은 버리는도다 그러니 하찮은 하루살이는 걸러내되 낙타처럼 큰 죄악은 신경을 쓰지 않는다고 하시고 잔과 대접의 겉은 깨끗이 하나 그 안에는 탐욕과 방탕이 가득하다고 비판하신다.

한마디로 서기관과 바리새인들은 '회칠한 무덤으로 선지자들의 무덤을 만들고 의인들의 비석을 꾸미며 이르되 자기들은 선지자의 피 흘리는 데는 참여하지 않았다고 하면서 자기들이 선지자를 죽인 자의 자손임을 스스로 인정한다고 하신다.

(d) 살인에 대하여

예수님도 살인을 큰 죄악으로 보신다. 그러나 살인은 결론이고 그 이전의 과정에 주목하신다. '형제에게 노하는 자마다 심판을 받게 되고 욕설을 하는 자는 공회에 잡혀가게 되고 미련한 놈이라고 하는 자는 지옥 불에 들어가게 되리라'(마 5:22) 하신다. 사람들과 화평하게 지내는 것이 관계의 악화로 살인과 같은 큰 죄악을 막을 수 있다고 강조하신다.

(e) 이혼에 대하여

바리새인들이 예수님을 시험하기 위하여 '사람이 아내를 버리는 것이 옳으니이까'(막 10:2)라고 묻는다. 예수님은 원칙적으로 '하나님이 짝지어 주신 것을 사람이 나누지 못할지니라'(막 10:9)라고 하신다.

그러나 집에 돌아와 제자들이 다시 물으니 '누구든지 그 아내를 버리고 다른 데에 장가드는 자는 본처에게 간음을 행함이요 또 아내가 남편을 버리고 다른 데로 시집가면 간음을 행함이라'(막 10:11~12)

실제로 불가불 이혼할 수밖에 없는 지경에 이르면 모세의 말에 따라 이혼 증서를 써주라고 하신다.(막 10:4~12, 마 5:31)

(f) 간음에 대하여

십계명의 일곱째 계명이 간음을 하지 말라고 하였다.(신 5:18) 간음은 여성을 보고 음욕을 품는 것에서 출발한다. 그러니 예수님은 여자를 보고 음욕을 품는 것은 이미 마음으로 간음을 한 것이라고 규정하시고(마 5:28) '만일 네 오른 눈이 너로 실족하게 하거든 빼어 내버리라. 네 백체(Whole Body) 중 하나가 없어지고 온몸이 지옥에 던져지지 않는 것이 유익하며 또한 만일 네 오른손이 너로 실족하게 하거든 찍어 내버리라. 네 백체 중 하나가 없어지고 온몸이 지옥에 던져지지 않는 것이 유익하니라'(마 5:29~30)라고 하시며 근원적인 처방을 권면하신다.

(g) 원수의 보복

중동에서는 자기에게 중대한 해악을 끼친 상대에게 강력한 징계를 하는 전통이 있다. 구약성경은 원수에게 같은 보복을 가하라고 권면한다.(출 21:24, 레 24:20)

동태복수법 Talion의 원칙이 세계에서 가장 오래된 함무라비 법전에도 기록되어 있다고 한다. [뉴톰슨 주석성경 p.242 주 19:21 참조]

구약성경에서 '상처에는 상처로, 눈에는 눈으로, 이에는 이로'(레 24:20)의 구절은 받은 것과 같은 복수를 하는 것을 허용한다고 하는 것이 아니고 받은 피해를 넘어서는 피해를 돌려주면 안 된다는 뜻이다.

그러나 여호와께서는 동태복수법과 다른 말씀을 하신다. '원수를 갚지 말며 동포를 원망하지 말며 네 이웃 사랑하기를 네 자신과 같이 사랑하라, 나는 여호와이니라'(레 19:18)라고 하시며 원수를 갚지 말라고 명하신다.

사랑의 복음을 전하시는 예수님께서는 더 적극적이시다. '나는 너희에게 이르노니 너희 원수를 사랑하며 너희를 핍박하는 자를 위하여 기도하라'(마 5:44)라 하셨고 누가도 원수 사랑을 두 번이나 기록하고 있고 우리는 책 말미의 논단에서 그 이유를 살펴보고자 한다.

(h) 구제에 대하여

어려운 사람을 돕는 것은 하나님의 선하심을 행하는 행동으로 구약성경에서 하나님께서도 여러 차례 강조하신 하나님의 뜻을 보여주는 행위인 것이다. 구제는 예수님의 사랑을 실천하는 것으로 예수님 사랑의 핵심이다. 예수님은 네게 구하는 자에게 주며 네게 꾸고자 하는 자에게 거절하지 말라(마 5:4)고 명하신다.

요한은 예수님의 뜻을 받들어 '옷 두 벌 있는 자는 옷 없는 자에게 나눠 줄 것이요 먹을 것이 있는 자도 그렇게 할 것이니라'(눅 3:11) 라고 한 바 있고 그 구절은 공산주의 자들에게 악용되기도 하였다. 그 구절은 문자 그대로 행하는 것이 아니라 그 뜻을 따르라고 한 말씀이다.

예수님은 '구제는 구제할 때에 오른손이 하는 것을 왼손이 모르게 네 구제함을 은밀하게 하라. 은밀한 중에 보시는 너의 아버지께서 갚으시리라'(마 6:3~4)라고 한다.

(i) 금식에 대하여

우리는 위가 비었을 때 정신이 더 맑아진다. 그리하여 믿음의 선조들은 중요한 일을 앞두고 대개 금식을 하며 영과 혼을 다하여 하나님께 간구드린다.

예수님께서는 요단강에서 침례 요한의 침례를 받으시고 성령의 충만함을 받으시고 금식하시며 40일간 마귀에게 시험을 받으신다. 금식하시며 성령의 입으심을 받은 예수님은 마귀의 시험을 이기시고 마귀를 물리치신다.

예수님께서는 금식을 남에게 보이는 행사로 하지 말 것을 강조하신다. '금식할 때에 너희는 외식하는 자들과 같이 슬픈 기색을 보이지 말라 그들은[11] 금식하는 것을 사람에게 보이려고 얼굴을 흉하게 하느니라. 내가 진실로 너희에게 이르노니 그들은 자기 상을 받았느니라 너는 금식할 때에 머리에 기름을 바르고 얼굴을 씻으라 이는 금식하는 자로 사람에게 보이지 않고 오직 은밀한 중에 계신 네 아버지께 보이게 하려 함이라 은밀한 중에 보시는 네 아버지께서 갚으시리라'(마 6:16~18)라 하신다.

---

11) 바리새인들과 외식하는 자들

(j) 염려와 기도

극소수의 계층을 제외하고 사람들에게 삶이란 곧 매일 매일의 고통과 생존에 대한 염려이다. 그러나 사람들은 각자 자기 나름의 삶을 그럭저럭 살게 된다. 그리하여 예수님은 '목숨을 위하여 무엇을 먹을까 무엇을 마실까 몸을 위하여 무엇을 입을까 염려하지 말라 목숨이 음식보다 중하지 아니하며 몸이 의복보다 중하지 아니하냐'(마 6:25) 하신다.

예수님께서는 하나님께서 먹이를 주시는 공중의 새를 그 증거로 주시고 솔로몬의 찬란한 영광이 들에 핀 한 떨기 백합화에 미치지 못하니 '무엇을 먹을까, 무엇을 입을까' 하지 말고 모든 염려를 내려놓으라고 하신다.

그러니 내일 일을 위하여 염려하지 말고 '너희는 먼저 그의 나라와 그의 의를 구하라 그리하면 이 모든 것을 너희에게 더하시리라'(마 6:33~34)라 하신다. 그리고 우리에게 필요한 것을 기도를 통하여 '구하라, 그리하면 너희에게 주실 것이요 찾으라 그리하면 찾아낼 것이요 문을 두드리라 그리하면 너희에게 열릴 것이니'(마 7:7) 라고 말씀하신다.

아울러 예수님은 우리에게 골방에 들어가 은밀 중에 하나님 아버지께 기도하라고 하시며 우리에게 모범적인 기도로 '주기도문'을 가르쳐 주신다.(마 6:9~13) 우리 모두가 가장 먼저 배워 암송하는 주기도문의 핵심은 '우리가 우리에게 죄 지은 자를 사하여 준 것 같이 우리 죄를 사하여 주시옵고'의 구절이다. 이 구절의 앞부분은 과거절이고 뒷부분은 소망절 혹은 기원절인 것이다.

(k) 정한 것과 부정한 것

바리새인들은 외적인 형식을 주요하게 본다. 그런데 그들이 예수님 제자들이 손을 씻지 않고 음식 먹는 것을 보고 놀라 예수님께 그것을 지적한다.

예수님은 음식 먹은 것은 화장실에 가서 모두 배설하고 말지만 입에서 나오는 것은 마음속에 담아둔 살인과 음란과 도둑질, 거짓 증언 비방 같은 것들이다. '이런 것들이 사람을 더럽게 하는 것이요, 씻지 않는 손으로 먹는 것은 사람을 더럽게 하지 못하느니라'(마 15:11~20) 하신다.

그렇다. 우리가 입에 넣는 것은 깨끗한 것이나 더러운 것은 화장실에 가서 밖으로 배설한다. 그런데 입에서 나오는 것은 속에 들어 있던 나쁘고 악한 생각들이니 입에서 나오는 것이니 온통 나쁜 것들이다.

(l) 큰 자와 높은 자

예수님의 제자들도 예수님의 뜻과 관계없이 세속적인 가치관에서 벗어나지 못하고 마음속으로 '누가 크고 높게 될 것인가'를 놓고 보이지 않는 경쟁을 서로 벌이고 있었다.

요한과 야고보의 어머니는 그에 대해 큰 관심을 가지고 예수님을 찾아와 그 두 아들이 '주의 나라에서 하나는 주의 우편에 하나는 좌편에 앉게 명하소서'(마 20:21) 하고 말씀드린다.

기대하지 않은 요청에 예수님은 '내 좌, 우편에 앉는 것은 내가 주는 것이 아니라 내 아버지께서 누구를 위하여 예비하셨는지 그들이 얻을 것이니라'(마 20:23) 하시고 '(……) 너희 중에 누구든지 크고자 하는 자는 너희를 섬기는 자가 되고 너희 중에 누구든지 으뜸이 되고자 하는 자는 너희의 종이 되어야 하리라'(마 20:26~27)라고 하시며 속 생각을 내 보이신다.

높임은 큼과 마찬가지로 자기를 높이는 자로 예수님이 생각하시는 기준에 맞지 않는다. 그리하여 '너희가 돌이켜 어린아이와 같이 되지 아니하면 결단코 천국에 들어가지 못하리라'(마 18:3)이라 하시고 연이어 '그러므로 누구든지 이 어린아이와 같이 자기를 낮추는 사람이 천국에서 큰 자니라'(마 18:4)라 하신다.

이 세상에서 큰 자의 특징은 교만하고 거만하여 남보다 자기가 위에 있어야 된다고 하는 것이다. 하나님과 예수님은 사람의 겉을 보시지 않고 속의 마음을 보시는 분들이시다.

그러니 외식하는 인물이 천국에서 환영받을 수는 없는 것이다. 예수님은 제자들의 발을 씻겨주시는 분이시다. 스스로 크다고 하는 자는 작아질 것이고 높다고 하는 자는 낮아질 것이며 나보다 먼저 남을 생각하고 배려하는 사람이 먼저 대접을 받는다.(마 18:1~5, 막 9:33~37, 눅 9:46~48)

(m) 죄와 용서

인간의 상호적 관계는 긍정적인 관계나 부정적 관계를 낳게 된다. 긍정적 관계는 우정과 사랑으로 발전하지만 부정적 관계는 미움, 질투, 저주 등의 감정을 갖게 한다.

예수님은 복음을 통하여 다른 사람에 대한 부정적인 감정을 해소시키고 서로 간의 화평의 관계를 갖게 하기 위하여 '너희도 서로 사랑하라'(요 15:12)고 이르셨다.

사랑의 부재는 미움과 갈등을 넘어 상대방을 악의 화신으로 보게 하고 악은 죄악의 범주에 포함된다. 상대방을 정확히 보기 위해서는 상대방에 대해 가진 악한 감정을 용서해야 한다. 그러나 특히 중대한 부정을 저지른 상대를 용서하고 서로 간에 화평을 이루는 것이 쉬운 일은 아니다.

예수님은 기도의 모범이 되는 주기도문을 통하여 우리가 우리에게 죄지은 자를 사하라고 하시고 그래야 우리의 죄가 사하여질 수 있다고 알려주신다.

마가복음에서도 예수님은 우리가 '서서 기도할 때에 아무에게나 혐의가 있거든 용서하라. 그리하여야 하늘에 계신 너희 아버지께서도 너희 허물을 사하여 주시리라'(막 11:25)고 말씀하신다.

그 말씀은 사람과의 관계에서 상처를 준 사람에 대해 기도하면서 용서하는 마음을 가져야 한다고 말씀을 하신 것이다.

마태복음에서 베드로는 '주여 형제가 내게 죄를 범하면 몇 번이나 용서하여 주리이까. 일곱 번까지 하오리까'(마 18:21) 하고 여쭈니 일곱 번뿐 아니라 일곱 번을 일흔 번까지라도 할지니라 하신다. 누가복음에서는 주께서 '네 형제가 죄를 범하거든 (……) 만일 하루에 일곱 번이라도 네게 죄를 짓고 일곱 번 네게 돌아와 '내가 회개하노라' 하거든 용서하라'(눅 17:3~4) 하셨다. 결국 용서에는 끝이 없다는 뜻이다.

그러나 용서에도 한계와 조건은 있다. 예수님은 '그러므로 내가 너희에게 이르노니 사람을 모독하는 것은 사하심을 얻되 성령을 모독하면 사하심을 얻지 못하겠고'(마 12:31)라고 하신다.

어째서일까. 성령이 삼위일체에 의하여 하나님 예수님과 같은 위에 계시기 때문이다.

예수님은 '내가 하나님의 성령을 힘입어 귀신을 쫓아내는 것이면 하나님의 나라가 이미 너희에게 임하였느니라'(마 12:29)이라 하셨다. 다시 말하면 예수님은 하나님의 성령의 능력으로 귀신을 쫓고 이로써 하나님의 나라가 이미 도래하였기 때문에 그러한 성령을 모독하는 것은 어떤 경우에도 용서받을 수 없게 된다.[12)]

마가복음도 3:28~29에서 같은 말씀을 전하면서 예수님께서 성령의 능력으로 복음을 전하시는데 성령을 모독하는 것은 죄 사함과 구원을 거부하는 것이라고 설명하고 있다.

(n) 세상의 끝날

예수께서 성전에서 나오실 때에 제자들이 성전 건물을 가리켜 보이려고 하니 예수님은 '너희가 이 모든 것을 보지 못하느냐 내가 진실로 너희에게 이르노니 돌 하나도 돌 위에 남지 않고 다 무너뜨려지리라'(마 24:2)

예수님이 감람산 위에 앉아 계실 때 제자들이 '어느 때에 이런 일이 있겠사오며 또 주의 임하심과 세상 끝에는 무슨 징조가 있

12) 뉴톰슨 주석성경 주 12:28~29 참조

나오리이까'(마 24:3)하고 여쭌다.

그러자 예수님은 자기가 그리스도라고 하는 사람들이 나와도 미혹되지 말라고 하시며 민족과 나라들이 서로 대적하고 재난과 기근이 있겠으나 '내 이름 때문에 모든 민족에게 미움을 받으리라 (……) 그러나 끝까지 견디는 자는 구원을 얻으리라'(마 24:4~14)라고 이르신다.

'그날 환난 후에 즉시 해가 어두워지며 달이 빛을 내지 아니하며 별들이 하늘에서 떨어지며 하늘의 권능들이 흔들리리라' 하시고 '그 때에 인자의 징조가 하늘에서 보이겠고 (……) 인자가 구름을 타고 능력과 큰 영광으로 오는 것을 보리라'(마 24:29~30)라 이르신다.

'그러나 그날과 때는 아무도 모르나니 하늘의 천사들도, 아들도 모르고 오직 아버지만 아시느니라'(마 24:36)라 하신다.

5. 비유와 가르침

직설적 말씀과 비유를 통한 말씀은 직선과 원으로 비교될 만큼 비유의 가르침의 범위가 크다고 볼 수 있다. 그 이해에 있어서 말씀으로의 가르침은 해석의 가능성이 좁은 편이지만 비유의 가르침은 듣는 사람들의 형편과 능력에 따라 보다 폭넓은 해석을 수용할 수 있다.

(a) 소금과 빛의 비유

현대 의학에서 소금=나트륨은 혈압, 당뇨 등 성인병의 원인이 된다고 지적하고 있지만 그것은 지나치게 많은 양을 섭취할 때에 해당하는 충고이다.

인간은 고대부터 소금은 음식에 필수적인 식재료로서 산해진미도 소금이 없으면 맛을 낼 수 없다. 인간사회 역시 소금 같은 작용을 하는 사람이 없으면 상황이 심히 걱정스럽다. 그리하여 예수님도 그것을 걱정하신다.

'너희는 세상의 소금이니 소금이 그 맛을 잃으면 무엇으로 짜게 하리요 후에는 아무 쓸데 없어 다만 밖에 버려져 사람에게 밟힐 뿐 이니라'(마 5:15)라 하신다.

인간 세상에서 소금 같은 인간은 적절하고 필수적인 역할뿐 아니라 사회가 침체되고 부패되는 것을 막는 역할을 해주는 사람이다.

아울러 예수님께서는 성도들을 빛에 비유하신다. '너희는 세상의 빛이라 산 위에 있는 동네가 숨겨지지 못할 것이요'(마 5:14)라고 하신다.

빛이 없으면 생명체가 존재할 수 없을 뿐 아니라 빛이 없으면 가야 할 길도 찾을 수 없다. 아울러 빛이 없으면 진리와 거짓을 구분할 능력도 없게 된다. 그리하여 예수님은 '너희 빛이 사람 앞에 비치게 하여 그들로 너희 착한 행실을 보고 하늘에 계신 너희 아버지께 영광을 돌리게 하라'(마 5:16) 하신다.

(b) 씨 뿌리는 자의 비유

바닷가에 큰 무리가 모이자 예수께서는 배에 올라앉으시고 비유로 말씀을 주신다. '씨를 뿌리는 자가 뿌리러 나가서 뿌린 씨가 길가에 떨어지니 새들이 먹어버렸고 더러는 흙이 얕은 돌밭에 떨어지매 흙이 깊지 아니하므로 곧 싹이 나오나 해가 돋은 후에 타서 뿌리가 없으므로 말랐고 더러는 가시떨기 위에 떨어지매 가시가 자라서 기운을 막고 더러는 좋은 땅에 떨어지매 어떤 것은 백 배 어떤 것은 육십 배 어떤 것은 삼십 배의 결실을 하였느니라'(마 13:1~8)라 하신다.

예수님은 목공-석수인 요셉을 따라다니며 집 짓는 법을 배웠으나 농사에도 정통하신 듯하여 알기 쉬운 씨 뿌리는 자의 비유를 말씀하신 것이다. 씨는 하나님과 복음의 말씀이다. 바리새인들은 이사야가 말한 바와 같이 '너희가 듣기는 들어도 깨닫지 못할 것이요 보기는 보아도 알지 못하리라 이 백성들의 마음이 완악하여져서 그 귀는 듣기에 둔하고 눈은 감았으니 이는 눈으로 보고 귀로 듣고 마음으로 깨달아 돌이켜 내게 고침을 받을까 두려워함이라'(사 6:9~10) 하신다.

예수님이 알려주신 바와 같이 길가에 뿌려진 씨앗은 말씀에 아무런 관심이 없는 사람들을 가리키는 것이다. 흙이 얕은 돌밭에 뿌리는 씨는 관심은 있으나 환경이 조금 좋지 않으면 믿음의 깊이가 없어 진리가 마음속에 뿌리내리지 못하는 사람을 지칭한다. 좋은 땅에 뿌려진 씨는 환난이나 핍박이 있어도 그것을 인내와 믿음으로 이기고 담대하고 신실한 믿음을 지키는 사람이다.

믿음으로 좋은 씨를 밭에 뿌렸으나 악한 자가 사람들이 잠잘 때 가라지를 덧뿌린 경우를 비유로 드신다. 그러니 좋은 싹과 함께 가라지도 올라온다. 종들이 주인을 찾아와 가라지를 어떻게 처리해야 할지 묻는다.

주인은 '지금 가라지만 뽑으면 좋은 곡식까지 뽑힐 수 있으니 추수 때까지 그대로 두고 추수꾼들에게 가라지를 단으로 묶어 불사르게 하고 곡식은 곳간에 넣으라'(마 13:28~30)고 한다.

예수님은 그 비유에 대해 질문을 하자 좋은 씨를 뿌리는 이는 인자이고 밭은 세상이며 좋은 씨는 천국의 아들들이며 가라지는 악한 자들의 아들이고 가라지를 뿌린 자는 마귀요 추수는 세상의 끝에 있을 심판이고 추수꾼은 천사들이라 알려주신다.(마 13:36~40) 곳간은 선택된 자들이 들어가 복락을 누리는 천국이다.

천국에 심은 겨자씨는 자라서 큰 나무가 되어 새들이 찾아와 깃들 수 있으리만큼 크게 되니 천국은 여인이 누룩을 넣어 크게 부푸는 것과 같다고 하신다.(마 13:33)

(c) 천국의 비유

기독교인들은 죽고 나서 가게 될 천국에 대해 큰 관심을 갖고 있다. 천국은 에덴동산처럼 아름답고 평화로운 곳으로 하나님과 함께 예수님이 천사들의 도움을 받고 있는 꿈의 낙원으로 생각된다.

예수님은 천국을 밭에 감춘 보화와 같아 사람이 이를 발견한 후 숨겨두고 기뻐하며 돌아가서 자기의 소유를 다 팔아 그 밭을 사버린다고 하신다.(마 13:44) 또한 천국은 귀한 진주를 구하는 장사와 같아서 그것을 발견하면 자기 소유를 다 팔아 그 진주를 사는 것에 비유하신다.(마 13:45~46)

천국은 진리의 밭에 비유하고 거기에서 보화는 복음의 말씀이다. 그것을 찾아낸 사람은 모든 것을 버리고 오로지 복음에 헌신한다.

진주를 찾아 나선 사람의 비유도 다르지 않다. 그가 진리라고 생각한 진주를 구하면 모든 것을 버리고 진리를 택한다.

예수님은 천국을 바다에서 각종 물고기를 잡는 그물에 비유하신다. 그물에 물고기가 많이 잡히면 물가로 끌어내어 좋은 물고기는 그릇에 담고 좋지 않은 물고기들은 내버리는데 세상의 끝에도 천사들이 의인들을 고르고 악인들은 풀무불에 던진다는 것이다.

비유는 쉽게 이해되고 제자들도 그에 담긴 뜻을 쉽사리 깨닫게 된다.(마 13:47~52)

(d) 잃은 양의 비유

예수님은 작은 자 하나라도 업신여기지 말라고 권고하시면서 100마리의 양을 가진 사람의 예를 드신다. 만약 그 사람의 양 중 한 마리가 보이지 않는다면 99마리를 산에 두고 길 잃은 양을 찾아 나설 것이라고 하신다. 만약 그 양을 찾으면 길을 잃지 않은 99마리보다 그 양 한 마리를 더 기뻐하지 않겠느냐고 하신다.(마 18:10~13)

우리는 목자이신 예수님의 양이다. Handel은 할렐루야 합창곡에서 'All We Like Sheep' 우리 모두는 양과 같지요라고 노래하였다. 우리가 길을 잃으면 목자 되신 예수님은 안타까워하시고 우리를 찾아 나서신다.

(e) 포도원 품꾼의 비유

천국은 포도원을 가진 포도원 주인 같다고 비유하신다. 주인은 아침 일찍부터 품꾼을 구하러 나가 하루에 한 데나리온씩 주겠다고 약속한다. 그리고 제3시에도 장터에서 놀고 있는 사람들에게 한 데나리온을 약속하고 포도원에 데려온다.

제6시와 9시에도 나가 한 데나리온을 약속하고 품꾼들을 데려온다. 그리고 제11시 즉 대략 오후 5시에도 나가보니 사람들이 있는지라 그들에게 물으니 일을 구하지 못하였다고 한다. 그들에게도 한 데나리온을 약속하고 포도원에 데려온다.

일이 끝나자 주인은 제일 나중에 온 일꾼부터 돈을 주라고 청지기에게 시킨다. 아침 일찍부터 땀 흘려 일한 일꾼들은 늦게 합류한 일꾼들보다 많이 받을 것이라고 기대했으나 모든 일꾼들이 한 데나리온의 품삯을 받자 주인에게 그것은 공평한 처사가 아니라고 항의하였다.

주인은 '친구여 내가 네게 잘못한 것이 없노라 내가 너와 한 데나리온에 약속하지 아니하였느냐 네 것이나 가지고 가라 나중 온 이 사람에게 너와 같이 주는 것이 내 뜻이니라'(마 20:13~14)라고 한다.

포도원 주인은 하나님이시고 품삯은 하나님이 주시는 은혜이다. 나중에 온 사람은 일감을 얻지 못하여 하루 종일 일감이 없어 마음 고생을 하였을 수 있다. 그는 길을 잃은 양인 셈이다. 예수님은 양에게 긍휼을 가지셨고 그를 구하고 몹시 기뻐하셨다. 일찍부터 믿은 것이 반드시 평가의 기준은 아닌 것이다.

(f) 시든 무화과의 비유

무화과는 평화와 풍요의 상징이며 말린 무화과는 허기를 채워주는 역할도 한다. 이른 아침에 예루살렘에 오시며 잎이 무성한 무화과나무를 보시고 무화과가 제철이라 가까이 가셨으나 열매가 하나도 없는 것을 보시고 나무에게 '이제부터 영원토록 열매를 맺지 못하리라'(마 21:19)라 하시니 무화과 나뭇잎이 곧 마른다.

제자들이 어찌하여 나무가 말랐느냐고 여쭈니 예수님은 '너희가 만일 믿음이 있고 의심하지 아니하면 이 산더러 들려 바다에 던지라 하여도 될 것이요 너희가 기도할 때에 무엇이든지 믿고 구하는 것은 다 받으리라'(마 21:21~22)라 하신다.

그러니 무화과는 살아 있는 이스라엘을 상징한다. 그곳에는 성전과 제사장과 여호와를 섬기는 사람들이 제물을 드리나 참믿음은 그 안에 없고 잎이 무성하지만 열매가 없으니 그러한 이스라엘은 결국 시든 무화과나무처럼 될 운명이라고 예언하신 것이다.

(g) 두 아들의 비유

예수님께서 두 아들을 둔 포도원 주인 이야기를 하신다. 포도원 주인은 맏아들에게 오늘 포도원에 가서 일하라고 하니 '아버지 가겠나이다'(마 21:29) 대답은 하고 가지 아니한다.

둘째 아들에게 같은 부탁을 하니 '싫소이다'라고 하였다가 그 후에 뉘우치고 포도원에 간다. 그 둘 중 누가 아버지의 뜻을 따른 것이냐 하면 둘째 아들이다.(침례) 요한이 의의 도를 전하기 위해 왔으나 너희가 믿지 않고 죽였다. 세리와 창녀들은 믿고 따랐으나 너희는 그렇지 않았다고 지적하신다.

(h) 소작인의 비유

한 포도원 주인이 울타리를 두르고 즙을 짜는 틀을 만들고 망대를 세우고 농부들에게 세를 놓고 열매를 딸 때쯤 돌아와 자기 종들을 농부들에게 보내니 농부들이 종들을 때려 죽인다.

그리하여 더 많은 종들을 보냈으나 그들도 똑같은 꼴을 당한다. 자기 아들을 보내면 존대할 것이라고 생각하고 아들을 보낸다. 그러나 농부들은 아들을 죽이고 유산을 차지하자고 한다.

주인은 그 악한 농부들을 진멸하고 그 포도원 열매를 바칠 만한 다른 농부들에게 세를 놓는다. 그 이야기를 하시며 예수님은 '건축자들이 버린 돌이 모퉁이의 머릿돌이 되었나니'(시 118:22) '이것은 주로 말미암아 된 것이요 우리 눈에 기이하도다'(마 21:42~47)라 하시며 돌이 위에서 떨어지면 죽을 것이라고 하시고 그것이 바리새인들의 신세라고 비유하시며 악인들이 자기를 죽이나 자신이 메시야이심을 말하신다.(마 21:33~42)

(i) 혼인 잔치의 비유

예수님께서는 천국을 혼인 잔치에 비유하신다. 어느 임금이 청첩을 받은 사람들에게 융숭한 잔치에 참석을 종용하니 한 사람은 자기 밭으로 가고 다른 사람은 사업하러 가고 또 다른 사람은 참석을 청하는 종들을 아예 죽여버린다. 화가 난 임금은 군대를 보내 살인자를 진멸하고 동네를 불살라 버린다.

그리고 종들을 네거리에 보내 만나는 사람은 누구나 초대하니 많은 손님들이 몰려왔다. 임금은 예복을 입지 않고 온 사람에게 그 이유를 묻고 그의 손발을 묶어 내던지니 그는 울며 이를 갈았다. 청함을 받은 자는 많으나 택함을 받은 자는 적었다. 혼인 잔치는 천국으로의 초대를 비유한 것이다.

유대인 제사장, 서기관들은 초청을 거부하고 잔치에는 아무 관심도 없었다. 종들을 살해까지 하자 AD 70년 예루살렘을 침공한 로마는 예루살렘 주민을 몰살시킨다. 네거리 모든 사람을 청하여 오게 한다. 네거리 모든 사람은 온 세계의 이방인들이다.

데려온 사람 중에는 악한 사람도 있고 선한 사람도 있다. 그들을 모두 데려오니 혼인 잔치 손님은 많았다.

혼인 잔치는 하나님을 위한 예식이니 당연히 예복을 입고 참석을 해야 하나 예복을 입지 않고 준비되지 않은 채 입장한 것을 보고 이유를 물으니 묵묵부답이었다. 임금은 그를 결박하고 잔치에서 쫓아낸다.

처음 초대받은 자들은 서기관, 제사장, 바리새인 등 유대인의 유력자들이었으나 그들이 빠지니 이방인들이 초대된 것이다. 그 중에서 준비되지 않은 자는 성결한 잔치에 적합하지 못함으로 받아들이지 아니하였다.(마 22:1~14)

(j) 열 처녀의 비유

예수님은 천국을 신랑이 오기를 기다리는 열 처녀에 비유하신다. 열 처녀 중 다섯은 미련하고 다섯은 슬기로운데 미련한 다섯은 등에 기름을 마련하지 않았고 슬기로운 자들은 등에 기름을 듬뿍 담아 준비하고 있었다.

신랑의 도착이 늦어지니 모두 졸고 있는데 한밤중에 신랑이 들이닥친다. 모두 신랑을 맞으러 나가는데 미련한 자들은 기름이 없어 슬기로운 자들에게 나누어 달라고 청한다. 그러나 그들은 '우리와 너희가 쓰기에 다 부족할까 하노라. 차라리 파는 자들에게 가서 너희 쓸 것을 사라'(마 25:9)고 한다.

그들이 기름을 사러 간 사이 신랑이 도착하였으므로 준비된 자들은 신랑과 함께 혼인 잔치에 들어가고 문이 닫힌다. 기름을 사가지고 온 미련한 자들이 돌아와 '주여 우리에게 열어 주소서' 하니 '내가 너희를 알지 못하노라'(마 25:12)라고 안에서 대립한다.

혼인 잔치는 하나님 구원의 비유이고 신랑은 예수 그리스도를 상징한다. 초대받은 성도들은 언제 예수 그리스도가 오실지 알지 못하므로 언제 오셔도 맞을 수 있는 준비를 하고 있어야 구원받을 수 있다.

(k) 달란트의 비유

어떤 사람이 외국에 나가며 한 사람에게는 금 5달란트 다른 사람에게든 2달란트, 한 사람에게는 1달란트를 맡겼는데 5달란트를 받은 사람은 장사를 하여 10달란트를 가져왔고 2달란트 받은 사람은 4달란트를 가져와 주인이 그 두 사람을 칭찬하였는데 1달란트를 받은 사람은 그것을 땅에 감추었다가 주인에게 그대로 가져왔다.

주인은 그에게 '악하고 게으른 종아 나는 심지 않은 데서 거두고 해치지 않은 데서 모으는 줄 알았느냐'(마 25:26)라고 하면서 그 돈을 은행에 맡기기라도 하였으면 이자라도 받았을 텐데 그렇지도 못하였다고 꾸짖으며 1달란트를 10달란트 만든 자에게 주고 어두운 밖에 내쫓았다.(마 25:14~30)

누가복음에서는 귀인이 왕위를 받으러 외국에 갔고 달란트가 아니고 므나를 맡겼다고 하여 약간의 차이가 있으나 내용상으로는 다르지 않다. 주님이 중요한 임무를 맡기셨는데 한 사람은 큰 성과를 거두어 충성을 보였고 다른 사람은 큰 성과는 아니지만 자기 능력을 다하였고 다른 한 사람은 능력과 임무를 그대로 사장시킨 것을 비유한 것이다.

(I) 어리석은 부자 농부의 비유

어느 부자 농부가 소출이 너무 많아 곳간을 헐고 더 크게 지어 곡식과 물건을 쌓아두기로 한다.

그러면서 '평안히 쉬고 먹고 마시고 즐거워하자'(눅 12:19) 하고 생각한다. 그러나 그날 밤 하나님은 '어리석은 자여 오늘 밤에 네 영혼을 도로 찾으리니 그러면 네 준비한 것이 누구의 것이 되겠느냐'(눅 12:20) 하신다. 혼자 쌓아놓은 재물이 영원히 자기 것이라고 생각하는 사람은 어리석은 사람인 것이다. 큰 재벌들도 죽을 때는 아무것도 가져가지 못한다.

(m) 돌아온 탕자의 비유

어느 부자에게 두 아들이 있는데 둘째 아들이 아버지에게 재산을 분할하여 자기 몫을 주시라고 요구하니 그의 몫을 나누어 주었다. 둘째 아들은 재산을 들고 먼 나라에 가서 흥청망청 쓰고 보니 얼마 지나지 않아 궁핍하게 되었다.

그는 들에 나가 돼지를 치는 일꾼으로 취직을 하나 배를 채우지 못하고 돼지나 먹는 쥐엄 열매로라도 배를 채우고 싶어지면서 자기 아버지의 품꾼들이 풍족하게 먹는 것을 생각한다. 자기의 어리석은 죄를 깨닫고 집에 돌아와 '하늘과 아버지께 죄를 지었사오니 지금부터는 아버지의 아들이라 일컬음을 감당하지 못하겠나이다. 나를 품꾼의 하나로 보소서'(눅 15:21)라고 한다.

아버지는 종들을 시켜 둘째 아들에게 제일 좋은 옷을 입히고 손에 가락지를 끼우고 발에 신을 신기게 한다. 그리고 살진 송아지를 잡아 즐기자고 한다. 맏아들은 풍악에 춤추는 소리를 듣고 종에게 까닭을 물으니 당신 동생이 돌아와 잔치가 벌어졌다고 알린다.

기분이 언짢은 큰아들은 아버지에게 자기는 여러 해를 아버지를 섬겨도 아무 일도 없다가 창녀들과 함께 아버지 재산을 삼켜버린 아들에게 이렇게 하실 수 있냐고 항의한다. 아버지는 큰아들에게 '너는 항상 나와 함께 있으니 내 것이 다 네 것이로되 네 동생은 죽었다 살아났으며 잃었다가 얻었기로 우리가 즐거워하고 기뻐하는 것이 마땅하다'(눅 15:11~32) 하였다.

큰아들은 바리새인과 서기관을 나타내고 작은아들은 회개하고 돌아온 성도를 나타낸다. 아버지의 모습에서 우리는 죄인인 우리가 죄를 회개하고 하나님께 돌아오기를 기다리시는 하나님의 사랑을 보게 된다.

(n) 영악한 청지기의 비유

청지기는 집안의 크고 작은 일을 처리하는 집사로서 재산관리도 그의 소관이다. 어느 부잣집 청지기가 주인의 재산을 낭비한다는 말을 들은 부자는 그 청지기에게 더 이상 재산을 맡길 수 없다고 통보하니 그 청지기는 그 자리에서 나오면 다른 직업을 구할 수 없다고 생각하여 약삭빠르게 살길을 찾는다.

그는 주인에게 빚진 자들을 하나씩 불러 빚진 액수를 줄여줌으로써 선심을 얻어 살길을 찾고자 한다. 그렇게 모든 빚진 자들의 빚을 감면해 주는 행동을 눈치챈 주인은 그 청지기가 불의를 행하였으나 결과적으로 자기도 큰 손해를 당하지는 않았고 그 청지기는 자기가 살아남을 수 있는 방안을 찾아 행한 것이었고 사실 그 당시에도 젊은 세대들은 자기를 위해 기성세대보다 더 영악하게 살고 있었다. 이 비유는 청지기를 규탄하기 위한 것이 아니라 모든 사람이 하나님께 가까이 갈 날에 대비하라는 것이다.

돈을 좋아하는 바리새인들은 이 이야기를 알게 되자 비웃는데 예수님께서는 '너희는 사람 앞에서 스스로 옳다고 하는 자들이나 너희 마음을 하나님께서 아시나니 사람 중에 높임을 받는 것은 하나님 앞에 미움을 받는 것이니라'(눅 16:15) 하시며 바리새인들의 위선을 지적하셨다.

(o) 끈질긴 과부의 비유

어느 도시에 하나님을 두려워하지 않고 사람을 무시하는 재판장이 있는데 한 과부가 자기 원한을 풀어달라고 졸랐다. 그 재판장은 두려운 것이 아무것도 없으나 저 과부의 원한을 들어주지 않으면 계속 조를 것이 아닌가 하고 생각한다. 그리고 하나님께서도 밤낮 부르짖는 택하신 자들의 원한을 풀어주시기 않으시겠냐고 생각한다. 예수님께서는 하나님께서도 그 원한을 풀어주시리라고 생각하신다. 끈질긴 과부의 비유는 바울도 '항상 기도하라' 한 것처럼 언제나 하나님께 소망 중에 기도드리면 이루어질 수 있음을 알려주기 위한 비유인 것이다.(눅 18:18)

(p) 생명의 떡과 음료의 비유

하나님께서는 광야에서 고생하는 이스라엘 백성에게 모세를 통하여 40여 년 동안 만나를 내리셨다. 그런데 예수님께서는 제자들에게 '너희 조상들은 광야에서 만나를 먹었어도 죽었거니와'(요 6:49)

'내가 곧 생명의 떡이니라' '나는 하늘에서 내려오는 떡이니 사람으로 하여금 먹고 죽지 아니하게 하는 것이니라'(요 6:49~50)라고 자신을 '생명의 떡'에 비유하신다. 그리고 '나는 하늘에서 내려온 살아 있는 떡이니 사람이 이 떡을 먹으면 영생하리라. 내가 줄 떡은 곧 세상의 생명을 위한 내 살이니라'(요 6:50~51) 하신다.

비유를 이해하지 못하는 유대인들은 '사람이 어찌 능히 자기

살을 우리에게 주어 먹게 하겠느냐'(요 6:52) 답답하신 예수님께서는 '내 살은 참된 양식이요, 내 피는 참된 음료로다. 내 살을 먹고 내 피를 마시는 자는 영생을 가졌고 마지막 날에 내가 그를 살리리라'(요 6:54~55) 하신다.

가버나움 회당에서 이 말씀을 하셨으나 유대인들이 비유의 참뜻을 깨닫지 못한 것이다.

(q) 선한 사마리아인의 비유

예수께서 사마리아인의 비유를 드신다. 어느 사람이 여리고로 가다가 강도를 만나 옷이 벗겨지고 죽도록 맞아 죽게 되었다. 마침 제사장이 지나다가 그를 보았으나 그를 피하여 지나갔고 레위인도 그를 보고 그를 피하여 갔다. 그를 본 사마리아인은 그를 보고 불쌍히 여겨 상처에 기름과 포도주를 붓고 싸매어 자기 나귀에 태워 주막으로 데려가 돌보아 주고 주막 주인에게 두 데나리온을 주면서 비용이 더 들면 돌아올 때 갚겠다고 말했다. 예수님은 이 경우 누가 참된 이웃이냐고 물으시고 우리에게도 그를 따라하라고 명하신다.(눅 10:30~37)

비록 이스라엘에서 멸시받는 종족이지만 그에 관계없이 이스라엘의 선택받은 자들보다 인간을 긍휼과 사랑으로 대한다면 그 사람이야말로 하나님과 예수님의 뜻을 행동으로 하는 사람으로 구원받을 대상임을 보여준 비유이다.

(r) 포도나무의 비유

예수님이 자신을 포도나무에 비유하신다. '나는 참 포도나무요 내 아버지는 농부라 무릇 내게 붙어 있어 열매를 맺지 아니하는 가지는 아버지께서 그것을 제거해 버리시고 무릇 열매를 맺는 가지는 더 열매를 맺게 하려 하여 그것을 깨끗하게 하시느라'(요 15:1) 하신다.

따라서 '나는 포도나무요 너희는 가지라 그가 내 안에 내가 그 안에 거하면 사람이 열매를 많이 맺나니 나를 떠나서는 너희가 아무것도 할 수 없음이라. 사람이 내 안에 거하지 아니하면 가지처럼 밖에 버려져 마르나니 사람들이 그것을 모아다가 불에 던져 사르니라'(요 15:5~6)

'너희가 열매를 많이 맺으면 내 아버지께서 영광을 받으실 것이요. 너희는 내 제자가 되리라 아버지께서 나를 사랑하신 것 같이 나도 너희를 사랑하였으니 나의 사랑안에 거하라'(요 15:8~9)고 당부하신다.

그러시며 복음의 핵심을 가르쳐 주신다. '내 계명은 곧 내가 너희를 사랑한 것 같이 너희도 서로 사랑하라 하는 이것이니라'(요 15:12)라 하신다.

(s) 좁은 문과 넓은 문의 비유

삶으로 들어가는 문에는 두 가지 문이 있다. 좁은 문과 넓은 문이다. 우리가 생각하기에 좁은 문은 고생문이고 넓은 문은 이른

바 'Easy Way'로 모든 것이 보장된 문이다. 좁은 문은 20세기의 프랑스 문호 앙드레 지드의 소설 제목이다.

예수님은 우리에게 '좁은 문으로 들어가라 멸망으로 인도하는 문은 크고 그 길이 넓어 그리로 들어가는 자가 많고 생명으로 인도하는 문은 좁고 길이 협착하여 찾는 자가 적음이라'(마 7:13~14)라고 하신다.

물론 좁은 문이 반드시 생명으로 가는 문으로 이끈다고 할 수 없고 넓은 문이 생명으로 인도하지 않는다고 단언할 수는 없다.

그러나 참되게 살고 의를 이루기 위해서는 많은 어려움이 있으나 그것을 극복하는 길이 힘들어도 좁은 문은 진리와 구원으로 이끈다. 그러나 넓은 문은 절제를 피하고 탐욕으로 이끌어 진리와 생명으로부터 멀어지게 한다. 예수님의 비유는 복음의 테두리 안에서 의로운 삶이 구원으로 이끈다는 것이다.

사도들은 예수님께서 마지막에 주신 명에 따라 세상 땅끝까지 가서 모든 사람을 제자로 삼는 사역에 나선다. 처음에는 베드로와 바울을 중심으로 12사도들이 각지에 흩어진 유대인을 찾아 복음을 전하여 그들 중에서 호응하는 유대인들도 꽤 있었으나 그들은 상당수가 떨어져 나갔고 사도들은 이방 선교에 힘을 써 영역을 점차 늘려 마게도니아 헬라, 로마, 서반아까지 이른다.

우리는 사도들의 행적과 전도를 추적해 보기로 하고 필요에 따라 구약성경에서 시도한 스토리텔링 방식을 따르기로 하지만 행적의 선·후를 가려서 따르지 않고 거의 신약성경의 배열순을 따르기로 한다.

III.

셋째 단 : 사도들의 행적과 사역

1. 두 사도의 활동

가장 먼저 제자로 예수님의 선택함을 받은 베드로는 열정은 있으나 성격이 급하고 화도 잘 내는 인물이었다. 그러나 본명이었던 시몬을 예수님이 '반석'을 뜻하는 베드로로 바꿔주셨고 3년여 동안 예수님을 따르면서 말솜씨도 좋아지고 성격도 좋은 방향으로 바뀌게 되어 예수님은 그를 사도들의 중심으로 삼으셨다.

누가가 집필한 사도행전은 그의 초기 전도의 행적을 보여준다.

사도들은 예루살렘의 한 다락방에 모여 베드로를 중심으로 가롯 유다의 빈자리를 맛디아로 채운다. 뒤이어 그들 모두는 오순절에 충만한 성령을 받았다. 축제를 위하여 중동의 여러 지방에서도 유대인들이 몰려왔는데 베드로는 소리를 높여 그들에게 말하기 시작한다. 선지자 요엘을 통하여 말씀하신 것 같이 하나님께서 '말세에 내가 내 영을 모든 사람에게 부어 주리니 너희의 자녀들은 예언할 것이요 너희의 젊은이들은 환상을 보고 너희의 늙은이들은 꿈을 꾸리라 (……) 주의 크고 영화로운 날이 이르기 전에 해가 변하여 어두워지고 달이 변하여 피가 되리라 (……) 그가 약속하신 성령을 아버지께 받아서 너희가 보고 듣는 이것을 부어 주셨느니라' 베드로는 '너희가 회개하여 각각 예수의 이름으로 침례받고 죄 사함을 받으라. 그리하면 성령의 선물을 받으리니 (……)'(행 2:14~21)라고 성령이 충만하여 선포한다.

베드로가 요한과 함께 성전에 기도하러 가면서 걷지 못하는 사람에게 '나사렛 예수의 이름으로 일어나 걸으라'(행 3:1~10) 하고 일으키니 그가 걷기도 하고 뛰기도 하면서 하나님을 찬송하였다.

나음을 받은 사람의 소문이 솔로몬의 행각에 많은 사람을 모이게 한다. 베드로는 병자의 치유가 하나님께서 예수님을 영화롭게 하신 결과라고 밝히면서 빌라도가 예수님을 풀어주고 싶었으나 너희가 대신 살인자를 풀어달라고 하여 '생명의 주를 죽였도다. 그러나 하나님이 죽은 자 가운데서 그를 살리셨으니 우리가 이 일의 증인이라'(행 3:15)라고 설파한다.

'그러므로 너희가 회개하고 돌이켜 너희 죄 없이 함을 받으라 이같이 하면 새롭게 되는 날이 주 앞으로부터 이를 것이요 (……) 하나님이 그 종을 세워 복 주시려고 너희에게 먼저 보내사 너희로 하여금 돌이켜 각각 그 악함을 버리게 하셨느니라'(행 3:11~26)라 한다.

대제사장과 무리들은 '너희가 무슨 권세와 누구의 이름으로 이 일을 행하였느냐' 하고 묻자 성령이 충만한 가운데 베드로는 '너희는 알라 너희가 못 박고 하나님이 죽은 자 가운데서 살리신 나사렛 예수 그리스도의 이름으로 이 사람이 건강하게 되어 너희 앞에 섰느니라 이 예수는 너희 건축자들의 버린 돌로서 집 모퉁이의 머릿돌이 되었느니라 다른 이로써는 구원을 받을 수 없나니 천하 사람 중에서 구원을 받을 만한 다른 이름을 우리에게 주신 일이 없음이라'(행 4:10~12)라고 하였다.

대제사장을 비롯한 고위직들은 베드로를 비롯한 사도들의 소문이 더 이상 민간에 퍼지지 못하게 이후에는 예수의 이름으로 '말하지도 말고 가르치지도 말라하니' 베드로와 요한은 '하나님 앞에서 너희의 말을 듣는 것이 하나님의 말씀을 듣는 것보다 옳은가 판단하라'(행 4:19)고 맞받아친다.

예수님께서 치료의 능력을 받은 제자들은 많은 병자를 고친다. 베드로가 지나갈 때에는 그의 그림자라도 덮일 수 있을까 하고 많은 병자, 귀신 들린 자들이 모여들었고 그들이 모두 나음을 얻었다. 그들의 치료 이적에 대한 소문이 퍼지자 그것을 두려워하는 대제사장과 권력자들이 사도들을 잡아들여 옥에 가두게 된다. 그러자 밤에 주의 사자가 와서 굳게 잠긴 옥에서 그들을 끌어내고는 성전에 가서 생명의 말씀을 전하라고 한다.

감옥소는 든든하게 잠겨 있으나 사도들은 하나도 옥에 남아 있지 않았다. 그들은 성전에서 가르치고 있었던 것이다. 그들을 잡아 왔으나 백성들의 반응을 두려워한 권세가들은 베드로를 비롯한 사도들을 산헤드린 공회 앞에 세운다. 대제사장이 사도들에게 어째서 사람들을 가르치지 말라는 명령을 어겼느냐고 심문하니 베드로와 사도들은 당신들이 십자가에서 죽이신 예수님을 살리셔 우리의 임금과 구주로 삼았으니 사도들은 예수님께 순종하며 하나님이 보내신 성령도 마찬가지라 예수님을 따른다고 담대히 대답한다.

권세가들이 사도들의 문제를 의론하자 존경받는 바리새인 가말리엘은 그들의 사상과 소행이 사람에게서 나온 것이면 없어질 것이고 하나님께로부터 났으면 저들을 처단하는 것은 하나님을 대적하는 것이니 상관하지 말고 버려두라고 하니 그것이 좋다고 하여 사도들은 풀려나 복음을 전하기 위해 힘쓰게 된다.

12사도는 아니나 스데반은 은혜와 권능이 충만하여 많은 이적과 놀라운 일을 행하니 그를 잡아 대제사장이 그를 심문한다. 스데반은 아브라함에서부터 모세, 이스라엘의 역사를 능숙한 솜씨로 말하면서 선지자들과 의인들을 죽인 죄를 지적한다. 대제사장은 마음에 찔려 스데반을 죽이기로 결정한다.

스데반은 하늘의 영광과 예수님이 하나님 우편에 서신 것을 본다고 하니 그들은 스데반을 돌로 친다. 스데반은 '주 예수여 내 영혼을 받으옵소서'(행 7:60) 하고 '주여 이 죄를 그들에게 돌리지 맙소서' 하며 숨을 거둔다.

스데반의 장열한 순교는 사도들을 흩어지게 한 후 빌립은 사마리아 여러 성읍에서 복음을 전하고 이적도 행한다.

사도들에게 일어난 가장 큰 사건은 사울[13)]의 개종 사건이다. 본래 유대 가정에서 태어나 열성적인 바리새인인 사울은 복음과 사도들의 기적이 유대 신앙에 위협이 된다고 믿고 복음을 전파하는 사도들의 핍박에 앞장섰고 스데반의 처형장에도 참관하였던 인물이다. 그런데 스데반의 순교 이후 성도들이 다메섹 쪽으로 많이 이주해 가자 복음의 성도들을 잡는 허락을 받은 사울은 다메섹으로 가는데 그곳에 가까이 가자 하늘로부터 빛이 비추는지라 그가 엎드리니 소리가 있어 '사울아 사울아 네가 어찌하여

13) 후일 헬라화되어 바울이 된다.

나를 박해하느냐'(행 9:4)라고 하여 '누구시니이까' 하고 물으니 '나는 네가 박해하는 예수라 너는 일어나 시내로 들어가라 네가 행할 것을 네게 이를 자가 있느니라'(행 9:6)라 하시는데 같이 가던 사람들은 소리만 듣고 아무 말도 못 하고 서 있었다.

사울이 땅에서 일어나 눈은 떴으나 아무것도 보이지 않아 사람의 손에 이끌려 다메섹 시내로 들어가 사흘 동안 보지도 못하고 먹고 마시지도 못하였다. 다메섹에는 아나니아라는 제자가 있었는데 환상 중에 주께서 이르시되 '직가라 하는 거리의 유다의 집에 가서 다소 사람 사울을 찾아라 그가 기도하는 중이니라'(행 9:11) 사울은 기도 중에 주께서 '환상 속에서 아나니아가 그에게 안수하여 다시 보게 하는 것을 보았느니라'(행 9:12) 하신다. 아나니아는 '주여 내가 이 사람에 대하여 여러 사람에게서 듣사온즉 그가 예루살렘에서 주의 성도들에게 적지 않은 해를 끼쳤다고 하더니, 여기서도 주의 이름을 부르는 모든 사람을 결박할 권한을 대제사장들에게서 받았나이다'(행 9:14) 한다.

주께서 이르시되 '가라 이 사람은 내 이름을 이방인과 임금들과 이스라엘 자손들에게 전하기 위하여 택한 나의 그릇이라. 그가 내 이름을 위하여 얼마나 고난을 받아야 할 것을 내가 그에게 보이리라' 하신다.(행 9:15~16)

아나니아가 즉시 떠나 그 집에 들어가 사울에게 인사하여 이르되 '형제 사울아 주 곧 네가 오는 길에서 나타나셨던 예수께서 나를 보내어 너로 다시 보게 하시고 성령으로 충만하게 하신다'(행 9:17) 하니 즉시 사울의 눈에서 비늘 같은 것이 벗어져 다시 보게 된다. 그는 일어나 침례를 받고 음식을 먹으매 강건하여진다.

사울이 다메섹에 있는 제자들과 며칠 함께 있으면서 회당에 가서 예수가 하나님의 아들임을 전파하니 듣는 사람들이 '이 사람이 예루살렘에서 이 이름을 부르는 사람을 멸하려던 자가 아니냐. 여기 온 것도 그들을 결박하여 대제사장들에게 끌어가고자 함이 아니냐'(행 9:21~22)고 하였다.

사울은 열성적으로 예수께서 그리스도이심을 증언하여 다메섹의 유대인들을 당혹하게 하니 그들이 사울을 죽이고자 공모한다. 그 정보를 입수한 사울의 제자들은 밤중에 그를 광주리에 담아 성 밖으로 달아나게 한다.

사울은 예루살렘에 가서 사도들을 사귀고자 하나 모두 그를 두려워하여 그가 제자 된 것을 믿지 않았다. 바나바는 사울이 환상 중에 예수님을 보았고 주께서 말씀하시자 완전히 새 사람으로 태어나 다메섹에서 열성적으로 주의 이름을 전파하였음을 알려준다. 사울이 사도들과 함께 있으면서 주 예수의 이름으로 담대히 말하고 헬라파 유대인들과 변론하자 유대인들이 그를 죽이고자 한다. 형제들이 그것을 알고 그를 라이사로 데려가서 그의 고향 다소로 보낸다. 온 유대와 갈릴리와 사마리아의 교회가 성령의 인도로 성도의 수가 늘어난다.

한편 베드로는 이스라엘 여러 곳에 다니다가 룻다에 사는 성도들에게 내려가니 그곳에서 중풍으로 침상에 누운 지 8년이 되는 애니아를 만난다. 베드로는 '애니아야 예수 그리스도께서 너를 낫게 하시니 일어나 네 자리를 정리하라'(행 9:34) 하니 곧 일어난다. 룻다와 사론에 사는 사람들이 다 그를 보고 주께로 돌아왔다.

또 욥바에 다비다[14]라는 여제자가 있었는데 선행과 구제를 많이 베풀었다. 그런데 그 여자가 병으로 죽자 다락방에 누인다. 베드로가 가까운 욥바에 있음을 알고 사람을 보내 와달라고 간청하여 베드로가 그곳에 가서 다락방에 올라간다. 사람들이 서서 우니 베드로는 사람들을 내보내고 무릎을 꿇고 기도하고 '다비다야 일어나라' 하니 여자가 일어나 앉는다. 베드로가 손을 내밀고 일으켜 성도들과 과부들을 부른다. 온 욥바에 소문이 퍼지니 많은 사람이 주를 믿었다.

가이사랴에는 이달리아 부대의 백부장 고넬료가 있었다. 그는 경건하여 하나님을 경외하고 백성을 구제하며 열심히 기도하였다. 하루는 환상 중에 하나님의 사자가 그에게 '하나님 앞에 너의 기도와 구제가 상달되어 하나님이 기억하신 바 되었으니 네가 지금 욥바로 사람들을 보내어 베드로를 청하라 그가 지금 무두장이 집에 유숙하니 그 집은 해변에 있다'(행 10:5~6)고 한다. 고넬료는 하인과 부하를 보낸다.

베드로는 정오경 지붕에 올라가 기도하다 시장하여 먹고자 하는데 황홀한 가운데 하늘에서 어떤 물건이 보자기 같은 것에 네 귀가 메여 내려왔다. 그 안에는 네발 달린 짐승들과 조류들이 있었다.

그때 하늘에서 '베드로야 일어나 잡아 먹으라'(행 10:13) 하였다. 베드로는 '속되거나 깨끗하지 아니한 것은 결코 내 입에 들어간 일이 없나이다'(행 10:14) 하니 또 두 번째로 '하나님이 깨끗하게 하신 것을 네가 속되다고 하지 말라 하였다' 이런 일이 세 번

14) 번역하면 도르가임

있은 후에 모든 것이 다시 하늘로 끌려 올라갔다.

때마침 가이사랴에서 보낸 세 사람이 도착하였다. 성령은 의심 없이 함께 가라고 하여 그 집에 들어가니 고넬료는 어떻게 베드로를 청하게 되었는지 그 경위를 설명하면서 베드로는 천사가 '너와 온 네 집이 구원받을 말씀을 네게 이르리라'(행 11:14) 함을 보았다고 한다.

베드로가 말을 시작할 때 성령이 그들에게 임하셨다. 베드로는 요한이 물로 침례를 베풀었으나 고넬료 가족은 성령의 침례를 받으리라 한 것이 생각났다. '하나님이 우리가 주 예수 그리스도를 믿을 때 주신 것과 같은 선물을 그들에게도 주셨으니 내가 누구이기에 하나님을 능히 막겠느냐'(행 11:17~18) 한다. 고넬료 가족이 잠잠하여 하나님께 영광을 돌린다.

스데반의 순교는 복음의 성도들을 베니게, 구브로, 안디옥 등으로 흩어지게 하였는데 그들은 유대교인들에게만 주 예수의 복음을 전파한다. 그러나 일부 구브로와 구레네 성도들은 안디옥의 헬라인에게도 복음을 전하여 많은 사람들이 믿고 주께 돌아온다.

예루살렘 교회는 그 소식을 듣고 바나바를 안디옥에 파송한다. 착하고 성령과 믿음이 충만한 바나바의 복음 전파에 따르는 사람이 많았다. 바나바는 사울을 찾아 다소에 가 안디옥으로 데려와 1년간 큰 무리를 가르쳤고 안디옥에서 처음으로 그리스도인(Christian)이라는 이름이 생겼다.

그 무렵 예루살렘에 선지자들이 왔는데 그중에 아가보가 있었다. 그는 성령을 받고 글라우디오 황제 치하에 큰 흉년이 든다고 하고 흉년이 오니 안디옥의 제자들은 유대에 사는 형제들에게 부조금을 보내기로 하여 돈을 모으고 그것을 바나바와 사울을 통하여 예루살렘 장로들에게 보냈다.

그 당시 분봉 왕 헤롯은 교인 몇 사람에게 박해를 가하기 위해 요한의 형제 야고보를 칼로 죽인다. 유대인들이 야고보의 죽음을 기뻐하자 헤롯은 베드로를 체포하여 옥에 가둔다.

베드로가 쇠사슬에 묶여 두 군인 사이에서 자는데 홀연히 주의 사자가 나타나 베드로의 옆구리를 쳐 깨우고 속히 일어나라 하니 쇠사슬이 스스로 벗겨진다. 천사의 말대로 띠를 매고 겉옷을 입고 신을 신고 따라오라는 천사의 말대로 첫째와 둘째 파수를 지나 시내로 통하는 쇠문에 오니 문이 저절로 열리고 천사는 곧 떠난다.

그때까지 꿈속을 헤매는 줄로 착각하고 정신없이 따라왔으나 그제야 정신이 들었다.

베드로는 요한의 어머니 마리아의 집에 찾아갔다. 문을 두드리니 여자아이 로데가 베드로의 음성을 듣고 문을 열지도 않고 집안에 뛰어가 베드로가 왔다고 하니 집안에 있던 사람들이 믿어지지가 않았다. 계속 문을 두드리니 사람들이 나와 보고 놀랐다.

베드로는 그들을 진정시키고 옥에서 나오게 된 경위를 설명하고 그곳을 떠나 다른 곳으로 갔다. 날이 새자 군인들은 베드로가 없는 것을 보고 소동이 났다. 헤롯이 파수꾼들을 심문하고 그들이 대답을 하지 못하자 그들을 죽이라고 하고 자기는 가이사랴로 가 그곳에 머물다가 주의 사자가 그를 치니 그는 벌레에게 물려 죽었다.

❖ 사울(바울)과 바나바의 파송

안디옥 교회에는 선지자들과 교사들이 있었다. 바나바와 니게르라 하는 시므온과 구레네 사람 루기오 그리고 분봉 왕 헤롯의 젖동생 마나엔[15]과 사울 등이었다. 성령은 바나바와 사울을 안수하고 두 사람을 구브로로 파송한다.

두 사람은 실루기아에서 배를 타고 먼저 살라미에 상륙하여 여러 유대인 회당[16]에서 복음을 전한다. 요한이 사울을 수행하였다. 그들은 내륙으로 들어가 바보에서 마술사이며, 거짓 선지자인 바예수와 만났는데 그는 총독 서기오 바울과 함께 있었다. 총독이 사울을 통하여 하나님의 말씀을 듣고 싶어 하였으나 마술사가 총독이 사울의 말을 듣지 못하게 하였다.(행 13:8)

그러자 사울은 성령이 충만하여 그에게 '모든 거짓과 악행이 가득한 자요 마귀의 자식이요 모든 이의 원수여 주의 바른 길을 굽게 하기를 그치지 아니하겠느냐 보라 이제 주의 손이 네 위에 있으니 네가 맹인이 되어 얼마 동안 해를 보지 못하리라'(행 13:10~11)라 하니 즉시 안개와 어둠이 몰려와 자기를 이끌 사람을 찾았다. 총독은 그것을 보면서 사울의 가르침을 받아들여 복음을 믿게 되었다.

바울 일행은 바보에서 배로 밤빌리아에 있는 버가에 이른다.

---

15) 마나엔은 분봉 왕 헤롯 안디바의 친구로 어린시절 궁에서 헤롯과 함께 지냈다.

16) 사울은 초기의 전도에서는 유대인 회당에 가서 유대인들을 상대로 복음을 전하였다.

요한은 일행을 떠나 예루살렘으로 돌아간다. 일행은 버가에서 비시디아 안디옥에 이르고 안식일에 유대 회당에 들어가 앉는다. 회당장들은 율법과 선지자들의 글을 읽은 후 사람을 보내어 바울에게 혹시 백성들에게 권할 말이 있으면 말하라고 한다.

바울은 하나님이 택하신 이스라엘 백성을 애굽에서 구해내시고 40년 광야에서 연단하신 후 가나안 땅으로 들어가게 하셨고 그 후 선지자 사무엘 때까지 사사를 주셨다가 그 후에 백성들이 왕을 구하여 사울을 세우셨다. 다윗을 거쳐 구세주 예수께서 오셨다고 설명한다. 침례 요한이 침례를 행하며 자기는 뒤에 오시는 그리스도의 신발 끈 풀기도 못 하리라면서 주 예수 그리스도가 오실 길을 준비하였다.

예수님이 이루신 치료 이적을 눈으로 확인하고 그를 두려워하여 나무[17]에 달아 살해하였으나 하나님이 죽은 자 가운데서 그를 일으키시어 하나님 우편에 두셨다. 모세의 율법으로 의롭다 함을 얻기 어려웠으나 예수님을 힘입어 믿는 자마다 죄 사함을 받고 의롭다 하심을 얻는다고 바울이 확인하였다.(행 13:39)

제사장들은 나가면서 다음 안식일에도 말씀을 해달라고 청하였다. 바울과 바나바를 따르는 유대인들이 많았다. 그다음 안식일에 많은 시민들이 하나님의 말씀을 듣고자 모인다. 시기로 가득한 유대인들은 바울의 말을 반박하고 비방한다.

바울과 바나바는 하나님의 말씀을 우선적으로 유대인들에게 전하고자 하였으나 그들이 말씀을 버리고 영생을 얻고자 하지

17) 십자가

않으니 그들이 이방인들에게 향하면서 이사야의 예언을 인용하며 야곱의 지파들에게 '내가 너를 이방의 빛으로 삼아 너로 땅 끝까지 구원하게 하리라'(사 49:6) 하였다. 설교를 들은 이방인들은 기뻐하였으나 유대인들은 유력자들을 선동하여 그들을 박해하고 쫓겨나게 하니 그들은 이고니온으로 가지만 제자들은 기쁨과 성령이 충만하였다.

이런 경험은 바울의 복음 사역을 유대인 중심에서 이방인 세계 쪽으로 향하게 한 것이다. 이고니온에서도 회당에 들어가니 회당에 유대인뿐만 아니라 헬라인 이방인들이 있었다. 많은 사람들이 믿었다. 그러나 순종하지 않는 유대인들은 이방인들을 선동하여 바울 일행에 대한 감정을 악화시키고자 하였다.

두 사도[18)]가 상당 기간 체류하며 주를 힘입어 담대히 말하니 주께서 능력을 주시어 이적과 기사를 행사할 수 있게 하신다. 백성들이 두 그룹으로 나뉘어 그들을 대한다. 그들이 두 사도들을 모욕하며 돌로 치려고 하니 사도들은 도망하여 루스드라와 더베 지방으로 가서 복음을 전한다.

루스드라에는 나면서부터 걷지 못하는 앉은뱅이가 있는데 바울이 보기에 그가 구원받을 만한 믿음이 있는 것을 보고 그에게 '일어서라'(행 14:10)고 하니 그 사람이 일어나 걸었다. 무리들이 그것을 보고 그 지방 방언으로 '신들이 사람의 형상으로 우리 가운데 내려오셨다'(행 14:11)고 한다.

---

18) 행 14:3. Osty는 '두 사도'를 바울과 바나바라고 본다. Osty성경 p.2342. 주 3 참조

그들은 바나바를 제우스라고 하고 바울을 헤르메스라고 하였다. 두 사도는 자기들을 허구의 신으로 해석하는 것이 너무 황당하여 옷을 찢으며 큰 소리로 '여러분에게 복음을 전하는 것은 이런 헛된 일을 버리고 천지와 바다와 그 가운데에 만물을 지으시고 살아계신 하나님께로 돌아오게 함'(행 14:15)이라고 설파하였다. 사도들은 무리들이 자기들을 위한 제사를 못 하게 말렸다.

안디옥과 이고니온에서 그들을 쫓아온 유대인들이 바울을 돌로 쳐 죽은 줄 알자 성읍 밖에 버린다. 제자들이 바울을 보니 바울이 다행히 일어나 다음 날 모두 더베로 갔다.(행 14:20)

그곳에서 성공적인 복음 전파를 한 그들은 루스드라, 이고니온, 안디옥으로 가 제자들의 마음을 굳게 하라고 권면하고 교회에 장로를 택하고 금식기도를 당부하였다. 그들은 버가에 가서 복음을 전하고 앗달리아에 가서 배를 타고 안디옥에 가서 그들이 이방인들에게 믿음의 문을 연 것을 보고하고 한동안 그곳에 머물렀다. 그것이 바울의 제1차 선교 여행이었다.

❖ 할례와 율법의 문제

유대에서 온 사람들이 모세의 법대로 할례를 받지 않으면 구원을 받지 못하리라고 주장한다. 그리하여 정통파 유대인과 바울, 바나바 사이에 적지 않은 변론이 일어나 그들은 바울, 바나바 등을 예루살렘의 장로와 사도들에게 보내기로 한다.

바울과 바나바는 우선 베니게와 사마리아 등지를 다니며 이방인들이 주께 돌아온 일을 말하니 모두가 기뻐하였다. 예루살렘에 가서 이방인들에게 복음을 전한 성과도 보고하였다. 그러자 바리새파 중 일부가 이방인에게 우선 할례와 모세의 율법을 지키게 하여야 한다고 주장한다.

사도와 장로들이 모여 논의하는 중에 베드로가 일어나 하나님이 나를 통하여 이방인들에게 복음을 믿게 하고 '우리에게와 같이 성령을 주어 (……) 그들이나 우리나 차별하지 아니하셨느니라 그런데 지금 너희가 어찌하여 하나님을 시험하여 우리 조상과 우리도 능히 메지 못하던 멍에를 제자들의 목에 두려 하느냐 그러나 우리는 그들이 우리와 동일하게 주 예수의 은혜로 구원받는 줄을 믿노라'(행 15:8~10)라고 설득하였다.

이에 야고보도 아모스를 비롯한 선지자들도 이방인들로 주를 찾게 하여야 한다고 한 말씀을 인용하며 '이방인 중에서 하나님께 돌아오는 자들을 괴롭게 하지 말자'고 베드로를 비롯한 사도들이 옹호하였다.

교회의 장로들과 사도들은 바울과 바나바와 함께 교회의 리더격인 바나바와 유다, 실라도 안디옥으로 파송하면서 편지를 보냈다. 편지에서 일부 신도들이 너희 마음을 괴롭게 한다는 말을 듣고 '주 예수 그리스도의 이름을 위하여 생명을 아끼지 아니하는' 바울, 바나바와 함께 실라와 유다를 보낸다고 하였다.

그리고 성령과 예루살렘 교회는 너희에게 아무것도 지우지 아니하는 것을 옳다고 생각하면서 우상 제물, 피, 목메어 죽인 것 음행을 삼가라고 썼다. 그들이 안디옥에 돌아가 그 편지를 전하니 그것을 읽고 몹시 기뻐하였다. 그들은 선지자인 유다와 실라도 좋아하였으나 얼마 후 돌아갔고 바울과 바나바는 주의 말씀을 가르치며 복음을 전파한다.

바울은 바나바에게 자기들이 갔었던 성읍에 다시 가 방문하자고 제의한다. 그러자 바나바는 요한도 같이 가자고 한다. 바울은 요한이 밤빌리아에서 자기들을 떠나 함께 가지 않고 돌아간 사람이 아니냐고 한다.

그러자 바나바는 요한을 데리고 배로 구부로로 가고 바울은 실라와 함께 수리아와 길리기야로 다니며 교회들을 견고하게 하는 노력을 했다.

바울이 실라와 함께 더베 그리고 루스드라에 가서 디모데를 만났다. 그의 어머니는 믿는 유대인이고 아버지는 헬라인이었다. 디모데는 루스드라와 이고니온에서 형제들에게 칭찬받는 인물이었다. 바울은 그를 데리고 떠나면서 유대인들을 생각하여 그에게 할례를 행하였다. 바울은 여러 성읍에 다니면서 예루살렘 교회 장로와 사도들이 작성한 규례를 지키니 교회들의 믿음이 더욱 굳건해지고 믿는 사람들의 수도 많이 증가하였다.

바울은 소아시아에 가서 말씀을 전하고자 하였으나 성령이 그것을 허락하지 아니하여 브루기아와 갈라디아 쪽으로 갔다. 무시아 경계 지점에 이르러 비두니아로 가고자 하니 예수님의 영이 허락지 않아 무시아를 지나 드로아로 내려갔다.

밤에 환상이 보이고 마게도니아 사람이 그에게 마게도니아로 와서 도와달라고 하였다. 바울은 그것이 하나님이 마게도니아에 가 전도를 하라고 한 것이라고 생각하였다.

일행은 드로아에서 배로 사모드라게로 직행한 후 그곳에서 네압볼리 그 후 빌립보에 이른다. 그곳은 마게도니아의 첫 성읍이고 로마의 식민지이다. 그곳에서 며칠 유하다가 안식일에 기도할 곳을 찾다가 강가에 갔다.

그곳에서 여자들 앞에 있는 여인과 말을 나누었다. 이야기를 듣고 있는 여자 중에 루디아라는 여자가 있었는데 그 여자는 하나님을 섬기는 자색 옷감 장수였다. 주님은 그 여자의 마음을 열어 바울의 말을 따르게 하셨다.

그의 집안은 모두가 침례를 받았고 우리에게 자기 집에 와 유하라고 강권하였다. 한번은 기도하는 곳으로 가다가 바울과 실라가 귀신 들린 점치는 여종을 만났다. 그 여종은 점으로 그 주인에게 큰 이익을 주었다. 그가 바울과 바나바를 따라와 큰 소리로 '이 사람들은 지극히 높은 하나님의 종으로서 구원의 길을 너희에게 전하는 자'(행 16:17)라고 하였다.

여러 날 그 말을 반복하니 바울이 괴로워하며 여종의 귀신에게 '예수 그리스도의 이름으로 내가 네게 명하노니 그 여자에게서 나오라' 하니 귀신이 즉시 나왔다.(행 16:18)

그 여종의 주인들은 자기들이 더 이상 수입이 없게 되자 그들을 붙잡아 관리들에게 끌고 가 그 상관들에게 이들은 유대인들인데 우리 성읍을 심히 요란하게 하여 로마인이 받을 수도 없고 행할 수도 없는 풍속을 전한다고 하자 무리들이 모두 그들을 고발한다. 그들의 옷을 찢고 매로 많이 친 후에 그들을 옥에 가둔다. 그들은 깊은 옥에서 차꼬에 채워졌다.

한밤중에 바울과 실라가 기도하고 하나님을 찬송하자 죄수들이 들었다. 그러자 갑자기 큰 지진이 나 옥문이 모두 열리며 매인 것이 다 풀어진다. 간수는 자다가 옥문들이 열리고 죄수들이 모두 도망간 줄 알고 칼로 자결하려고 한다.

바울이 크게 소리 질러 '네 몸을 상하게 하지 말라(행 16:28) 우리가 다 여기 있노라'라고 한다.

간수가 등불을 들고 무서워 벌벌 떨며 바울과 실라 앞에 엎드리고 함께 밖으로 나가 '선생들이여 내가 어떻게 해야 구원을 받으리이까'(행 16:30) 한다.

바울이 '주 예수를 믿으라 그리하면 너와 네 집이 구원을 받으리라'(행 16:31) 하니 온 집안이 주를 믿고 침례를 받고 기뻐한다.

다음 날 상관들이 두 사람을 내보라고 하였다고 하자 '로마 시민을 정죄하지도 아니하고 때리고 옥에 가두었으니 그들이 친히 와서 데리고 나가야 하리라'(행 16:37) 한다. 간수의 보고로 상관들이 친히 와서 그들을 내보낸다. 바울과 실라는 루디아의 집에 가 형제들을 만나고 그들은 두 사람을 위로한다.

두 사람은 암비볼리와 아볼로니아를 거쳐 데살로니가로 간다. 그곳에는 회당이 있어 관례대로 바울은 안식일에 회당에서 강론하고 '내가 너희에게 전하는 이 예수가 곧 그리스도'(행 17:3)라고 한다. 적지 않은 헬라인과 귀부인들이 바울과 실라를 따른다.

그러나 그들을 시기한 유대인들은 불량배들을 데리고 와 그들이 머무는 야손의 집을 침입하였으나 찾지 못하자 야손을 끌고 읍장에게 끌고 가 야손이 이 성읍을 어지럽히는 인간들을 맞아들였다고 고발한다. 그 두 사람은 그가 가이사의 명을 거역하고 다른 임금 예수가 있다고 했다. 읍장은 보석금을 받고야 야손을 놓아주었다.

데살로니가를 빠져나온 바울과 바나바는 베뢰아로 가서 회당에 들어갔다. 그곳 사람들은 데살로니가 사람들보다 더 점잖고 더 열성적으로 주의 말씀을 받아들였다. 사람들은 성경을 읽으며 귀부인들, 남자들이 상당히 주를 따랐다.

그러나 바울과 바나바가 베뢰아에 간 것을 안 데살로니가 유대인들은 무리를 지어 그곳에서 소동을 일으키니 형제들이 바울을 해변가로 보내고 실라와 디모데는 그곳에 남아 있었다.

사람들은 바울을 아덴에 보내었고 바울은 실라와 디모데에게 그곳으로 오라고 하였다.

헬라는 신화의 나라이고 아덴에는 우상이 그득한 것을 보고 회당에서나 장터에서 사람들과 많은 변론이 있었다. 그는 어느 제단위에 '알지 못하는 신'에게 라는 팻말을 보고 아레오 바고에서 사람들에게 그들이 알지 못하는 하나님이 '만민에게 생명과 호흡을 주시고 만물을 지으신 분'이고 우리는 모두 그분의 소생임을 전하였다. 하나님은 그리스도가 죽은 지 사흘 만에 부활하게 하였다고 했다.

그러자 어떤 사람은 그 말을 조롱하기도 하고 어떤 사람은 다시 듣겠다고 한다. 아레오 관리 디오니시오와 다마리라는 여자도 복음을 믿었다. 그 후 바울은 고린도에 가 본도에서 태어난 유대인 아둘라를 만났다. 그는 글라우디오 황제가 유대인들을 로마에서 떠나라고 명하자 아내 브리스길라와 고린도로 왔다.

생업이 같아 천막을 만들며 같이 살았다. 실라와 디모데가 마게도냐에서 왔다. 바울이 회당에서 유대인들에게 '예수는 그리스도'라고 확언하니 그들이 그를 비방하고 대적하며 그가 이후에는 이방인에게 가게 되었다.

바울은 하나님을 경외하는 유스도의 집으로 옮겼다. 옆집의 회당장 그리스보는 온 집안이 주를 믿었고 바울을 들어본 사람들이 주를 믿고 침례를 받았다.

밤에 주께서 환상 중에 바울에게 두려워 말고 담대히 말하라고 하시며 '내가 너와 함께 있으매 어떤 사람도 너를 대적하여 해롭게 할 자가 없으니 이는 성중에 내 백성이 많음이라'(행 18:9~10) 하셨다.

바울이 고린도에 머물다가 형제들과 작별하고 수리아로 떠난다. 브리스길라와 아굴라도 바울과 함께한다. 서원할 것이 있는 바울은 겐그리아에서 머리를 깎았었다. 에베소에 와 바울은 브리스길라와 아굴라를 그곳에 머물게 하고 자기는 회당에서 유대인들과 변론한다. 사람들이 그곳에 더 머물라 하였으나 하나님의 뜻이면 다시 오리라 하고 가이사랴를 거쳐 안디옥으로 내려갔다가 갈라디아와 브루기아 땅을 다니며 제자들을 굳건하게 하였다.

알렉산드리아에서 난 유대인 아볼로가 에베소에 왔다. 성경에 능통하고 언변이 좋은 그는 일찍 주의 도를 배워 예수님의 복음을 열심히 가르치나 요한의 침례만을 알고 있었다. 브리기스길라와 아굴라는 그의 설교를 듣고 데려다가 하나님의 도를 보다 정확하게 알려주었다.

아볼로가 아가야로 가기를 원하여 형제들이 그곳 형제들에게 편지를 써 보내니 그가 그곳에서 믿는 자들에게 많은 유익을 주었다. 그는 성경을 통하여 예수가 그리스도이심을 많은 사람들에게 담대히 전하였다.

아볼로가 고린도에 가 있을 때 바울은 내륙 지방을 지나 에베소로 왔다. 바울이 어느 제자에게 '믿으면서 성령을 받았느냐'고 물으니 성령을 모른다고 하였다.

그러면 어떤 침례를 받았냐고 물으니 요한의 침례라고 한다. 바울은 요한이 백성에게 '내 뒤에 오시는 분을 믿으라 하였으니 이는 예수님이라'(행 19:4)라고 하였다고 전한다.

그들은 곧 주 예수의 이름으로 침례를 받고 바울이 그들에게 안수하니 성령이 그들에게 임하시어 그들이 방언도 하고 예언도 하였다.(행 19:6)

바울은 회당에서 석 달 동안 하나님 나라에 대해 강론하니 어떤 사람은 마음이 굳어 순종하지 않고 비방하였으나 제자들에게는 따로 두란노 서원에서 날마다 강론하였다.

바울은 2년 동안 소아시아인, 헬라인들을 상대로 주의 말씀을 전하여 호응을 받았다. 하나님이 그에게 능력을 주시어 그의 손수건이나 앞치마를 가지고도 병든 사람을 치료하고 악귀도 떠나게 되었다.

주 예수의 이름을 불러 말하면 치료가 되니 어느 제사장의 일곱 아들도 예수님 이름을 도용하자 마귀가 '내가 예수도 알고 바울도 알고 있거니와 너는 누구냐'(행 9:16) 하며 그들에게 달려들어 눌러버리니 그들이 상하여 도망 나오게 되었다.

에베소 사람들이 그 소식을 듣고 예수님의 이름을 높였다. 마술인들은 자기들의 책을 가져와 불사르니 책값이 은 5만이나 되었다. 이 일이 있은 후 바울은 예루살렘에 갔다가 로마에도 가야겠다고 생각한다. 바울은 디모데와 에라스도를 마게도냐로 보내고 자기는 얼마 동안 소아시아에 머물렀다.

그 당시 에베소에서는 믿음을 둘러싸고 소동이 있었다. 데메드리오라는 은장색은 아데미신상을 만드는 장인들에게 상당한 벌이를 하게 하였는데 바울은 에베소뿐 아니라 소아시아의 많은 사람들에게 '손으로 만든 신은 신이 아니다'(행 19:26) 라고 하니 우리가 위하는 아데미도 무시당하게 되고 위엄도 떨어질 것 같다고 하였다.

그러자 시내가 소란하게 되고 바울과 같이 다니는 마게도냐 사람 가이오와 아리스 다고를 붙들어 연극장으로 들어간다. 바울이 들어가려고 하니 제자들과 지인들이 말린다. 사람들이 각기 외치니 도시의 서기장이 에베소가 아데미와 제우스의 신전지기인 줄은 모두 알고 있는 사실인데 신전의 물건을 도둑질한 것도 아니고 이 사람들을 붙들어 왔으니 고발할 일이 있으면 법원도 개방되었고 총독도 있으니 고소를 할 것이요 기타 사항들은 민회에서 결정할 것이라고 하고 불법집회에 보고할 것도 없으니 무리들을 흩어지게 하였다.(행 19:35~41)

소요가 그치자 바울은 그곳을 떠나 마게도냐로 간다. 여러 도시에 들러 제자들을 격려한 후 헬라에서 3개월가량 머물다가 배로 수리아로 가려고 하다가 유대인들이 자기를 해하려고 공모하므로 다시 마게도냐로 돌아간다.

그는 베뢰아의 소바더, 더베의 가이오, 데살로니가의 아리스다고 그리고 디모데, 소시아의 두기고, 드로비모 등과 동행하였다. 동행자들은 먼저 드로아로 가서 바울을 기다렸다. 바울은 닷새 후에 그로아로 가서 그들과 이레를 머문다.

주 초에 모여 떡을 나누고자 하는데 바울은 다음 날 떠나려고 하며 밤늦게까지 강론을 하는데 창가에 걸터앉아 졸던 유두고가 삼층에서 떨어져 죽은 것이다. 바울이 내려가 그 위에 엎드려 '그에게 아직 생명이 있다'고 하고 삼층에 올라가 떡을 먹고 새벽까지 이야기하고 떠난다.(행 20:7~11)

사람들은 살아난 청년과 함께 가서 많은 위로를 받았다.

동행인들은 먼저 앗소로가 도보로 오는 바울을 기다렸다. 그가 도착하자 함께 배로 미둘레네를 거쳐 기오와 사모를 거쳐 밀레도에 도착하였다. 그들은 오순절 전에 예루살렘에 도착하기 위해 에베소에 들리지 않았다. 바울은 밀레도에서 에베소에 사람을 보내 장로들을 그곳으로 청하니 그들이 왔다.(행 20:17~18)

바울은 그들에게 자기가 언제나 겸손과 눈물로 권면하였으며 유대인들의 학대로 인한 고난을 참고 주를 섬겼으며 유익한 것은 시간과 장소를 가리지 않고 여러 사람들에게 전하고 가르쳤고 하나님에 대한 회개와 우리 주 예수 그리스도에 대한 믿음을 증언하고 이제 위험을 무릅쓰고 예루살렘으로 간다고 하였다.(행 20:18~22)

바울은 성령의 인도하심에 따라 주 예수께 받은 사명 곧 하나님의 은혜의 복음을 전하는 일을 마치기 위해 자기를 온전히 바치겠다는 결심을 보인다. 바울은 이것이 마지막 만남이 될 것이라 하며 아무리 어려운 경우에도 양 떼를 지키며 자기가 3년간 쉬지 않고 눈물로 권면한 것을 기억하라고 당부한다.(행 20:24~28)

자기가 여러분에게 보여준 대로 약한 사람들을 돕고 예수님 말씀을 따라 받는 것보다 하신 것을 실천하라고 권면한다. 그리고 무릎 꿇고 기도하니 모두 바울을 부둥켜안고 울며 마지막 작별을 아쉬워하며 배에까지 바울을 배웅한다.(행 20:1~38)

바울은 바로 고스로가 로도에 이르고 그곳에서 베니게로 가는 배를 타고 구브로를 바라보고 수리아로 항해하며 두로에 상륙한다. 그곳에서 제자를 찾아 이레를 머무는데 제자들은 성령의 감동을 받고 바울의 예루살렘행을 떠나지 말라고 간청한다.(행 21:12)

그러나 그곳에서 여러 날을 지낸 후 바울이 그곳을 떠나려 하자 제자들이 가족들과 함께 성문 밖까지 전송한다. 바울 일행은 바닷가에서 무릎 꿇고 기도하고 배에 오른다.

바울은 두로를 떠나 돌레마이에서 형제들 안부를 묻고 그들과 함께 하루를 지내고 다음 날 가이사랴에 이르러 일곱 집사 중이 하나인 전도자 빌립의 집에서 머물렀다. 그에게는 처녀로 예언하는 네 딸이 있다. 그곳에서 여러 날 있으니 선지자 아가보가 유대에서 왔다.

그는 바울의 띠로 수족을 매고 예루살렘 유대인들이 바울을 이렇게 이방인들에게 하리라는 정보를 듣고 바울에게 예루살렘에 오지 말라고 권하니 그는 '여러분이 어찌하여 울어 내 마음을 상하게 하느냐 나는 주 예수의 이름을 위하여 결박당할 뿐 아니라 예루살렘에서 죽을 것도 각오하였노라'라고 하였다.(행 21:13)

그는 여러 날 후에 예루살렘으로 떠난다. 그는 가이사랴의 제자 몇과 구브로 사람 오랜 제자 나손을 데리고 가 그의 집에 머물고자 한다. 바울이 예루살렘에 이르니 그곳 형제들이 반갑게 영접한다.

다음 날 바울은 일행과 함께 야고보 집에 가 장로들과 만난다. 바울이 방에서 전도사역을 낱낱이 보고하자 그것을 듣고 장로들이 하나님께 영광을 돌리고 바울에게 유대인 중에 율법에 열성이 있는 몇만 명이 믿고 있다고 알려주었다.

그들은 그대가 이방에서 모세를 배반하고 할례를 행하지 말며 옛날 관습을 따르지 말라고 하였음을 듣고 있다고 알려준다. 장로들은 서원한 유대인 네 사람이 있으니 그들에게 결례[19]를 행하고 머리를 깎게 하라 그러면 모든 사람이 들은 것이 사실이 아니고 그대도 율법을 지킨다고 알 것이다. 바울은 그다음 날 결례를 행하고 제사 때까지 결례 기간이 만료됨을 신고하였다.

이레가 거의 차자 소아시아에서 온 유대인들은 성전에서 바울을 보자 그를 붙들고 '이 사람은 각처에서 우리 백성과 율법과 성전을 비난하며 가르쳤고 헬라인을 성전에 들어가게 하고 그것을 더렵혔다'고 하였다.

온 성의 백성들이 바울을 잡고 성전 밖으로 나가 그를 죽이려 한다. 군대의 천부장이 소동을 막고자 백부장과 함께 현장에 가니 바울 치기를 그친다. 천부장은 바울을 결박하고 영내로 데려가게 한다. 무리들은 그를 없애야 한다고 외친다.

바울이 영내에 들어가며 천부장에게 내가 당신들에게 한마디 말할 수 있느냐고 하니 천부장이 헬라말을 할 줄 아느냐고 묻는다. 바울은 히브리어로 자기가 길리기아 닷소에서 나서 가말리

---

19) 즉 성결례(Purification Rites)

엘에게서 엄한 율법교육을 받았고 하나님께 열심히 있는 자라.

예수의 도를 따르는 자를 옥에 잡아넣고 죽이기까지 하였으니 대제사장과 장로들이 그 증인이라고 하였다. 자기가 예수를 따르는 자들을 잡으러 공문을 가지고 다메섹에 가까이 갔을 때 오정쯤 되자 하늘에서 큰 빛이 나를 비치매 엎드려 들으니 '사울아 사울아 네가 왜 나를 박해하느냐' 하셨다.

내가 '주님 누구시나이까' 하니 '나는 네가 박해하는 나사렛 예수'라 하셨다. 함께 있는 사람들은 빛은 보면서도 말씀하시는 소리는 듣지 못하였다. 나는 '주님 무엇을 하리까? 주님께서 네가 다메섹에 들어가라 네가 할 것을 거기서 누가 이르리라'(행 22:10) 하셨다.

나는 빛의 광채로 말미암아 빛을 볼 수 없게 되어 함께 가던 사람들에 이끌려 그곳에 갔다. 율법에 충실한 아나니아가 내게 '사울아 이제 보라' 하여 즉시 그를 쳐다보았다. 그가 이르되 '우리 조상들의 하나님이 너를 택하여 너로 하여금 자기 뜻을 알게 하시며 그 의인을 보게 하시고 그 입에서 나오는 음성을 듣게 하셨으니 네가 그를 위하여 모든 사람 앞에서 네가 보고 들은 것에 증인이 되리라 (……) 주의 이름을 불러 침례를 받고 너의 죄를 씻으라'(행 22:15~16) 하였다.

내가 성전에서 기도할 때에 황홀한 중에 보니 주께서 '속히 예루살렘에서 나가라 그들은 네가 나에 대하여 증언하는 말을 듣지 아니하리라'(행 22:18) 하시어 내가 '주님 내가 주를 믿는 사람들을 가두고 또 각 회당에서 때리고 또 주의 증인 스데반이 피를 흘릴 때에 내가 곁에 서서 찬성하고 그 죽이는 사람들의 옷을 지킨 줄을 그들도 아나이다'(행 22:19~20)라고 하자 주님이 나에게 '떠나가라 내가 너를 멀리 이방인에게로 보내리라'(행 22:21) 하셨다. 그들은 여기까지 듣다가 '저 자는 세상에서 없애 버리자'(행 22:22)고 하며 소란을 피운다.

천부장이 나를 영내로 데려가 채찍질하며 심문하게 하여 바울이 백부장에게 '너희가 로마 시민 된 자를 죄도 정하지 않고 채찍질할 수 있느냐'(행 22:25) 하니 그가 그 말을 천부장에게 전한다.

바울은 천부장에게도 그것을 말하니 천부장이 자기는 돈을 많이 들여 시민권을 얻었다 하니 심문하던 자들이 두려워하고 물러난다. 그다음 날 천부장은 제사장들과 공회를 열고 바울을 그들 앞에 세운다.(행 22:30)

바울은 '(……) 오늘까지 나는 범사에 양심을 따라 하나님을 섬겼노라'(행 23:1) 하였다. 대제사장 아나니아는 '그 입을 치라'고 명한다. 바울이 '회칠한 담이여 하나님이 너를 치시리로다 네가 나를 율법대로 심판한다고 앉아서 율법을 어기고 나를 치느냐'(행 23:3) 하였다.

곁에선 사람들은 '하나님의 대제사장을 네가 욕하느냐'(행 23:4) 하였다. 바울은 '나는 그가 대제사장인 줄 알지 못하였노라'(행 23:5) 하였다. 바울은 출애굽기에서 '너의 백성의 관리를 비방하지 말라'(출 22:28)고 하였기 때문이다.

바울은 '여러분 형제들아 나는 바리새인이요 또 바리새인의 아들이라 죽은 자의 소망 곧 부활로 말미암아 내가 심문을 받노라'(행 23:6) 하였다. 그러자 바리새인과 사두개인들이 둘로 갈라졌다. 사두개인은 부활, 천사, 영을 부정하고 바리새인은 그 모두를 인정한다. 바리새인 몇 서기관이 '우리가 보니 악한 것이 없도다' 하고 바울을 두둔하여 분쟁이 생긴 것이다.

바울이 찢겨질까 두려워한 천부장은 바울을 영내로 데려가게 한다. 그 날밤 주께서 '담대하라 네가 예루살렘에서 나의 일을 증언한 것 같이 로마에서도 증언하여야 하리라'(행 23:11) 하셨다.

유대인들이 당을 지어 '바울을 죽이기 전에는 먹지도 아니하고 마시지도 아니하겠다'고 동맹을 한 자가 40여 명이었다. 그러면서 천부장에게 그들이 바울에게 물어볼 것이 있다고 하고 데려오면 그를 죽이겠다고 한다.

마침 바울의 생질이 그 음모를 듣고 바울에게 알린다. 바울은 생질이 천부장에게 할 말이 있다고 하였다. 천부장을 만난 생질이 유대인들의 살인 공모를 전했다. 천부장은 두 백부장을 불러 밤 9시에 가이사랴에 갈 보병 100명, 기병 70명, 창병 200명을 준비하라 그리고 바울을 태워 갈 말을 준비하라고 명한다. 그가 총독 벨릭스에게 로마인이 유대인들에게 잡혀 죽게 된 것을 알게 되어 공회에 데려갔더니 율법에 관한 문제뿐이라 죽이거나 결박할 일이 없어 당신에게 보내고 고발할 사람도 당신에게 보낸다고 썼다.

닷새 후 대제사장 아나니아가 장로들, 변호사와 와서 바울을 고발한다. 변호사는 바울이 '전염병 같은 자'로 흩어진 유대인들을 소요하게 하는 나사렛 이단의 우두머리로 성전을 더럽히니 총독이 심문하면 고발 이유를 알 것이라고 하였다.

총독이 바울에게 말하라고 한다. 바울은 예루살렘에 예배하러 간 지 12일밖에 되지 않고 성전에서 변론한 적도 무리를 소동하게 한 일도 없다고 한다. 단지 나는 그들이 이단이라고 하는 도를 따라 조상의 하나님을 섬기고 율법과 선지자들의 글을 다 믿으며 의인과 악인의 부활을 믿으며 나는 결례도 행하였고 모임이나 소동도 없었으니 내가 공회에서 옳지 않은 일을 한 것이 없다고 증언하였다.

벨릭스가 예수님의 도에 대해 자세히 아는 고로 천부장 루시아가 오면 처리하겠다고 하였다. 벨릭스는 백부장에게 바울을 지키되 그의 친구들이 오는 것을 금하지 말라고 하였다. 며칠 후 벨릭스와 유대 여인 아내가 바울을 불러 그리스도 예수를 믿는 도에 대해 듣고 그와 자주 이야기하였다. 2년 후 보르기오 베스도가 벨릭스 후임으로 부임하였다. 벨릭스는 유대인을 고려하여 바울을 옥에 두었다.

베스도는 부임한 지 사흘 후 예루살렘에 가니 제사장들과 유대인 고위층이 바울을 고발하고 바울을 예루살렘으로 옮겨 달라고 한다. 그를 중도에 죽이기 위해서이다. 그러나 그것이 로마법에 어긋난다고 받아들이지 않는다. 그리고 바울은 자기가 황제의 판결을 받게 해 달라고 요청한다. 대제사장 아그립바도 바울의 말을 듣기로 하여 베스도가 그것을 다음 날로 정하였다.

이튿날 아그립바와 베니게[20)]가 천부장들, 고관들과 함께 접견장에 들어오고 바울도 데려온다. 그러나 원고들이 바울의 악행을 뚜렷이 제시하지 못하는데 피고가 황제의 판결을 받고 싶어 하여 황제에게 상소하여 황제에게 보내기로 하였다고 했다. 베스도가

---

20) 아그립바의 누이

바울을 아그립바 왕 앞에 세운 것은 바울이 왕 앞에서의 심문 결과를 황제에게 보내 그것을 판결에 참고하기 위함이었다.

아그립바가 바울에게 말할 기회를 주니 바울은 어릴 적부터 가장 엄격한 바리새인으로 살았고 신문받는 순간에도 하나님이 우리 조상들에게 약속하신 것을 바라고 있는데 유대인 12지파도 하나님을 섬기며 그 약속이 이루어지기를 소망하고 그 소망으로 말미암아 자기가 고소를 당하였다고 주장한다.

자기도 나사렛 예수의 이름을 대적하여 많은 성도들을 옥에 가두고 박해하였으며 대제사장의 위임을 받고 그들을 체포하러 다메섹으로 갔다고 했다. 그곳에 가까이 가는데 하늘에 밝은 빛이 둘러 비치고 모두 엎드리니 '사울아 사울아 네가 어찌하여 나를 박해하느냐' 하였다. 내가 '누구시니이까' 하고 물으니 주께서 '나는 네가 박해하는 예수라' 하셨다.

주께서 '내가 네게 나타난 것은 네가 나를 본 일과 장차 내가 네게 나타날 일에 너로 종과 증인을 삼으려 한다'(행 26:14~16)고 하셨다. 그러니 '아그립바왕이여 그러므로 하늘에서 보이신 것을 내가 거스르지 아니하고 (……) 유대 온 땅과 이방인에게까지 회개하고 하나님께 돌아와 회개에 합당한 일을 하라'고 전하니 유대인들이 나를 죽이려 하나 자기는 선지자들과 모세가 말한 것을 증언한 것밖에 없고 그리스도가 고난을 받으시고 부활하신 것을 이스라엘과 이방인들에게 전하려 한다고 하였다.(행 26:23)

그 말을 듣고 베스도는 큰 소리로 '바울아 네가 미쳤도다 네 많은 학문이 너를 미치게 한다'고 하였다. 바울은 '내가 미친 것이 아니요 참되고 온전한 말을 하나이다'(행 26:24~25)라고 반박하니 아그립바는 바울이 자기를 그리스도인이 되게 하려 한다고 말한다.

바울은 내 말을 듣고 모든 사람이 자기처럼 되기를 원한다고 하였다. 왕과 총독과 함께한 사람들이 따로 모여 바울은 사형이나 결박받을 일을 하지 않았다고 하였다. 아그립바는 바울이 황제에게 상소하지 않았으면 석방되었을 것이라고 베스도에게 말하였다.

바울과 다른 죄수 몇 사람은 이달리야에 보내기로 하고 아구스도 부대의 백부장 율리오에게 맡긴다. 배에는 데살로니가의 아리스다고도 함께하였다. 시돈에 도착하니 율리오는 바울에게 친구들을 찾아볼 수 있게 하는 친절을 베푼다.

그곳을 떠나 맞바람을 피하여 구브로 해안을 따라 길리기아와 밤빌리아 바다를 건너 루가오니아의 무라에서 백부장은 이달리야로 가는 배를 만나 무리를 그 배에 타게 한다.

배는 더디 항해하여 며칠 구사 맞은 편에서 풍세 관계로 살모네를 지나 그레데 해안을 바람막이로 간신히 미항에 도착한다. 금식 기간이 지났고 항해가 위태로워졌다. 바울은 배에 화물도 많고 우리의 생명도 위태하다고 주의를 주었으나 백부장과 선주의 의견이 더 중요했다.

그들은 뵈닉스에 가서 겨울을 보내자는 의견이 더 많았다. 뵈닉스는 그레데의 항구였다. 순한 남풍이 불자 그들은 안심하고 닻을 감고 그레데 해변을 끼고 항해하였다. 그러나 얼마 있다가 유라굴로 광풍이 크게 일어나 바람 따라 이리저리 쓸려가다가 가우다 섬을 지나 거루배를 간신히 올리고 줄로 선체를 감고 모래톱에 걸릴까 봐 배의 표류를 막기 위한 배의 기구를 바다에 던졌다.

여러 날 어두운 바다를 풍랑 속의 바다를 항해하다보니 구원의 여망이 보이지 않았다. 여러 사람들이 먹지 못하자 바울이 '내 말을 듣고 그레데에서 떠나지 아니하여 타격과 손상을 면하였더라면 좋을 뻔하였느니라 (……) 이제는 안심하라 너희 중 아무도 손상이 없겠고 오직 배뿐이리라' 바울은 천사가 어젯밤에 내가 가이사에게 가겠고 여행객 모두가 안전하리라고 알려주어 자기는 하나님을 믿는다고 확언하였다.

14일 되던 날 바다에서 이리저리 항해하다가 시공들이 어느 육지에 가까워졌다고 느끼고 암초에 걸릴까 하여 선미에서 닻을 내리는 척하고 사공들이 도망치고자 거룻배를 내리려 하였다. 바울은 저들이 없으면 구원을 얻을 수 없다고 하니 군인들이 거룻줄을 끊어버렸다.

동이 트자 바울은 14일 동안 먹지 못하고 주렸으니 음식 먹기를 권한다. 사람들 앞에 떡을 가져다가 바울이 축사하고 먹기 시작하였다. 배부르게 먹고 밀도 바다에 버려 배를 가볍게 하자 항만이 눈에 뜨였다. 배를 그곳에 댈 수 있는지 의논하고 닻을 끊어버리고 돛을 달고 해안으로 들어가다가 선수는 모래톱에 부딪혀 움직일 수 없고 선미는 큰 물결에 깨져가니 군인들은 죄수들이 헤엄쳐 도망갈까 하여 죽이려고 하였으나 백부장은 바울을 구원하고자 헤엄칠 줄 아는 자는 먼저 뛰어내려 육지로 가라고 하였다. 나머지는 널조각이나 다른 것에 의지하여 뛰어내려 배의 267명 모두 상륙하여 구조되었다.

상륙한 곳이 멜리데였다. 날씨가 추운데 주민들이 우리를 따뜻하게 맞아주었다. 바울이 나무 한 묶음을 불에 넣으니 그 속에서 독사가 나와 그를 물었다. 사람들은 그가 죽을 사람으로 알았으나 바울이 손을 털어 독사를 불에 넣자 독사는 죽고 바울은 멀쩡하니 그를 신이라고 생각했다.

그 근처에 보블리오라는 부유하고 지체 높은 사람이 살고 있었는데 그의 부친이 열병과 이질을 앓고 있었다. 바울이 기도하고 안수하니 모두 나았다. 다른 병자들도 찾아오니 모두 고침을 받았다. 일행은 그 집에서 사흘을 지나고 떠나니 후한 대접을 하고 바울 일행이 필요한 것을 배에 실어주었다.

석 달 후 바울 일행은 알렉산드리아 배를 타고 그 섬을 떠났다. 그 뱃머리에는 제우스의 쌍둥이 아들 디오스구로가 있었다. 수라구사에 사흘 그리고 레기온에서 하루를 지낸 후 보디올에서 형제들을 만나 이레를 머물고 로마로 갔다. 그곳 형제들이 압비오 광장 트레이스 타베르네까지 맞으러 오니 하나님께 감사하고 담대한 마음을 얻었다.

로마에 들어가니 군인 하나가 바울을 지키게 되었다. 사흘 후 바울은 유대인 중 높은 사람들을 청하여 모인 자리에서 자기는 이스라엘 백성이나 조상들의 관습을 배척한 적이 없는데 나를 이곳까지 죄수로 보냈다고 한다. 로마인 총독은 내가 무죄라고 석방하려 하였으나 유대인들이 반대하여 상소하였다고 했다. 그러자 그들은 날을 정하여 바울의 사상에 대해 들어보겠다고 하였다. 그들이 날을 정하고 바울의 집에 많이 왔다.

바울은 아침부터 저녁까지 하나님의 나라, 모세의 율법, 선지자들의 말을 가지고 예수에 대하여 납득시키고자 하였다. 그러나 그의 말을 납득하는 사람도 있고 믿지 않는 사람이 있었다. 그것은 이사야가 말한 것과 같다. 그러니 하나님의 구원이 이방인들에게 이르게 된 것이라고 바울이 말했다.

바울은 2년 동안 셋집에 머물면서 찾아오는 사람들에게 하나님의 나라, 그리고 예수 그리스도에 관해 담대히 가르쳤다. 바울의 3차 전도 여행은 모두 6년이라고 본다.

그러나 바울은 60년경 홀로 서반아 동부의 바르셀로나 가까이에 있는 타라고나에 다녀왔다. 성경에는 기록되지 않았으나 바울이 타라고나에 큰 인상을 남겨 그가 떠난 후 타라고나는 바울을 기념하여 신학교를 세웠고 기념교회도 세웠으며 방문 비석도 남겼다. 사실상 타라고나 방문은 바울의 4차 전도 여행인 셈이다.

2. 사도들의 서신

(a) 바울 서신

i. 로마서

(1) 상황

4복음서가 예수 그리스도의 공생애 기간의 행적과 교훈을 담고 있다면 로마서는 그리스도의 희생의 의의와 하나님의 구원과 믿음의 바른길을 가르쳐주고 있어서 가히 제5복음서라 할 수 있다.

로마서는 바울이 3차 전도 여행을 끝내고 마게도니아와 아가야 성도들이 예루살렘 교회를 위하여 모금한 금액을 예루살렘 교회에 전하려고 그곳에 가려고 하였으나 박해에 대한 위험을 피하기 위하여 빌립보에 갔다가 그곳에서 바로 고린도로가 그곳에서 가이오와 함께 3개월 동안 지내면서 서기인 더디오에게 받아쓰게 하고 그것을 가까운 겐그레아 교회의 뵈뵈를 통하여 로마의 교회에 전달하게 하였다.(롬 16:1~2)

유대인들의 박해에 시달리면서 복음을 서방의 이방인들에게 전하여야 한다는 것을 결심한 바울은 3차 여행을 하며 자기가 그곳에 가야 한다고 마음을 먹었다. 온 세상의 모든 길은 로마로 향하고 로마는 세계로 뻗어 나가는 중심지라고 생각했던 것이다.

당시에 로마에는 유대인, 헬라인, 마게도니아 등지에서 새로운 삶을 위하여 찾아온 각종 이방인들로 붐비고 있었다. 베드로가 그곳에 와서 교회를 세우고 순교하였다는 전승이 있으나 그것은 맞는 말은 아니다. 이미 베드로 이전에 그곳에는 여러 민족의 성도들이 모임을 가지고 있었고 바울의 순교 이후에 교회가 창설되어 성장하였기 때문이다.

(2) 믿음

바울은 스스로를 '그리스도의 종으로 부르심을 받고 하나님의 복음을 위하여 택정함을 입었다'고 말한다. 하나님은 선지자들을 통하여 복음을 약속하셨고 그 아들은 성령의 영으로 하나님의 아들로 선포되어 죽은 자 가운데서 살아 부활하시는 능력을 보여주셨다. 이제 은혜로 사도의 직분을 받은 바울은 그리스도의 이름을 모든 이방인들에게 전하는 사명을 위하여 부르심을 받았다고 밝힌다.(롬 1:1~7)

바울이 로마에 가기를 간절히 원하는 것은 '어떤 신령한 은사를 너희에게 나누어 주어 너희를 견고하게' 하고 종족을 가리지 않고 '복음을 전하기를 원하기' 때문이다. '복음에는 하나님의 의가 나타나서 믿음에서 믿음으로 믿음에 이르게 하기' 때문이고 선지자 하박국도 교만은 인간을 정직하지 못하게 하나 '의인은 그의 믿음으로 살리라'(합 2:4) 하였기 때문이다.

'하나님께서는 각 사람에게 행한 대로 보응하시되(롬 2:6) 율법 없이 범죄한 자는 또한 율법없이 망하고 무릇 율법이 있고 범죄한 자는 율법으로 말미암아 심판을 받으리라'(롬 2:12) '하나님 앞에서는 율법을 듣는 자가 의인이 아니요 오직 율법을 행하는 자라야 의롭다 하심을 얻으리니 율법이 없는 이방인이 본성으로 율법의 일을 행할 때에는 이 사람은 율법이 없어도 자기가 자기의 율법이 되나니'(롬 2:12~14)라고 하면서 율법 중심의 사고에서 벗어난다.

그리하여 할례받은 유대인이 율법에 의지하며 '율법을 행하면 할례가 유익하나 만일 율법을 범하면 네 할례는 무 할례가 되느니라'(롬 2:25)라고 지적한다. 따라서 할례와 율법이 유대인에게 어떤 특권이나 보장을 주는 것이 아니다. 물론 어떤 경우나 할례가 유익이 될 수도 있고 없이도 할례자처럼 여겨질 수도 있는 것이지만 할례는 영에 의하여 의미를 갖는 것이니 마음으로 하는 할례를 해야 한다고 가르쳐준다. 따라서 할례가 참 유대인을 만드는 것이 아님을 일깨워 준다.

선지자들의 증거로 하나님의 의는 예수 그리스도를 믿음으로써 우리 모두가 차별 없이 하나님의 의에 이를 수 있다고 하였다. 우리 모두는 죄인으로 하나님의 영광에 이르지 못하나 예수님의 은혜(Grace)로 값없이 의롭다 함에 이른다고 설명한다.(롬 3:23~25)

하나님께서는 예수님의 피로 우리의 믿음이 이전의 죄들을 사하시면서 우리를 의에 이르게 하신 것이다. '그러므로 사람이 의롭다 하심을 얻는 것은 율법의 행위에 있지 않고 믿음으로 되는 줄 믿는다'(롬 3:28) 아브라함도 율법이 아니라 믿음으로 의롭다 함을 받았고 아브라함뿐만 아니라 죽으신 후 죽은 자 가운데에서 하나님이 부활하게 하신 예수님을 믿음으로 우리도 의롭다 하심에 이를 수 있다고 바울이 강조한다.

우리가 예수 그리스도를 믿음으로 하나님의 은혜를 받아 '우리가 환난 중에도 즐거워 하나니' 왜냐하면 '이는 환난은 인내를 인내는 연단을 연단은 소망을 이루는 줄을 앎이로다'(롬 5:3~4) 바울은 체험을 통하여 그것을 깨달아 우리에게 전하는 것이다. 예수 그리스도께서 우리를 위하여 고난받으시고 죽으신 것을 통하여 '하나님께서 우리에 대한 자기의 사랑을 확증하셨느니라'(롬 5:8)라고 바울이 믿는다.

율법 이전에도 죄는 있었으나 율법이 없을 때에는 죄를 죄로 여기지 않았고 율법이 들어오자 죄를 알게 되었다. 아담과 하와의 죄로 인하여 죄가 들어왔고 모든 사람이 사망에 이르렀으나 아담의 모형이라고 일컫는 예수 그리스도와 하나님의 은혜로 우리 모두는 우리의 죄를 심판받지 않고 생명 안에서 의롭다 하심에 이르렀고 예수 그리스도는 우리를 영생으로 이끌고 가려 하신다. 우리가 죄에 죽었으나 믿음으로 그리스도 안에 살고 율법에서 벗어났다.(롬 7:4~6)

'그러므로 이제 예수 그리스도 안에 있는 자에게는 결코 정죄함이 없나니'(롬 8:1)라고 하며 '그리스도 안에는 생명의 성령의 법이 있어' 그 성령의 법이 우리를 죄와 사망의 법에서 해방시킨다.(롬 8:1~2) '성령이 친히 우리의 영과 더불어 우리가 하나님의 자녀인 것을 증언하시나니 (……) 곧 하나님의 상속자요 그리스도와 함께 상속자니 우리가 그와 함께 영광을 받기 위하여 고난도 함께 받아야 할 것이니라'(롬 8:16~17)고 설득한다.

우리가 소망으로 구원을 얻었으나 보이는 소망이 소망이 아니요 우리가 보이지 않는 것을 소망한다면 참음으로 기다려야 한다고 말한다.(롬 8:24~25)

우리의 연약함을 아시는 성령은 우리가 마땅히 기도할 바를 모르나 성령은 하나님의 뜻대로 성도를 위하여 간구하신다. 그러니 예수 안에 있는 성령이 역사하여야 우리가 사망의 죄에서 벗어나 하나님의 자녀가 될 수 있다. 하나님께서는 아들 된 우리를 부르시어 의롭다 하시고 우리를 영화롭게 하신다.

❖ 하나님의 주권

의롭다 하신 아브라함의 씨라고 하나님의 자녀는 아니다. 하나님의 언약을 받고 태어난 이삭이 하나님의 자녀인 것이다. 긍휼히 여기실 자를 긍휼히 여기시는 것은 전적으로 하나님의 주권에 의하여 정해진다. 가인의 제사를 받지 않으시고 아벨의 제사를 받으시고 에서를 미워하시고 야곱을 사랑하신 것은 전적으로 하나님의 원칙에 따라 선택하신 결과이다.

하나님은 아브라함의 의를 보시고 이스라엘 민족을 선택하시고 사랑하셨다. 그러나 아브라함의 자손들이 의를 따르지 않고 이스라엘 자손은 율법을 따르면서 그들은 믿음을 따르지 않고 행위만을 따라 의에 이르지 못하니 모래알만큼 많은 이스라엘 자손 중에 믿음을 지킨 소수의 남은 자들만이 구원을 받을 것이라고 말한다.(롬 9:27) 그러나 그에 비해 믿음으로 의에 이른 이방인들은 의에 이르고 하나님의 자녀가 되는 권리를 얻게 된다. 그것을 목격한 바울은 이스라엘 형제들을 구원하고 싶은 마음이 간절하다.

독실한 유대 가정에서 태어나 이름난 신학자 가말리엘에게서 교육받은 바울이 이스라엘 형제들의 구원을 소망한 것은 자연스러운 일이다. 이스라엘 민족은 여호와 하나님의 양자가 되고 언약받은 백성으로 성전에서 율법을 익히고 하나님을 경배하며 '그리스도께서도 그들에게서 나셨으니 그는 만물 위에 계셔서 세세에 찬양을 받으실 하나님이시니라'[21](롬 9:4~5)라 하고 '아멘'한다.

'그러나 하나님의 말씀이 폐하여진 것 같지 않도다. 이스라엘에게서 난 그들이 이스라엘이 아니요'(롬 9:6)라고 한다. 하나님은 진실하여 하나님의 긍휼을 받을 때에는 '너는 내 백성이라 하리니 저희가 이르기를 '주는 내 하나님이시라' 이를 것이라'고 선지자 호세아도 말하였다.(호 2:23)

바울은 이스라엘인들이 '하나님의 의를 모르고 자기의 의를 세우려고 힘써 하나님의 의에 복종하지 아니하였느니라 그리스도는 모든 자에게 의를 이루기 위하여 율법의 마침이 되셨나니'(롬 10:2~4)라고 한다.

---

21) 바울은 그리스도께서 삼위일체 하나님이심을 확실히 증언한다.

율법을 완성하기 위하여 오신 그리스도를 주님으로 믿지 않으니 이방인들도 받는 구원에서 그들이 멀어지는 것이다.

그런데도 '그들이 다 복음을 순종하지 아니하였도다'(롬 10:16)라고 하며 그렇다고 하나님이 그들을 모두 버리지는 않으셨고 바울이 하나님께 그에 대해 묻자 그에게 '내가 나를 위하여 바알에게 무릎을 꿇지 아니한 사람 7,000명을 남겨두었다 하셨으니 그런즉 지금도 은혜로 택하심을 따라 남은 자가 있느니라'(롬 11:4~5)라고 불씨는 남겨두었다고 하셨다. 언젠가는 '온 이스라엘이 구원을 받으리라'(롬 11:26)라고 예언하셨으나 그 믿음이나 구원의 성격에 대해서는 알기 어렵다. 뉴톰슨 주석성경은 이방인들의 구원이 완성되면 이스라엘 역시 구원되고 온 인류의 구원이 이루어진다는 뜻이라고 해석한다.[22]

마지막 송영에서 바울은 '깊도다 하나님의 지혜와 지식의 풍성함이여 그의 판단은 헤아리지 못할 것이며 그의 길은 찾지 못할 것이로다'(롬 11:33)라고 칭송을 아끼지 않는다.

12장에서 15장까지는 성도들의 몸과 마음가짐에 대한 권면들을 열거한다.

우선 성도들은 세상을 본받지 말고 몸을 하나님이 기뻐하시는 산 제물로 드리고 각자가 받은 은사대로 봉사하고 즐겁게 서로 사랑과 긍휼을 베풀며 소망 중에 즐거워하며 참으면서 기도에 힘쓰라고 하고 박해자를 축복하라고 당부한다. 마음은 낮은데 두면서 원수를 갚지 말고 진노는 하나님께 맡기라고 충고한다.

---

22) 뉴톰슨 주석성경 p.255, 11:25~32

바울의 인생관은 상황에 순응하고 권세를 거스르지 말라고 한다. 그리고 백성으로서의 조세를 비롯한 의무를 충실히 지킬 것을 권고한다. 바울이 주는 교훈은 하나님과 예수님의 뜻을 반영하고 있다. 약자를 우선적으로 배려하고 주관적인 비판으로 서로 간의 화평을 깨뜨리지 아니하고 인내와 상호 간의 위로로 모두 소망을 지니도록 하여 함께 하나님께 영광을 돌리고 나아가서 열방들에게 믿음을 전하여 함께 주를 찬양하고 즐거워하라고 충고한다.

끝으로 바울은 로마에 가서 성도들을 만나고 싶고 서바나까지도 가보겠다고 하였다. 그러면서 로마 이전에 마게도니아와 아가먀 성도들이 예루살렘의 어려운 성도들을 위하여 모금한 것을 예루살렘에 전하겠다고 알려준다.

주위의 교우들은 예루살렘의 과격한 유대인들이 바울을 살해할 위험성이 있다고 예루살렘행을 만류하였으나 순교까지 각오한 바울의 결심을 중단시킬 수는 없었다. 다만 로마의 형제들이 그리스도와 성령의 사랑으로 자기를 위해 하나님께 기도해 줄 것을 간곡히 부탁한다.

마지막으로 16장에서는 자기와 가까운 형제들을 사랑으로 영접해 줄 것을 당부하며 바울과 함께하는 동역자 디모데, 누기오, 야손, 소시바더의 문안도 전한다.

ii. 고린도전서

(1) 상황

아덴에서 가까운 고린도는 로마를 비롯한 지중해권과의 대외 무역 중심지로 인구 약 70만의 번창한 항구 도시였다. 따라서 사회적으로는 물질문화에 깊이 물들어 부도덕, 향락, 음행이 성행하는 가운데 헬라 신화가 뿌리내리고 있어 우상 숭배에 젖어 있었다.

아덴에서 건너온 바울은 아굴라, 브리스길라 부부와 더불어 자기 직업이던 천막 만드는 일을 하면서 낮에는 회당에 가서 복음을 가르치고 유대인들과 토론도 벌인다. 회당장 그리스보의 개종은 그에게 힘을 주었다. 저명한 설교가인 아볼로[23)]의 합류 그리고 베드로가 추천하는 사역자들이 오면서 교회 내부의 토론과 교리에 대한 논쟁도 더욱 가열되고 교인들이 몇 가지 파벌로 나누어지게 된다.

바울의 강론은 상당히 큰 반향을 얻었고 특히 소상공인, 소시민, 노예들에게서 상당히 좋은 반응을 얻었다. 바울은 그곳에서 AD 51~52년 약 18개월 동안 머물고 에베소로 떠났고 에베소에서 고린도 교회 소식을 들으면서 서신을 통하여서나마 고린도 교회 내부 문제들에 대해 지도하고자 노력하였다. 서신 내용을

23) 알렉산드리아 출신인 아볼로는 성경에 해박한 지식을 가진 달변 설교가 였으나 믿음의 실천적인 면에 대한 지식은 부족한 편이다.

통하여 고린도전서는 AD 56년에 집필되었다고 본다.

(2) 집필 동기와 내용

바울은 고린도 회당장이었던 소스데네의 대필로 고린도전서를 집필하고 그와 함께 고린도 교우들에게 인사한다. 환상으로 하나님에게서 직접 명을 받은 바울은 언제나 하나님 은혜를 감사드리고 그리스도 예수님을 주님으로 모시고 사역에 임한다.

바울은 고린도 교회에서 바울을 따르는 그룹의 교인 글로에 집안의 인편으로 서신을 받고 그의 서신을 쓰게 된다. 당시 고린도 교인들은 대개 네 그룹으로 나누어졌다. ① 바울 그룹, ② 아볼로 그룹, ③ 베드로 그룹, ④ 그리스도 그룹으로 나뉘어 서로 대립하며 화합하지 못한다는 소식을 글로에로부터 듣게 된다.

따라서 바울은 고린도 교인들의 화합을 가장 먼저 다룬다. 바울은 행여 교인들의 오해를 받을까 하여 자기와 특별한 관계에 있는 그리스보와 가이오에게만 침례를 베풀고 그 나머지 교인들에게는 침례조차 삼갔는데 바울파, 아볼로파, 베드로파, 그리스도파로 갈라져 교인들의 분열된 것을 가슴 아파하며 주 예수 그리스도의 이름으로 '모두가 같은 마음과 같은 뜻으로 온전히 합하라'(고전 1:10)라고 간절히 권면한다.

능력이 있는 분은 하나님뿐이고 인간 중에는 특별히 지혜로운 자나 강한 자나 능력 있는 자가 따로 없고 모든 사람이 '하나님으로부터 나서 그리스도 예수 안에 있고 예수는 하나님으로부터 나와서 우리에게 지혜와 의로움과 구원이 되셨으니'(고전 1:30)

특별히 자기 자랑할 사람이 없음을 깨닫고 분파 대신 사랑으로 화합하기를 호소한다.

❖ 지혜와 성령

성도들의 지혜는 '이 세상의 지혜가 아니요, 또 이 세상에서 없어질 통치자들의 지혜도 아니요 오직 은밀한 가운데에 있는 하나님의 지혜를 말하는 것으로서 곧 감추어졌던 것인데 하나님이 우리의 영광을 위하여 만세 전에 미리 정하신 것이라'(고전 2:6~7)고 하면서 '오직 하나님이 성령으로 이것을 우리에게 보이셨으니'(롬 2:10) 우리는 성령에 의해서만 하나님의 지혜를 은혜로 받을 수 있다고 강조한다. 바울은 고린도 성도들에게 '나를 본받으라'(롬 4:16)고 하면서 자기 대신 디모데를 그곳에 보내겠다고 알린다.

❖ 근친상간과 음행

바울은 고린도 교회 내에 있었던 음행 소식을 듣고 매우 놀란다. 아버지의 아내와 성관계를 맺은 일이 있었다는 것이다.

이방인에게도 없는 근친상간을 알고도 교인들은 교만해져 어찌하여 그것을 등한히 여기지도 아니하고 그 일 행한 자를 너희 중에서 물리치지 아니하였느냐.(고전 5:2) 나와 함께 예수님의 능력으로 영적으로 구원받아야 하는데 영을 사탄에게 넘겨준 것이다.

누룩이 없는 너희가 새 덩어리가 되기 위하여는 묵은 누룩을 제거하여야 하기 때문에 우리의 유월절 어린 양이신 그리스도께서 희생되셨으니 누룩 없는 신실함과 진실함의 떡으로 명절을 지키자고 권면한다.

너희는 음행하는 자, 탐하거나 우상 숭배자를 사귀지도 말고 함께 먹지도 말라고 하면서 그런 사람은 내쫓으라고 당부한다.

❖ 성도들 간의 송사

성도들 간에 분쟁이 생기면 법원에 고소하여 불신자들에게서 재판을 받으니 교회 안에서 지혜 있는 자들이 처리하도록 의뢰하라고 권고한다. 그럼으로써 형제간의 일을 불신자들에게 넘기는 일을 피할 수 있다는 것이다.

❖ 방종 행위

우리는 자유의지가 있으니 원하는 것은 모두 행할 수 있다고 하나, 우리는 사전에 그것이 과연 우리에게 유익한 것인가를 판단하라고 한다.

하나님이 주를 살리셨고 주 예수 그리스도가 우리를 살리실 것이다. 그러니 우리의 육신은 그리스도의 지체인데 우리가 창녀와 합하면 우리는 창녀와 한 몸이 되는 것이다.

우리의 몸은 거룩한 성령의 성전이고 우리의 몸은 하나님께로부터 받은 것이라 우리 것이 아니니 우리의 몸은 오로지 하나님께 영광을 돌려야 한다.

❖ 혼인

평생 독신으로 지낸 바울에게 글로에가 남자는 성관계를 갖지 않는 것이 좋으냐고 묻는다. 그에 대해 바울은 결혼을 하는 것이 혼 후의 음행을 피하는 길이라고 지적한다.

결혼으로 '아내는 자기 몸을 주장하지 못하고 오직 남편이 하며 남편도 그와 같이 자기 몸을 주장하지 못하고 오직 그 아내가 하나니 서로 분방하지 말라 다만 기도할 틈을 얻기 위하여 합의상 얼마 동안은 하되 다시 합하라. 이는 너희가 절제 못 하므로 말미암아 사탄이 너희를 시험하지 못하게 함이라'(고전 7:4~5)라고 이른다.

그러나 오늘날 남녀의 성관계는 미혼자 간의 문제보다 기혼자들의 혼외정사가 문제인데 그에 대해서 바울의 언급은 문제의 핵심을 비껴간 느낌을 준다.

바울은 '모든 사람이 나와 같기를 원하노라'(고전 7:7)라고 하고 곧이어 '내가 결혼하지 아니한 자들과 과부들에게 이르노니 나와 같이 그냥 지내는 것이 좋으니라'(롬 7:8)라고 한 것은 바울이 자신의 주관을 일방적으로 피력한 것이라고 본다.

결국 남편과 아내, 결혼과 이혼의 남녀관계의 문제는 바울은 '각 사람은 부르심을 받은 그 부르심 대로 지내라'(고전 7:20) 말하자면 성령의 인도를 따라 행하라는 것이다.

❖ 예수님의 부활

예수님의 부활에 관해서 마가복음이 자세한 정황을 기록하여 바울이 언급한 것을 반복할 필요는 없으나 부활을 제일 먼저 확인한 것은 두 마리아이고 그들이 제자에게 알렸는데 두 마리아의 전달을 빠뜨린 것이다. 그러나 자기 자신에 대해서는 정확히 기록하고 있다.

❖ 죽은 자들의 부활

바울이 만약 그리스도의 부활이 없었으면 복음의 전파도 없었을 것이고 믿음도 헛것이었을 것이라고 한 것은 합당하다. 그러나 만일 죽은 자가 다시 살아나신 일이 없었을 터이요(고전 15:14~16)라고 한 것은 하나님의 능력이나 의도에 대한 판단이라고 생각된다. 왜냐하면 바울도 인정하는 바와 같이 하나님의 능력과 상상력의 폭은 인간의 그것을 훨씬 뛰어넘으시기 때문이다.

여하간 아담 안에서 그 죄로 죽은 인간은 제2의 아담인 예수 그리스도 안에서 새 삶을 얻게 되었다.(고전 15:22)

죽은 자들이 어떻게 살아날 수 있느냐고 묻는데 바울은 뿌리란 씨가 죽지 않으면 살아날 수 없다. 그러나 하나님께서는 하늘나라의 육신에게는 땅의 육신과 다른 형체를 주셨다. 그리하여 아담에게는 생령을 주었으나 그것은 썩을 육신이지만 두 번째 아담 그리스도는 썩지 않을 신령한 영의 형상을 준다.(고전 15:40~46)

그러니 바울은 호세아를 따라 '사망아 너의 승리가 어디 있느냐 사망아 네가 쏘는 것이 어디 있느냐'(고전 15:55)라고 묻는다. 그리하여 그는 '우리 주 예수 그리스도로 말미암아 우리에게 승리를 주시는 하나님께 감사드린다'(고전 15:57)

'그러므로 내 사랑하는 형제들아 견실하며 흔들리지 말고 항상 주의 일에 더욱 힘쓰는 자가 되라. 이는 너희 수고가 주안에서 헛되지 않은 줄 앎이라'(고전 15:56~58)고 바울이 마음을 다하여 권면한다.

❖ 마지막 당부

바울은 성도들에게 자기 수입에 따라 헌금하고 자기가 그곳에 간다고 또다시 헌금을 하지는 말라고 당부하고 개인적인 부탁과 함께 마지막 인사를 한다.

iii. 고린도후서

(1) 상황과 동기

고린도후서 작성 상황에 대해 학자들의 견해와 정보가 일치하지 않고 있다. Osty는 고린도전서를 보내고 나서 고린도에 도착한 정통 유대교 극단주의자들이 그리스도에 대해 부정적인 견해를 전파하였고 그러한 움직임을 걱정한 바울이 고린도에 잠깐 다녀갔는데 차후에 다시 와서 좀 더 오래 머물면서 그 문제를 해

결하겠다고 약속했다고 한다.[24)]

그러나 뉴톰슨 주석성경은 고린도전서 후 고린도 교회는 가짜 교사들이 바울에 대한 나쁜 선전을 퍼뜨려 교회가 흔들렸다는 것이다. 가짜 교사들은 바울의 인간성이 교만하고 변덕스러우며 사도로서의 자격을 갖추지 못하였다고 공격한다는 것이다. 우려스러운 상황이라고 판단한 바울은 믿을 수 있는 인물인 디도를 고린도 교회에 파견하였고 디도가 돌아와 좋은 소식을 전해주어 바울은 성도들에게 감사 편지를 보냈다고 하였다.

오스티는 에베소에서 은장색들과의 일로 그곳을 떠날 수 없어 고린도 교회에 엄중한 편지를 써 명예 회복을 요청하고 디도를 대신 고린도에 보냈으나 은장색들과의 분쟁이 끝나자 디도에게 드로아에서 만나자고 연락을 하였다 한다. 그리하여 바울이 드로아에 가서 디도가 아게도냐에 갔다는 소식을 듣고 마게도냐에 가서 드디어 디도를 만났는데 그가 고린도 교회에 대해 매우 좋은 소식을 가져왔고 바울을 공격한 자는 교회에서 징계를 받았다고 전한다.

바울은 고린도 교회 소식을 듣고 또다시 예루살렘 성도들을 위한 헌금 모금 관계로 디도에게 고린도에 다녀오게 한다. 뉴톰슨 주석성경은 고린도후서가 마게도냐의 빌립보에서 AD 56년에 쓰여졌다고 추정한다. 오스티는 서신이 AD 57년에 쓰여졌다고 한다.

두 연구가들의 연구에 공통점은 있으나 약간 차이점이 있고 오스티의 기술이 더 자세한 면이 있다고 보인다.

---

24) 고린도후서 서론, Osty성경 p.2415

(2) 고린도와 바울

바울은 언제나 예수 그리스도 안에서 그리스도의 사도이고 예수 그리스도는 하나님이 보내신 아들이심을 밝힌다. 그가 고린도에 교회를 세우고 1년 반 동안 사역한 후 에베소에 있으면서 고린도의 글로에게서 질문을 받고 그에 대한 답신으로 고린도전서를 보냈다. 그 후 고린도에서 유대 설교사[25] 혹은 가짜 교사가 와서 교인들의 믿음을 흔들며 특히 바울을 크게 모함하여 바울이 고린도 교회에 보내는 서신을 또다시 집필하게 된다.

바울은 아시아에서 받은 환난으로 사형선고를 받을 줄 알았으나 '오직 죽은 자를 다시 살리시는 하나님만 의지하고'(고전 1:8~10) 살았으니 '너희도 우리를 간구함으로 도우라'(고전 1:11)고 하면서 자기가 받은 고난과 심정을 알려준다.

아울러 '우리가 세상에서 너희에 대하여 하나님의 거룩함과 진실함으로 행하되 육체의 지혜로 하지 아니하고 하나님의 은혜로 행함은 우리의 양심이 증언하는 바'(고전 1:12)라고 하면서 고린도를 위하는 일에 몸과 마음을 다하였음을 알아달라고 당부한다.

그러면서 본래의 계획은 에베소에서 고린도에 갔다가 마게도냐로 가서 그곳에서 고린도에 가 거기를 거쳐 예루살렘으로 가려고 하였으나 이 시점에 고린도로 가면 마치 바울이 고린도 교인들에게 정신적인 압력을 가하고 닦달하게 될 것 같아 계획을 바꾼 것임을 우회적으로 설명하고 있다.

---

25) 오스티는 정통 유대 설교가라 함

바울은 자기가 고린도로 직접 가면 고린도 성도들에게 근심이 되니 '내가 다시는 너희에게 근심 중에 나아가지 아니하기로 스스로 결심하였노니'(고후 2:1)라고 하면서 '생각을 바로잡아 그리스도에게 복종하게 하니 너희 복종이 온전하게 될 때에 모든 복종하지 않는 자들을 벌하려고 준비하는 중에 있노라'(고후 10:4~6)라고 한다.

바울은 오로지 예수 그리스도를 따르면서 기회가 무르익으면 그를 따르지 않는 자들을 벌하고자 한다는 속내를 말한다. 그리고 그리스도의 복음으로 너희에게까지 이른 것(고후 10:14)이라고 알려준다. 그러니 예수 그리스도의 복음은 모든 것의 출발이면서 핵심 목표인 것이다.

바울은 고린도 교회를 위하여 최선을 다하나 그가 보기에 성도들이 복음이 아닌 것에 쉽게 미혹된다고 본다. 그리하여 '나는 뱀이 간계로 하와를 미혹한 것과 같이 너희 마음이 그리스도를 향하는 진실함과 깨끗함에서 떠나 부패할까 두려워하노라 만일 누가 가서 우리가 전파하지 아니한 다른 예수를 전파하거나 혹은 너희가 받지 아니한 다른 복음을 받게 할 때에는 너희가 잘 용납하는구나'(고후 11:3~4)라고 하며 바울이 보는 우려를 부드럽게 표현한다.

그 기회에 자기에게 소용되는 비용은 마게도냐에서 온 형제들의 도움으로 해결하며 고린도 교회에 폐를 끼치지 않도록 조심하고 있음을 털어놓는다.(고후 11:9) 그는 '그리스도의 진리가 내 속에 있으니 아가야 지방에서 나의 이 자랑이 막히지 아니하리라'(고후 11:10)라고 한다.

그러면서 바울은 자신이 겪은 고난을 밝힌다. 그가 히브리인,

이스라엘인, 아브라함의 후손으로 그리스도의 일꾼으로 수고를 많이 하고 여러 번 옥에 갇히고 매도 수도 없이 맞고 죽을 뻔하였고 유대인들에게서 39번 매를 맞고 세 번 태장으로 맞고 한 번 돌로 맞고 세 번 파선하고 한 주야를 깊은 바다에서 표류하고 강의 위험과 강도와 동족의 위험, 이방인의 위험, 시내의 위험과 광야의 위험 바다의 위험과 거짓 형제들의 위험, 그뿐만 아니라 목마르고 굶고 하였으나 그러는 중에도 가장 큰 고생은 모든 교회들에 대한 정신적 염려였다고 알려준다.(고후 11:22~28)

(3) 바울의 환상과 계시

바울은 43년경 환상을 받았다. 그러나 그것을 모두 자기 자랑으로 하는 것을 피하기 위하여 자기가 아는 '어떤 사람'의 경험으로 돌렸다. 환상이 그의 영적인 승천인지 몸이 승천하여 체험한 것인지는 하나님만 아신다고 한다. 바울은 삼층천의 낙원으로 이끌려 갔다. 그는 믿음으로 선한 삶을 산 성도들이 사후에 가는 낙원에 간 것이다.

그는 '여러 가지 계시를 받은 것이 너무 크므로 너무 자만하지 않게 하시려고 내 육체에 가시 곧 사탄의 사자[26]를 주셨으니 이

---

26) 바울은 평생 여러 가지 고통으로 괴로워하였다. 그가 치료의 은사를 받고 병든 백성들을 치유해 주었으나 자기 몸은 그렇게 하지 못하여 하나님께 낫게 해주시라고 간구하였으나 하나님께서는 '현재로 족하다'고 하시면서 치료해 주시지 않았다. '사탄의 사자'는 예수님의 십자가 고통에 버금가는 안질, 두통, 간질 등의 병을 지칭한다.

는 나를 쳐서 너무 자만하지 않게 하심이라' 고통은 '그리스도의 능력이 내게 머물게 하려 함이라'(고후 12:7~9)라고 하면서 자위하고 있다.

(4) 마지막 경고와 인사

바울은 세 번째 고린도 방문계획을 말하면서 이번에 가면 '전에 죄지은 자들과 그 남은 모든 사람을 용서하지 않으리라'(고후 13:1~2)라고 자신의 결단을 보인다. 처음 서신에서는 그들에게 관용과 용서의 생각을 보였으나 그것이 죄악자들을 두려워하거나 자기가 그리스도 안에서 약한 자로 보였을 수 있으니 이번에는 자기가 그리스도 안에서 강한 사도임을 보여주기 위해 그들에게 마땅한 단죄, 징계 등의 조치를 취하겠다고 확인한다. 그것은 죄악자들에 대한 강력한 경고인 것이다.

끝으로 성도들에 대한 위로의 말과 함께 '그리스도의 은혜와 하나님의 사랑과 성령의 교통하심이 너희 무리와 함께 있을 지어다'(고후 13:13)라고 맺는다.

iv. 갈라디아서

(1) 상황

갈라디아는 켈트족이 와서 차지한 마게도냐 중부지방을 가리키나 BC 200년경부터는 로마의 영향권에 들면서 BC 25년에는 아우구스도 황제가 이 지방을 로마의 속주로 삼았다. 그러면서 비시디아, 안디옥, 이고니온, 루스드라, 더베 등의 남부지역도 갈라디아에 포함되었다.

바울은 1차 전도 여행 때 북부 갈라디아에 갔었고 2차 여행 때는 드로아로 가던 중 북부 갈라디아를 방문한 것으로 추정한다. 3차 여행 때에는 자신이 세운 갈라디아 교회들을 다시 방문하였고[27] 갈라디아서를 AD 53~56경 에베소나 마게도냐에서 썼다고 한다.[28] 그러나 그보다 일찍 AD 48~49년에 안디옥에서 썼다는 주장도 있다.

아울러 바울이 남북 갈라디아 모두에게 서신을 보낸 것이라고 추정을 한다.[29]

(2) 집필 동기

바울은 선교 여행을 하면서 도착한 곳의 회당에 가서 유대교인들에게 복음을 가르치고 그들을 중심으로 교회를 세웠다. 그러나 바울이 그 성읍을 떠나면 기독교인이 된 유대인들은 자기 민족의 전통을 따라 율법에 의한 행위에만 관심을 두고 복음에 대한 믿음에는 별 관심이 없고 할례가 가장 중요한 판단의 기준이 되는 것이다.

---

27) 행 18:23 참조

28) 뉴톰슨 주석성경 p.302

29) Osty성경 p.2430

그리하여 유대인들은 기독교인이 된 헬라인이나 이방인들에게도 복음을 제쳐놓고 자기들의 기준을 따르도록 권하여 바울은 그런 현상에 위기의식을 느끼고 갈라디아서를 집필하여야 할 사명감을 갖게 된 것이다.

(3) 내용

바울은 서신을 시작하면서 자신의 신분에 대해 확실히 알린다. 자신은 사람으로 말미암은 존재가 아니고 '오직 예수 그리스도와 그를 죽은 자 가운데서 살리신 하나님 아버지로 말미암아 사도'가 되었다고 하면서 '하나님 아버지와 주 예수 그리스도로부터 은혜와 평강이 있기를 원하노라'(갈 1:1~3)라고 인사한다. 그에게 있어 하나님과 예수 그리스도는 분리될 수 있는 이름이 아니다.

그는 그리스도의 은혜를 벗어난 다른 복음은 있을 수 없다고 믿음의 대전제를 선언한다. 그가 전한 복음은 '사람의 뜻을 따라 된 것이 아니니라 이는 내가 (……) 배운 것도 아니요 오직 예수 그리스도의 계시로 말미암은 것이라'(갈 1:1~2)라고 하면서 다메섹으로 그리스도를 믿는 자들을 잡으러 가다가 대낮에 예수 그리스도의 환시를 받고 예수 그리스도의 계시를 받은 것을 말하고 있다. 그러면서 그의 삶을 간단히 소개한다.

그 후 바울은 바나바와 디도를 데리고 예루살렘 교회에 가서 유력자들을 만나고 함께 있는 헬라인 디도까지 할례를 받게 한 후 베드로에게 인정을 받고 이방인들을 위한 사도로 세움을 받게 되었다.

그러나 바울이 베드로와 함께 안디옥에 있을 때 그가 베드로를 책망할 일이 생겼다. 베드로가 할례받지 않은 이방인들과 더불어 음식을 먹다가 할례받은 사도들이 오자 그를 피하여 베드로가 다른 유대인들과 함께 떠나 버린다. 그리하여 바울이 베드로를 그 일로 책망한 것이다.

베드로 역시 할례받은 유대인으로 자기가 할례받지 않은 이방인들과 함께 음식을 나누면서 그들에게 할례받게 하는 것은 유대인들의 외식 문화를 따르는 것이라고 하였다. 왜냐하면 '사람이 의롭게 되는 것은 율법의 행위로 말미암음이 아니요 오직 예수 그리스도를 믿음으로 말미암는 줄 앎으로 우리도 예수 그리스도를 믿나니 이는 우리가 율법의 행위로써가 아니고 그리스도를 믿음으로써 의롭다 함을 얻으려 함이라. 율법의 행위로써는 의롭다 함을 얻을 육체가 없느니라'(갈 2:16)라고 지적한 것이다.

그러면서 '내가 그리스도와 함께 십자가에 못 박혔나니 그런즉 내가 사는 것이 아니요 오직 내 안에 그리스도께서 사시는 것이라 (……) 나를 사랑하사 나를 위하여 자기 자신을 버리신 하나님의 아들을 믿는 믿음 안에서 사는 것이다'(갈 2:20)라고 자신의 믿음을 간증하고 있다.

(4) 율법과 믿음

바울은 '무릇 율법 행위에 속한 자들은 저주 아래에 있나니, 왜냐하면 누구든지 율법책에 기록된 대로 모든 일을 항상 행하지 아니하는 자는 저주 아래에 있는 자라 하였기 때문이라'라고 설명한다. 또한 '하나님 앞에서 아무도 율법으로 말미암아 의롭게 되지 못할 것이 분명하니 이는 의인은 믿음으로 살리라' 하였음이라.(갈 3:11)[30)]

아울러 바울은 '그리스도께서 우리를 위하여 저주를 받은 바 되사 율법의 저주에서 우리를 속량하셨으니 기록된 바 나무에 달린 자마다 저주 아래에 있는 자[31)]라 하였음이라'(갈 3:13) 그러나 '율법이 하나님의 약속들과 반대되는 것이냐 결코 그럴 수는 없느니라'(갈 3:21)라고 한다.

바울이 강조하는 것은 '예수 그리스도를 믿음으로 말미암는 약속을 믿는 자들에 주려 함이라 믿음이 오기 전에 우리는 율법 아래에 매인 바 되고 계시 될 믿음의 때까지 갇혔느니라 이같이 율법이 우리를 그리스도께로 인도하는 초등교사(Guardian)가 되어 우리로 하여금 믿음으로 의롭다 함을 얻게 함이라'(갈 3:21~24)고 하면서 그리스도에 대한 믿음이 율법을 대신함을 가르쳐 준다.

율법도 전체적으로 보면 하나님께서 '네 이웃 사랑하기를 네 자신같이 하라'[32)] 하신 말씀에서 출발하였으나 그 내용은 육체가 금하여야 할 지킬 수 없는 조항들로 구성되어 있다. 그 출발이 되는 할례는 율법 전체를 행할 의무를 줄 뿐 '율법 안에서 의롭다 함을 얻으려 하는 너희는 그리스도에게서 끊어지고 은혜에서 떨

30) 합 2:4

31) 신 21:23. 신명기에서 모세는 불효하고 각종 죄악을 저지르면 동네에서 그를 돌로 쳐 죽이고 나무에 달았다가 그날 장사하라고 한다.

32) 레 19:18

어진 자로다'(갈 5:3~4)라고 한다.

왜냐하면 그리스도 안에서 믿음으로 행하고 보는 것으로 행하지 아니하는 우리에게 할례나 무할례는 효력이 없으며 성령이 사랑으로 이끄는 믿음만이 중요하기 때문이다.(갈 5:4~6)

(5) 성령의 권면

따라서 바울은 우리에게 '성령을 따라 행하라'(갈 5:16) 왜냐하면 '육체의 소욕은 성령을 거스르고 성령은 육체를 거스르나니 이 둘이 서로 대적함으로 너희가 원하는 것을 하지 못하게 하려 함이니라'(갈 5:16~18)

육체가 권하는 것은 '음행과 더러운 것과 호색과 우상 숭배와 주술과 원수 맺는 것과 분열함과 이단과 투기와 술 취함과 방탕함과 그와 같은 것들이라'(갈 5:19~21)라고 알려준다.

바울은 우리가 성령 인도하시는 바를 따르면 율법 아래에 있지 않는다고 하면서 '오직 성령의 열매는 사랑과 희락과 화평과 오래 참음과 자비와 양선[33]과 충성과 온유와 절제'(갈 5:20~21)라고 알려준다.

우리가 성령의 인도를 받으면 범죄를 발견한 경우, 온유한 심령으로 범죄한 자를 바로 잡고 자신도 살려고 노력하며 혹 자랑할 일이 있어도 남과 비교하지 말고 짐을 나누어 지고 좋은 가르침은 함께 행하고 스스로를 속이지 말자고 충고한다. '자기의 육

33) 사랑과 의를 보이는 선한 마음

체를 위하여 심는 자는 육체로부터 썩어질 것을 거두고 성령을 위하여 심는 자는 성령으로부터 영생을 거두리라'(갈 6:8)고 알려 준다. 선을 행하며 포기하지 말고 기다리면 때가 이르면 거두게 된다고 권면한다.

끝으로 바울은 '할례나 무할례는 아무것도 아니로되 오직 새로 지으심을 받는 것만이 중요하니라'(갈 6:15)고 하며 예수 그리스도 안에서 성령의 인도로 새 사람으로 태어나야 한다고 일깨워 준다.

주 예수 그리스도의 은혜가 너희 심령에 있기를 기원하며 아멘 하고 마친다.

v. 에베소서

(1) 상황

에베소는 튀르키예 북서쪽에 있는 항구로 현재 셀쥬크라고 하는 지역인데 과거에는 헬라에 속해 있어 의성 히포크라테스가 활약하였고 세계 7대 유적이라고 하는 아데미 신전이 있었다. 사도 요한은 예수님이 돌아가신 후에 성모님을 모시고 와 항구의 서북쪽 산에 집을 마련하여 여생을 사시게 하였고 교황청은 조사 끝에 그곳을 성모님이 사셨던 곳으로 인정하여 관광지가 되었다.

신약 초기에 에베소는 교통과 무역의 요충지로 상업이 번성하던 항구였고 요한은 그곳에 거대한 교회를 짓고 예배하였으나 지진으로 교회가 무너지고 그 자재들은 개인들이 추려가지고 가고 그 터만 남아 있다. 에베소 교회는 서아시아의 7대 교회의 우두머리 교회였고 바울은 제2차 선교 여행 끝에 에베소를 방문하고 브리스길라와 아굴라를 그곳에 남기고 제3차 선교 여행에서 그곳에 3년이나 머물면서 정성을 다해 교회를 돌보았다. 그는 AD 60~62년에 로마에서 감옥 생활을 하면서 빌립보서, 골로새서, 빌레몬서와 함께 에베소서를 감옥에서 다른 제자의 도움없이 자필로 쓴 것으로 추정된다. 이 서신은 에베소뿐만 아니라 소아시아 여러 교회에서도 읽을 수 있도록 썼다.

(2) 그리스도인으로서의 자의식

바울은 다른 서신에서와 마찬가지로 자기를 '하나님의 뜻으로 말미암아 그리스도 예수의 사도 된 바울이라고 밝히며 에베소에 있는 성도들 및 그리스도 예수 안에 있는 신실한 자들에게 편지하노라'라고 하며 에베소 밖의 성도들도 서신의 독자임을 알려주며 그들 모두에게 '하나님 우리 아버지와 주 예수 그리스도로부터 은혜와 평강이 너희에게 있을지어다'(엡 1:1)라고 축원한다.

바울은 '주 예수 그리스도께서 그리스도 안에서 하늘에 속한 모든 신령한 복을 우리에게 주셨으니'(엡 1:3) 우리는 그 신령한 복을 누리는 수혜자임을 상기시킨다. 그리고 '우리는 그리스도 안에서 그의 은혜의 풍성함을 따라 그의 피로 말미암아 속량 곧 죄 사함을 받았음을 잊지 말라'(엡 1:7)라고 당부한다.

그 당시 우리는 세상의 풍조와 권세 잡은 이를 따랐으니 곧 불

순종의 아들들 가운데에서 육신의 욕망을 따라 지내며 진노의 자녀가 되었는데 '긍휼이 풍성하신 하나님이 우리를 사랑하신 그 큰 사랑으로 인하여 허물로 죽은 우리를 그리스도와 함께 앉히시고 이는 우리가 은혜로 구원받은 것이라'(엡 2:1~5) 이른다.

따라서 '너희는 그 은혜에 의하여 믿음으로 말미암아 구원을 받았으니 이것은 너희에게서 난 것이 아니요 하나님의 선물이라'(엡 2:8) '우리는 그[34]가 만드신 바라 예수 안에서 선한 일을 위하여 지으심을 받은 자니 이 일은 하나님이 전에 예비하사 우리로 그 가운데 행하게 하려 하심이니라'(엡 2:10)

그러니 바울 강론의 초점은 이 세상에서 육신의 욕망을 좇으며 죄를 지은 우리가 믿음에 의하여 하나님 아버지의 뜻에 따라 십자가에서 고난을 받으시고 돌아가신 지 사흘 만에 부활하신 예수 그리스도의 피의 은혜로 속죄받고 구원을 받았으니 그리스도 예수 안에서 선한 일을 수행하여야 한다는 것이다.

우리가 이방인으로 할례를 받지도 않았으나 우리는 본래 그리스도 밖에 있었고 하나님과 언약을 맺은 우리는 이방인이거나 할례받지 않았어도 그것도 관계없이 예수님의 피로 우리와 유대인, 우리와 하나님 사이에는 담이 없어졌다.

'이제 그의 거룩한 사도들과 선지자들에게 성령으로 나타내신 것 같이 다른 세대에서는 사람의 아들들에게 알리지 아니하셨으니 이는 이방인들도 복음으로 말미암아 그리스도 예수 안에서 함께 상속자가 되고 함께 지체가 되고 함께 약속에 참여하는 자

34) 예수 그리스도

가 됨이라'(엡 3:2)라 한다. 복음을 믿으면 '우리가 그[35] 안에서 그를 믿음으로 말미암아 담대함과 확신을 가지고 하나님께 나아감을 얻느니라'(엡 3:12) 바울은 믿음의 은혜를 상기시키며 교인으로서의 자부심을 주고 그에 걸맞은 삶을 살도록 당부한다.

(3) 그리스도인으로서의 삶

그리스도인은 관념적으로 믿고 삶을 통하여 그리스도인임이 드러나지 않으면 믿음이 없는 이방인으로 사는 것이다. 그런 무리들은 '그들의 총명이 어두워지고 그들 가운데 있는 무지함과 그들의 마음이 굳어짐으로 말미암아 하나님의 생명에서 떠나 있도다'(엡 4:18)

바울은 교인들에게 그렇게 가르치지 않았음을 상기시키며 '진리가 예수 안에 있는 것 같이 너희가 참으로 그에게서 듣고 또한 그 안에서 가르침을 받았을진대 너희는 유혹의 욕심에 따라 썩어져 가는 구습을 따르는 옛 사람을 벗어버리고 심령이 새롭게 되어 하나님을 따라 의와 거룩함으로 지으심을 받은 새 사람을 입으라'(엡 4:22~23) 라고 권면한다.

예수님은 어떤 사람은 사도로 어떤 사람은 선지자로 혹은 복음 전하는 자 또는 목사나 교사로 삼으셨는데(엡 4:11) '이는 성도를 온전하게 하여 봉사의 일을 하게 하며 그리스도의 몸을 세우려 하심이니'(엡 4:12)라고 하며 각자의 능력에 맞는 은사를 주신 것

35) 예수 그리스도

이지 성도를 차등을 둔 것이 아니라고 설명한다.

예수 그리스도께서는 '오직 사랑 안에서 참된 생활을 하며 서로 연결되고 결합되어 각 지체의 분량대로 역사하여 그 몸[36]을 자라게 하며 사랑 안에서 스스로 세우느니라'(엡 4:15~16)고 한다.

(4) 그리스도인과 삶의 실천

그러한 목적을 위하여 그리스도인은 목적에 적합한 '빛의 자녀'로서의 삶을 살 것을 권유한다. 그러니 '이제부터 너희는 그 마음의 허망한 것으로 행함같이 행하지 말라'(엡 4:17)고 권고한다. 우리가 '빛의 자녀'가 되려면 어떤 삶을 살아야 할까.

바울은 참으로 그[37]에게서 듣고 또한 그 안에서 가르침을 받았다면 먼저 '너희는 유혹의 욕심을 따라 썩어가는 구습을 따르는 옛 사람을 벗어버리고 오직 너희 심령이 새롭게 되어 하나님을 따라 의의 진리의 거룩함으로 지으심을 받은 새 사람을 입으라'(엡 4:22~24)고 권한다.

주체적으로 바울은 거짓을 버리고, 이웃과 참된 것을 말하고 서로 협동하며 도둑질하지 말며 분내지 말며 가난한 자를 구제하고 입조심으로 덕을 세우고 선한 말을 하고 성령을 따르며 서로 불쌍히 여기며 용서하고 하나님을 본받아 그리스도가 우리를 사랑하신 것 같이 서로 사랑하라고 한다.

---

36) 그리스도의 몸 된 교회를 일컬음

37) 예수 그리스도를 가리킴

(5) 에베소 교인들을 위한 기도

바울은 하나님 아버지께 성령의 인도를 받아 교인들이 그들의 속 사람의 능력으로 강건하게 하시오며 믿음으로 말미암아 그리스도께서 교인들의 마음에 계시게 하고 그들이 사랑 가운데서 뿌리박히게 하시고 그들이 모두 지식에 넘치는 그리스도의 사랑으로 사랑 가운데 깊이 뿌리 내리고 그리스도의 사랑의 폭과 길이, 높이가 어느 정도인지 깨달아 하나님의 충만하심이 교인들에게 충만하게 하시고 교회 안과 그리스도 안에서 영광이 영원무궁하기를 원한다.

바울은 오로지 하나님께서 기뻐하실 일에 열중하면서 어둠 속에서 악을 따르는 자들과 끊고 술과 방탕을 멀리하며 성령으로 충만하며 시와 찬송으로 화답하는 가운데 범사에 주 예수 그리스도의 이름으로 하나님 아버지께 감사하고 그리스도를 경외하고 복종할 것을 당부한다.

(6) 아내와 남편

교인들을 위한 마음 깊은 소망을 전한 바울은 생활 속에서 가족들과의 관계에 대한 생각들도 전한다.

먼저 아내와 남편의 관계에서 남편은 교회의 그리스도와 같이 몸의 구주로 대하고 남편은 아내를 그리스도께서 교회를 사랑하고 자기를 주신 것과 같이 하라고 하면서 그리스도의 생각과 마음을 권유한다.

(7) 자녀와 부모와 권속

십계명과 같이 자녀는 부모를 공경하는 것이 옳으나 아비들은 자녀를 노엽게 하지 말라고 권고한다.

❖ 종과 상전

종들은 상전에게 그리스도께 순종하듯 마음으로 순종하라고 이르고 상전은 종들을 위협으로 대하지 말고 따뜻하게 대하라고 충고한다.

마지막으로 바울은 '마귀의 간계를 능히 대적하기 위하여 하나님의 전신갑주[38]를 입으라'고 권고한다.

끝으로 '진실한 일꾼' 두기고[39]가 자기의 사정을 교회에 알릴 것이라고 하고 '아버지 하나님과 주 예수 그리스도께로부터 평안과 믿음을 겸한 사랑이 형제들에게 있을 지어다'(엡 6:23)라고 따뜻한 마음으로 마친다.

---

38) 전신갑주는 완전무장을 뜻하는 군사적 용어이다.

39) 두기고는 바울의 선교 여행을 도운 성실한 일꾼이다.

vi. 빌립보서

(1) 상황

마게도냐의 관문인 빌립보는 다소 사람들이 살고 있는 성읍이었는데 알렉산더대왕의 아버지 빌립이 BC 360년경 정복하고 이름을 빌립보라고 바꾸었다. BC 168년 로마의 안토니우스와 옥타비아누스(후에 아우구스투스 황제)가 브루투스와 카시우스를 누르고 빌립보를 로마의 속주로 만들었다. 산업이 활발한 지역이 아니나 빌립보는 군사적인 요충지였다.

바울은 본래 소아시아 동쪽을 선교하려 하였으나 환시를 통하여 마게도냐인의 요청을 받고 그곳에 가게 된 것이다. 마게도냐는 바울이 로마를 비롯하여 지중해 지역을 선교하는 발판이 된 성읍이다.

유대교도들이 거의 없어 회당도 없는 성읍이지만 바울에게는 의미 깊은 곳이다. 마땅히 갈 곳이 없는 바울은 해변에 나갔다가 두아디라에서 자색 옷감 장사로 하나님을 믿는 루디아와 한 무리의 여성들을 만나 복음을 전하고 빌립보의 감옥에 갇히는 일도 있었으나 그것이 복음 전도에 좋은 기회가 되었다.

특히 바울이 로마에 가서 어렵게 지날 때에 빌립보 교인들이 자기들 역시 어려운 중에도 두 번씩이나 성금을 보내준 것에 감격한 바울은 빌립보 교우들에 깊은 감사와 우정을 지니고 있었다.

빌립보서가 언제 쓰여지고 어디에서 기록되었는지에 대한 여러 가지 주장이 있다. 감옥 이야기가 있으니 가이사랴 혹은 에베소에서 쓰여졌다는 주장이 있다.

그러나 빌립보 교회가 바울이 로마에서 투옥되자 에바브로디도를 통하여 적어도 두 번 성금을 보냈고 서신이(빌 1:13, 4:22) 로마에서 쓰여졌음을 알리고 있고 로마법정의 판결을 기다리고 있었음이(빌 2:20~26) 언급되고 있어 에바브로디도 편으로 서신을 빌립보 교회에 보내졌기 때문에 바울이 AD 63년경 로마에서 썼을 가능성이 가장 높다고 본다.

(2) 바울의 심정과 정황

바울은 '예수의 종 바울과 디모데[40]가 그리스도 예수 안에 사는 모든 성도와 또한 감독들과 집사들에 편지함'(빌 1:1)을 알린다.

바울은 빌립보 교회를 생각할 때마다 하나님께 감사하며 빌립보 교인들이 복음을 위해 시작한 선한 일을 그리스도 예수의 날까지 계속할 것을 확신한다.

바울은 '내가 예수 그리스도의 심정으로 너희 무리를 얼마나 사모하는지 하나님이 내 증인이시니라'(빌 1:8)라고 하며 빌립보 교회를 마음속으로 깊이 사랑하고 감사하고 있음을 나타내고 있다.

바울은 자기가 구금을 당하자 오히려 '형제 중 다수가 나의 매임으로 말미암아 주 안에서 신뢰함으로 겁 없이 하나님의 말씀을 더욱 담대히 전하게 되었느니라'(빌 1:14) 교인들이 더 분발하

---

40) 디모데는 바울의 제2차 선교 여행에 동행하여 빌립보 교회의 창립을 도와주었고 그 후 두 차례나 마게도냐 지방을 방문하여 빌립보와 인연이 있다.

여 전화위복의 상황을 맞게 되었다는 것이다.

물론 '다툼으로 그리스도를 전파'하는 형제들도 있으나 '겉치레로 하나 참으로 하나 무슨 방보로 하든지 전파되는 것은 그리스도니 이로써 나는 기뻐하고 또한 기뻐하리라'(빌 1:18)

결국 그리스도만 전파되면 좋은 일이고 '이것이 너희의 간구와 예수 그리스도의 성령의 도움으로 나를 구원에 이르게 할 줄'(빌 1:19) 안다고 말한다.

바울이 '이는 내게 사는 것이 그리스도니 죽는 것도 유익함이라'(빌 1:21)라고 생각하지만 그래도 '내가 육신으로 있는 것이 너희를 위하여 더 유익하리라'(빌 1:24)라고 자부한다.

바울은 형제들에게 '오직 너희는 그리스도의 복음에 합당하게 생활하라'(빌 1:27)라고 권면하면서 왜냐하면 '내가 너희에게 가 보나 떠나 있으나 너희가 한마음으로 서서 한 뜻으로 복음의 신앙을 위하여 협력하는 것과 무슨 일에든지 대적하는 자들 때문에 두려워하지 아니하는 이 일을 듣고자 함이라'(빌 1:27) 핵심을 알면 나머지는 중요치 않다고 말한다.

(3) 그리스도 배우기

바울은 형제들 간에 '아무 일에든지 다툼이나 허영으로 하지 말고 오직 겸손한 마음으로 각각 자기보다 남을 낫게 여기고'(빌 2:3) '너희 안에 이 마음을 품으라 곧 그리스도 예수의 마음이니'(빌 2:5)라고 권면한다.

'그는 근본은 하나님의 본체시나[41] 하나님과 동등됨을 취할 것으로 여기지 아니하시고 오히려 자기를 비워 종의 형체를 가지사 사람들과 같이 되셨고 사람의 모양으로 나타나사 자기를 낮추시고 죽기까지 복종하셨으니 곧 십자가에 죽으심이라'(빌 2:5~7)고 하면서 자신의 신앙관을 피력한다.

바울은 예수 그리스도가 하나님이시나 아버지 하나님의 뜻을 받들어 십자가에서 돌아가신 것은 오로지 인간이 죄짐에서 벗어나고 인간을 구원하시기 위한 것이었음을 우리가 확신하게 하기 위해서 였다고 말하는 것이다. '그러므로 나의 사랑하는 자들아 너희가 나 있을 때뿐 아니라 더욱 지금 나 없을 때에도 항상 복종하여 두렵고 떨림으로 너희 구원을 이루라'(빌 2:12)고 하면서 '모든 일을 원망과 시비가 없이 하라'(빌 2:14)고 어려운 부탁을 한다.

(4) 바울의 고백과 권면

바울은 죄악에 물든 자들을 멀리하고 '하나님의 성령으로 봉사하며 그리스도 예수를 자랑하고 육체를 신뢰하지 않는 우리가 곧 할례파라'고 확언한다. 아울러 과거의 자신을 고백한다.

그는 '나는 8일 만에 할례를 받고 이스라엘 족속이요 베냐민 지파요 히브리인 중의 히브리인이요 율법으로는 바리새인이요 열심으로는 교회를 박해하고 율법의 의로는 흠 없는 자라 그러

---

41) NIV는 'Very Nature Or The Form Of God'이라고 하고 오스티는 'Forme De Dieu' 즉 '하나님의 형체'라고 번역하였다.

나 무엇이든지 내게 유익하던 것을 내가 그리스도를 위하여 다 해로 여길뿐더러 또한 모든 것을 해로 여김은 내 주 그리스도를 아는 지식이 가장 고상하기 때문이다'(빌 3:5~8)

바울이 이제 '내가 가진 의는 율법에서 난 것이 아니요 오직 그리스도를 믿음으로 말미암은 것이니 곧 믿음으로 하나님께로부터 난 의라'(빌 3:9)라고 한다.

바울이 환시를 통하여 받은 계시로 율법을 앞세운 유대교에서 벗어났고 복음 연구와 예수님의 부활로 그리스도이신 예수님을 섬기는데 자기를 바치게 된 것이다.

자신은 자기가 세운 푯대[42]를 향하여 '그리스도 예수 안에서 하나님이 위에서 부르신 부름의 상을 위하여 달려가노라'(빌 3:14)라고 한다. 그러니 '형제들아 너희는 함께 나를 본받으라 그리고 너희가 우리를 본받은 것처럼 그와 같이 행하는 자들을 눈여겨 보라'(빌 3:17)고 권고한다.

(5) 예정과 당부

바울은 디모데와 에바브로디도를 속히 보내도록 하겠다고 예고한다. 디모데는 자기와 뜻을 같이하고 그곳 사정을 진심으로 걱정하는 다른 사람이 자기에게 없기 때문이라고 설명한다.

에바브로디도는 이곳에 와서 몸이 아프자 너희가 그것을 알면 너희가 근심할 것을 염려하여 알리지 않았으나 다행히 하

---

42) 최종 목표

나님께서 그를 긍휼히 여기시고 병을 낫게 하셨다고 알려준다. 에바브로디도는 '나의 형제요 함께 수고하고 함께 군사가 된 자'(빌 2:27)라고 칭찬을 아끼지 않으면서 보내도록 하겠다고 알려준다.

아울러 바울은 제2차 선교 여행에 동행하며 도왔던 유오디아와 순두게를 도와주라고 부탁한다. 클레멘드와 다른 동역자들도 생명책에 올려 있으니 그들도 도움을 부탁하고 '너희는 내게 배우고 받고 듣고 본 바를 행하면 평강의 하나님이 너희와 함께 계시리라'(빌 4:9)라고 한다.

(6) 감사와 인사

바울은 '나는 비천에 처할 줄도 알고 풍부에 처할 줄도 알아 모든 일 곧 배부름과 배고픔과 풍부와 궁핍에도 처할 줄 아는 일체의 비결을 배웠노라 (……) 그러나 너희가 내 괴로움에 함께 참여하였으니 잘하였도다'(빌 4:12~14)라고 하면서 빌립보 교회가 몇 번 보내준 성금에 대한 감사를 우회적으로 표현한다.

끝으로 모든 형제들에 인사를 하며 '주 예수 그리스도의 은혜가 너희 심령에 있을지어다'라고 마친다.

vii. 골로새서

(1) 상황

골로새는 에베소에서 동쪽으로 160km 떨어진 곳에 있는 작은 성읍이다. 한때 검은 양모의 산지로 상업의 도시였으나 바울의 시대에는 쇠락하고 바울이 방문한 적은 없었으나 바울이 약 3년간 에베소에서 사역할 때 그곳에 교회를 세운 에바브라가 골로새를 비롯한 인근 지역에서 복음을 전파하고 있었다.

바울은 에바브라가 로마의 바울을 방문하면서 그로부터 골로새 교회의 사정을 듣고 서신을 꼭 써야겠다는 생각을 하였고 그 서신을 두기고와 오네시모를 통하여 골로새 교회에 보냈다.(골 4:7~9)

골로새서는 에베소서, 빌레몬서와 주제, 인물들이 겹치고 있어서 바울이 로마의 감옥에서 AD 60~61년에 집필한 것으로 추정된다.

(2) 그리스도에 대한 진심

바울이 하나님께 감사드림은 '그가 우리를 흑암의 권세에서 건져내사 그의 사랑의 아들[43]의 나라로 옮기셨으니 그 아들 안에서 우리가 속량 곧 죄 사함을 얻었도다'(골 1:13~14) 그리스도는

43) 예수 그리스도

누구이신가. '그는 보이지 아니하는 하나님의 형상[44]이시요 모든 피조물보다 먼저 나신이시니'(골 1:15) 그는 '하늘과 땅에서 보이는 것들과 보이지 않는 것들과 혹은 왕권들이나 주권들이나 권세들이나 만물이 다 그로 말미암고 그를 위하여 창조되었고 만물이 그 안에 함께 섰느니라'(골 1:16~17)[45]

특히 '그는 몸인 교회의 머리시라 그가 근본이시요 죽은 자들 가운데에서 먼저 나신이시니 이는 친히 만물의 으뜸이 되려 하심이요'(골 1:19) 그리스도께서는 '그의 십자가의 피로 화평을 이루사 만물 (……) 그로 말미암아 자기와 화목하게 되기를 기뻐하심이라'(골 1:20)

'이제는 그의 육체의 죽음으로 말미암아 화목하게 하사 너희를 거룩하고 흠 없고 책망할 것이 없는 자로 그 앞에 세우고자 하셨으니 만일 너희가 믿음에 거하고 (……) 소망에서 흔들리지 아니하면 그리하리라'(골 1:23)

바울의 수사법을 단순화하여 이해할 필요가 있다. 하나님과 함께 세상의 모든 피조물을 지으신 예수 그리스도는 하나님의 사랑과 지혜로 이루어지는 하나님의 형상을 그대로 물려받으시고 하나님을 대신하여 하나님의 뜻을 실천하시고 인간들의 죄를 속량하시고 구원하시기 위해 세상에 태어나셨다.

모든 권력과 주권을 가지신 예수 그리스도는 인간의 죄를 속량하기 위하여 십자가의 고난을 받으시고 죽은 지 사흘 만에 부활

44) 곧 사랑과 지혜

45) 엡 1:21 참조

하시어 세상의 권세와 주권을 물리치셨다. 돌아가신 후 그리스도께서는 교회의 머리가 되시고 그의 피는 우리에게 화평을 안겨주시고 우리 서로가 화목하도록 사랑의 복음을 주시고 그것을 세상 끝까지 전하라는 당부를 주셨다.

따라서 이제부터 우리는 사랑의 복음을 전하여야 할 임무를 다하여야 한다. 복음에 대한 믿음은 세상의 철학이나 우리를 압제하는 규제에서 벗어나 우리가 예수님 안에서 예수님과 함께 영원한 삶을 누릴 수 있는 권리와 참 자유를 주신다.

(3) 그리스도인의 사명과 실천

바울은 로마의 감옥에서 받는 괴로움을 예수 그리스도가 받으신 고난에 참여한다고 믿고 하나님이 주신 직분에 따라 하나님 말씀을 이뤄가야 한다고 말한다. 바울은 올바른 믿음의 가르침을 통하여 교인들을 그리스도 안에서 '완전한 자로 세우려' 하여 자기 능력으로 할 수 있는 수고를 하는 것이라고 알려준다.

바울은 골로새나 라오디게아의 교인들과는 만난 적도 없으나 그곳의 사정을 듣고 자기가 이 서신을 보내기로 한 것이다. '이는 그들로 마음에 위안을 받고 사랑 안에서 연합하며 확실한 이해의 풍성함과 하나님의 비밀인 그리스도를 깨닫게 하려 함이니 그 안에는 지혜와 지식의 모든 보화가 감추어져 있느니라'(골 2:2)이라고 밝힌다.

바울이 그런 사실을 밝히는 것은 '이는 내가 육신으로는 떠나 있으나 심령으로는 너희와 함께 있어 너희가 질서 있게 행함과 그리스도를 믿는 너희 믿음이 굳건한 것을 기쁘게 봄'(골 2:1~5)이라고 알려준다.

따라서 '그 안에 뿌리를 박으며 세움을 받아 교훈을 받은 대로 믿음에 굳게 서서 감사함을 넘치게 하라'고 권면한다. 그렇게 하는 것이 '너희가 손으로 하지 아니한 할례를 받았으니 곧 육의 몸을 벗는 것이요 그리스도의 할례니라'(골 2:11) 바울 자신이 베냐민 지파의 후손으로 나면서 할례를 받았으나 그것은 육신의 할례이고 그리스도에 대한 믿음이 육신의 믿음을 대체하는 마음의 참할례라는 것이다.

그리스도와 함께 동행하는 자는 '위의 것'[46] 곧 예수님의 고난과 부활을 믿고 '땅의 것' 곧 육신의 욕망과 유혹에서 벗어나 거룩한 삶을 추구하라고 권면한다. 분함과 노여움, 악의와 비방, 저속함, 음란, 부정, 사욕, 정욕, 탐심, 우상 숭배 등을 버려야 한다.

옛 사람들의 거짓 행위들을 벗어버리고 새 사람을 입었으니 헬라인이든 유대인이든 할례파든 무할례파든, 종이든 관계없이 모든 사람은 긍휼과 자비와 겸손과 온유와 인내로 옷을 입고 주께서 하신 것처럼 서로 용납하고 용서하며 사랑을 베풀 것을 강조하신다. 그리고 무엇을 하든 모든 것을 예수 이름으로 구하고 그를 힘입어 하나님 아버지께 감사드리라고 당부한다.

바울이 당부하고 권면하는 것은 대부분 그리스도인으로 마땅히 행할 것들이다 가정에서 남편이 주가 되고 아내가 부가 되고 아비와 자녀, 상전과 종의 관계도 마찬가지이지만 바울은 어떤

---

46) 하늘나라에 속하는 것들

관계에서든 지나친 일방주의를 피하고 지나치게 과한 것을 피하라고 권한다.

마지막으로 서신을 전하는 신실한 일꾼 두기고와 오네시모를 당부하며 함께 감옥에 갇힌 동역자들과 에바브라 그리고 누가, 데마와 함께 바울이 인사를 마친다.

viii. 데살로니가전서

(1) 상황

그리스 북쪽 최대 도시인 데살로니가는 마게도냐 왕 카산더가 BC 315년경 남쪽 변경 확장 후부터 마게도냐에 속하였고 알렉산더 대왕은 그의 이복동생이자 아내의 이름을 따 데살로니가라고 하였다. BC 168년 그곳을 점령한 로마는 로마의 속주로 삼고 데살로니가를 마게도냐의 수도로 정하였다.

항구 도시로 북부 무역의 중심지이며 산업의 발달로 인구가 바울 시대에 약 20여만이 되었고 헬라인 뿐 아니라 이방인도 많았고 유대인 거주자들도 많이 있었다. 바울은 제2차 선교 여행 때 그곳을 방문하고 교회 창립을 하였고 유대 회당에서 설교하며 상당히 큰 성공을 거두었다. 바울은 데살로니가에서 생활이 어려웠으나 빌립보 교우들이 두 차례나 성금을 보내 그를 도와주었다.(빌 4:15~16)

그러자 유대인들은 바울을 시기하고 그 세력의 확장을 두려워하며 폭도들을 동원하여 복음 전도자들을 공격하고 바울과 그 동역자들을 잡고자 하였으나 야손의 도움으로 바울, 실라, 디모데는 멀지 않은 뵈레아로 도피하였다. 그러나 그 소식을 들은 유대인들은 폭도들을 그곳까지 보냈다. 그리하여 바울은 아덴에서 만나기로 하고 홀로 아덴으로 갔다.

그러나 신화와 철학의 본고장에서의 전도에는 어려움이 많았다. 아덴에서 만난 디모데는 데살로니가로 보내고 실라는 마게도냐로 갔으나 고린도에서 다시 만나기로 하였다. 결국 세 사람은 고린도에서 모두 만나게 된다.(행 18:5)

바울은 자기가 세운 교회들에 대해 궁금하여 AD 50년경 디모데를 그들 교회들에 파견하여 알아보고 와서 그곳 교회들에 대해 만족스러운 보고를 하자 바울은 데살로니가 교회에 감사와 위로의 서신을 보내기로 하고 그들을 격려하고 더욱 굳센 믿음의 메시지를 보낸다.

(2) 데살로니가의 회상과 격려

바울은 함께 있는 실루아노[47], 디모데와 함께 하나님 아버지와 주 예수 그리스도 안에 있는 데살로니가 교회에 은혜와 평강을 빌며 서신을 시작한다. 바울은 데살로니가 교회를 생각할 때마다 그곳 교회의 '믿음의 역사와 사랑의 수고와 우리 주 예수 그리스도에 대한 소망의 인내'(살전 1:1)를 기억하며 하나님 아버지께 감사드린다.

47) 실라의 다른 이름

'이는 우리의 복음이 너희에게 말로만 이른 것이 아니라 또한 능력과 성령과 큰 확신으로 된 것임이라 우리가 너희 가운데서 너희를 위하여 어떤 사람이 된 것은 너희가 아는 바와 같으니라'(살전 1:5) 바울은 복음이 단순히 말씀의 전달로만 이루어진 것이 아니라 확신에 의한 힘과 성령의 은사를 동반한 것이고 그곳 교민들은 바울과 동역자들의 노력을 충분히 알고 있을 것이라고 추정한다.

데살로니가 교회는 아가야와 마게도냐 교회들의 본이 되고 '너희 믿음의 소문이 각처에 퍼졌음으로 우리는 아무 말도 할 것이 없노라'(살전 1:8) 다른 교민들은 어떻게 우상들의 신화를 버리고 살아계신 참 하나님을 섬기고 우리를 죄로부터 구원하신 하나님이 그 아들을 죽은 자 가운데서 살리시고 우리가 예수님의 강림을 기다리게 되었는지 알 수 없다고 고백한다고 하였다.(살전 1:9)

바울은 데살로니가에 오기 전에 빌립보에 가서 고난과 능욕을 당하였으나 하나님의 은혜로 그것을 이기고 데살로니가에 복음을 전할 수 있게 되었음을 알린다. 자기들은 하나님의 위탁을 받아 복음을 전하는 것이며 사람을 기쁘게 하기 위하여가 아니라 '하나님을 기쁘시게 하려 함'(살전 2:4)이라고 말한다.

자기들은 복음을 전하면서 영광을 구한 것이 아니고 '너희 가운데 유순한 자가 되어 유모가 자기 자녀를 기름과 같이 하였으니'(살전 2:7) 우리는 너희에게 '하나님의 복음뿐 아니라 우리의 목숨까지도 너희에게 주기를 기뻐함은 너희가 우리의 사랑하는 자 됨이라'(살전 2:8)라고 고백한다.

바울과 동역자들의 애정이 그만큼 깊고 그들을 위해 헌신하면서도 자기들은 '너희 아무에게도 폐를 끼치지 아니하려고 밤낮으로 일하면서 너희에게 복음을 전하였노라'(살전 2:9) 바울은 밤이면 자기가 배운 천막 만들어 생활비를 충당하였고 그들의 형편을 아는 빌립보 교우들은 두 차례나 그들에게 성금을 보낸 것이다.

바울은 '우리가 잠시 너희를 떠난 것은 얼굴이요 마음이 아니니'(살전 22:17)라고 하면서 자기들이 언제나 그들과 마음을 함께 하면서 그동안 그곳에 가려고 하였으나 '사탄이 막았도다'(살전 2:18)라고 한다.

그리하여 그곳에 갈 수 없었으나 '우리의 소망이나 기쁨이나 자랑의 면류관은 그가 강림하실 때 우리주 예수 앞에'(살전 2:19) 함께 서는 것이고 '너희는 우리의 영광이요 기쁨'(살전 2:20)이라고 데살로니가 교인들에게 자부심을 갖게 한다.

바울은 아덴에서 디모데, 실라와 합류하였으나 데살로니가 유대인들이 바울을 살해하고자 하므로 자기가 그곳에 갈 수는 없다고 판단하고 디모데를 그곳에 보낸다.

그곳에 다녀온 디모데는 기쁜 소식을 듣고 돌아왔다. 첫째는 그곳 교인들도 우리가 그들을 보고 싶어 하는 만큼 그들 역시 우리를 그리워한다는 것이고 둘째 그곳 형제들이 '모든 궁핍과 환난 가운데서 너희 믿음으로 말미암아 너희에게 위로를 받았노라'(살전 3:7)고 알려준다.

그러면서도 바울은 '주야로 심히 간구함은 너희 얼굴을 보고 너희 믿음이 부족한 것을 보충하게 하려 함이라'(살전 3:10)라 하면서 아직도 더 당부하고 싶은 것이 있고 가르쳐주고 싶은 생각이 있다고 말한다. 그 모든 것은 '우리 주 예수께서 그의 모든 성도와 함께 강림하실 때에 하나님 우리 아버지 앞에서 거룩함에 흠이 없게 하시기를 원하노라'(살전 3:10)고 알려준다.

(3) 데살로니가 교인들에게 주는 권면

하나님은 우리가 삶에서 거룩함과 존귀함을 행하는 것이 하나님의 뜻이라고 말씀하신다. 곧 이방인들처럼 색욕을 따르지 말고 자기 아내도 거룩함과 존귀함으로 대하고 '하나님의 가르치심을 받아 서로 사랑함이라'(살전 4:9)고 한다.

너희 교회가 이미 '온 마게도냐 모든 형제에 대하여 과연 이것을 행하도다 형제들아 권하노니 더욱 그렇게 행하고 (……) 조용히 자기 일을 하고 너희 손으로 일하기를 힘쓰라'(살전 4:11)고 권면하면서 바울이 자기의 생활 방식을 따르라고 암시한다. 그는 그 이유로 '이는 외인에 대하여 단정히 행하고 또한 아무 궁핍함이 없게 하려함이라'(살전 4:12)고 말한다.

바울의 권면이 어떤 주제나 내용상의 통일성을 바탕으로 한 것은 아닌 것 같다. 그는 자립적인 삶을 권면하다가 데살로니가 교인들이 관심을 가지고 있는 예수님 강림에 대해 설명한다. 바울은 그 시기에 대해서는 아무도 알 수 없고 우리가 생각지도 못하는 시기에 오실 것이라고 말한다. 그리고 그가 재림하시면서 이미 그 이전에 세상을 떠나 예수님 품에서 자고 있는 성도들도 데리고 함께 오시리라고 예측한다.(살 4:14~5:9)

그러므로 바울은 '우리는 다른 이들과 같이 자지 말고 정신을 차릴지라'(살전 5:6)고 전한다. 믿는 자들은 그 날이 오더라도 말씀의 밝은 빛 안에 있기 때문에 불신자들과는 달리 어둠 속에서 아무것도 모르고 있지는 않을 것이다. 우리는 사랑과 믿음의 흉갑을 두르고 자기를 지켜야 한다. 우리는 오직 우리 주 예수 그리스도로 말미암아 구원을 받으리라 그러니 지금과 같이 서로 위로하고 마음을 굳게 하라고 권면한다.(살전 5:5~11)

(4) 마지막 권고

끝으로 바울은 교인들이 서로 사랑 안에서 귀하게 여기며 화목하라고 간구한다. 게으른 형제는 성심껏 타이르고 마음이 약한 자는 격려하고 붙들어 주고 서로 찾으라고 권고한다.(살전 5:13~14) 그리고 악을 악으로 갚지 말고 서로 선을 베풀라고 충고한다.(살전 5:15)

매일 매일의 삶을 통하여 그리스도 예수 안에서 우리를 향하신 하나님의 뜻을 세 가지로 요약한다.

첫째 항상 기뻐하라.
둘째 쉬지말고 기도하라.
셋째 범사에 감사하라.(살전 5:16~18)

데살로니가 교회에 준 이 권면은 오늘날에도 목사님이 성도들에게 가장 많이 주는 삶의 좌우명(Motto)이다.

아울러 바울은 우리에게서 성령이 떠나지 않도록 하고 거룩한 삶을 통하여 우리의 영·혼, 몸을 예수 그리스도 강림하실 때까지 흠 없이 보전하기를 기원하며 모두에게 주 예수 그리스도의 은혜가 있기를 축원한다.

ix. 데살로니가후서

(1) 상황

바울은 첫 번째 서신을 보낸 몇 달 후 데살로니가 교회로부터 이상한 소식을 듣는다. 그곳 교인들은 다른 곳의 교인들보다 예수님 재림에 관해 관심이 높았는데 교회에 들어온 가짜 계시자[48]들이 스며 들어와 현재 교회가 받고 있는 박해와 고난은 예수님의 재림이 임박하였음을 예시하는 증거이며 자기들이 바울에게서도 그런 편지를 받았다고 거짓말을 하며 교인들의 마음이 매우 산란해졌다는 것이다. 그 소식을 들은 바울은 교인들의 믿음을 감사하고 처음 보낸 서신의 내용을 보완하는 서신을 보내야겠다는 생각이 들어 데살로니가후서를 쓰게 된다.

(2) 감사와 격려

바울은 처음 서신에서와 같이 데살로니가 성도들이 서로 사랑하고 환난과 박해 중에도 보여주는 그들의 인내와 믿음은 다른

48) 일종의 가짜 교사이다.

교회들에게 자랑할 만하다고 밝힌다. 따라서 '주 예수께서 자기의 능력의 천사들과 함께 하늘로부터 불꽃 가운데에 나타나실 때 하나님을 모르는 자들과 우리 주 예수님의 복음에 복종하지 않는 자들에게 형벌을 내리시리니'(살후 1:7~8)라고 하면서 가짜 계시자들을 직접 지칭하지 않고 우회적으로 가리킨다.

바울은 '우리 하나님이 너희를 부르심에 합당한 자로 여기시고 우리 주 예수 그리스도의 이름이 너희 가운데서 영광을 받으시고 너희도 그 안에서 영광을 받게 함이라'(살후 1:11~12)라고 하면서 그곳 교인들에게 감사하고 격려함으로써 바울이 교인들의 심리적인 움직임을 잘 파악하고 있음을 보여준다.

연이어 제2장에서는 가짜 계시자들의 존재에 대해 언급한다. '그는 교인들에게 그들이 영적예언(Prophecy)으로 또는 우리에게서 받았다고 하는 편지로 주의 날[49]이 이르렀다고 해서 쉽게 마음이 흔들리거나 두려워하거나 하지 말아야 한다는 것이라'(살후 2:2)고 한다. 바울은 '멸망의 아들[50]이 나타나기 전에는 그날이 이르지 아니하리니'(살후 2:3)라고 알려준다.

불법한 자 곧 멸망의 아들이 나타나면 '주 예수께서 그 입의 기운으로 그를 죽이시고 강림하심으로 나타나시므로'(살후 2:8) 그를 없앨 것이다. 왜냐하면 '그들이 진리의 사랑을 받지 아니하여 구원을 받지 못함이라'(살후 2:10)라고 한다.

---

49) 예수님 재림의 날

50) 마 24:11, 22 동 23, 24 참조. 멸망의 아들은 적 그리스도, 거짓 선지자들

바울은 '이를 위하여 우리의 복음으로 너희를 부르사 우리 주 예수 그리스도의 영광을 얻게 하려 하심이라'(살후 2:14) 그리하여 '너희 마음을 위로하시고 모든 선한 일과 말에 굳건하게 하시기를 원하노라'(살후 2:17)라고 축원한다.

(3) 추가적 당부

데살로니가 교인들에게 바울이 축원까지 한 후 한 가지 간곡한 당부를 한다. 바울은 주 예수 그리스도의 이름으로 자신과 동역자들이 일러준 대로 행하지 아니하고 다른 문제를 가르치는 자들에게서 '떠나라'(살후 3:6) 그런 자들을 교회에서 '쫓아내라'는 강력한 충고를 보낸 것이다.

아울러 우리가 '음식을 값없이 먹지 않고 오직 수고하고 애써 주야로 일함은 너희 아무에게도 폐를 끼치지 아니하려 함이니'(살후 3:8) 우리를 본받아 '누구든지 일하기 싫어하거든 먹지도 말게 하라 하였더니' '너희 가운데 게으르게 행하여 도무지 일하지 아니하고 일을 만들기만 하는 자들이 있다 하니 이런 자들에게 우리가 명하고 주 예수 그리스도 안에서 권하기를 조용히 일하여 먹으라 하노라'(살후 3:10~11) '그러나 원수같이 생각하지 말고 형제같이 권면하라'(살후 15)라고 한다.

(4) 마지막 인사

바울은 친필로 쓴 서신에서 '우리 주 예수 그리스도의 은혜가 너희 무리에게 있을지어다'라며 마친다.

x. 디모데전서

(1) 상황과 사정

디모데전후서, 디도서는 다른 서신들과 달리 수신자가 정해져 있고 목회자로서 디모데와 디도가 갖추어야 할 자질들을 그 스승이 되는 바울이 직접 작성하였다고 하여 18세기 이후 목회서신이라고 부른다. 그에 비해 빌레몬서는 수신자의 이름에도 불구하고 빌레몬 자신뿐 아니라 다른 교인들도 읽도록 쓰여져 목회서신으로 간주되지는 않는다.

디모데는 소아시아의 루가오니아에서 태어났다. 그 성읍은 이고니온에서 약 60km 떨어져 있다. 그의 부친은 헬라인이었고 모친은 유대인이나 예수교로 개종한 신실한 교인으로 디모데가 어머니 영향을 받았을 것으로 추정하나 확실치는 않다.

바울은 제2차 선교 여행 때 디모데를 알게 되었고 그 지방 사람들에게서 교인으로 칭찬받는 인물이었고 그를 만난 바울은 디모데를 가장 좋아하는 제자 겸 동역자로 삼는다.[51] 바울은 유대인들과의 관계를 생각하여 그를 할례를 받게 하고 바울이 데살로니가에서 뵈레아로 피신할 때도 디모데와 그곳에서 함께 지냈다.[52]

---

51) 고전 4:17, 빌 2:19 참조

52) 행 17:14 참조

바울은 자기를 대신하여 디모데를 데살로니가에 보냈다가 실라, 디모데와 함께 고린도에서 복음을 전하였다.[53] 그러다가 또 자기 대신 디모데를 마게도냐로 파송한다.[54] 바울은 예루살렘으로 갈 생각을 하면서 소아시아에 머물러 있었다.

디모데는 바울과 더불어 로마에 있다가[55] 바울이 디모데를 에베소로 보내 그에게 에베소 교회를 맡기게 된다.

디모데전서 집필에는 2가지 설이 있다. 오스티는 바울이 디모데와 에베소에 있다가 디모데에게 그곳 교회를 맡기고 64~65년 마게도냐에 가서 그곳에서 디모데에게 도움과 가르침을 주기 위하여 서신을 썼다[56]고 한다. 그에 비하여 뉴톰슨 주석성경은 바울이 67년 가을 2차로 로마에서 감옥에 투옥되어 그 서신을 썼다[57]고 주장한다. 우리는 바울이 젊은 디모데에게 어려운 일을 맡기고 디모데전서에서 그에게 당부하고 싶어 쓴 내용이 중요하고 쓴 장소는 별로 중요하지 않다고 본다.

---

53) 고후 1:19 참조

54) 행 19:22 참조

55) 빌 1:12 참조

56) Osty성경 p.2473 참조

57) 뉴톰슨 주석성경 p.343

(2) 내용과 가르침

❖ 교리에 대하여

바울은 서신의 모두에서 디모데를 '믿음 안에서 참 아들 된 디모데에게'(딤전 1:2)라면서 그에 대한 친근감을 보이며 교인들에 대한 교육에 대해 논한다.

가장 먼저 에베소 교인들은 헬라 신화와 그 우상들에 젖어 있으니 '신화와 끝없는 족보에 몰두하지 말게'(딤전 1:4) 하고 복음에 의하여 하나님에 대한 믿음을 전파하라고 충고한다. 교육의 목적은 '청결한 마음과 선한 양심으로 믿음에서 나오는 사랑'(딤전 1:5)을 전하는 것이라고 설득한다.

사람들은 교리의 바탕을 율법에서 찾으나 물론 '율법은 사람이 그것을 적법하게만 쓰면 선한 것'(딤전 1:8)이다. 그러나 '율법은 옳은 사람을 위하여 세운 것이 아니요 오직 불법한 자와 복종하지 아니하는 자와 경건하지 아니한 자와 죄인 등 거짓말하는 자와 거짓 맹세하는 자와 바른 교육을 거스르는 자를 위함이니'(딤전 1:8~10) 예수 그리스도의 사랑의 복음이 율법을 대신함을 알려준다.

❖ 바울의 자기고백

바울은 젊은 시절 열렬한 바리새인으로 복음의 '비방자요, 박해자요, 폭행자'였으나 그 모든 것은 그가 그리스도 주 예수님을 아직 '믿지 아니할 때에 알지 못하고 행하였음이라'(딤전 1:13) 그럼에도 불구하고 '나를 충성되이 여겨 내게 직분을 맡기심이니'(딤전 1:12) 그러나 '그리스도 예수께서 죄인을 구하시려고 세상에 임하셨도다 죄인 중에 내가 괴수니라'(딤전 1:15)라고 하면서 젊은 시절을 요약한다.

그런데도 '내가 긍휼을 입은 까닭은 예수 그리스도께서 내게 먼저 일체 오래 참으심을 보이사 후에 주를 믿어 영생 얻는 자들에게 본이 되게 하려 하심이라'(딤전 1:16) 그럼에도 '주의 은혜가 그리스도 예수 안에 있는 믿음과 사랑과 함께 넘치도록 풍성하여'(딤 1:13) 자기가 영광의 사역을 행하게 되었다고 고백한다.

그러니 '아들 디모데야 내가 네게 이 교훈으로 명하노니 전에 너를 지도한 예언을 따라 그것으로 선한 싸움을 싸우며 믿음과 착한 양심을 가지라. 어떤 이들은 이 양심을 버렸고 그 믿음에는 파선하였느니라'(딤전 1:18~19)라고 하며 사랑하는 디모데에게 자기가 가르친 것을 따르라고 간곡히 권면한다.

❖ 예배에 대한 충고

바울은 우선적으로 예배를 드리면서 먼저 '임금들과 높은 지위에 있는 모든 사람을 위하여' 간구와 기도와 간청과 감사를 드리라고 하는 것은 권력에 아부하기 위하여가 아니라 '우리가 모든 경건과 단정함으로 고요하고 평안한 삶을 하려 함이라'(딤 2:1~2)라고 설명한다.

'하나님은 모든 사람이 구원을 받으며 진리를 아는 데에 이르기를 원하시는데'(딤전 2:4) '하나님과 인간 사이에 중보자도 한 분이시니 곧 사람이신 그리스도 예수라 그가 사람을 위하여 자기를 대속물(Ransom)으로 주셨으니'(딤전 2:6) 나는 그 '전파자와 사도로 세움을 입은 것'이라 '믿음과 진리 안에서 내가 이방인의 스승이 되었노라'(딤전 2:4~7)고 자임한다.

바울은 디모데에게 자기와 같이 믿음과 진리를 전하는 것이 예배의 중요 과제인데 그것을 위하여 '남자들이 분노와 다툼없이 거룩한 손[58]을 들어 기도하기를 원하노라'

또 이와 같이 여자들도 단정하게 옷을 입으며 소박함과 적절하게 꾸미고 지나치게 정교한 머리 스타일이나 금이나 진주나 값진 옷으로 치장하지 말고 오직 선행으로 하나님을 경외하는 자에게 마땅하게 치장하기를 원한다. 만일 여자들이 정숙함으로써 믿음과 사랑과 거룩함에 거하면 임신 출산으로 구원을 얻으리라(딤전 2:8~15)고 구체적이고 실제적인 충고를 준다.

❖ 감독[59]과 집사 직분

교인들은 교회 내의 직분들에 대한 선망을 가지게 된다. 어떤 젊은 교인이 장로가 되면 교회에서 연륜이 높고 봉사도 열심히 한 교인은 자괴감을 느낀다. 사회에서와 마찬가지로 명분이 충분한 교우를 선택하는 것이 쉬운 일이 아니다.

---

58) 거룩한 손은 마음과 뜻을 다하는 간절함

59) 감독은 장로에 해당하는 직분이다.

바울은 우선적으로 감독(Oversees)은 '책망할 것이 없으며 한 아내의 남편이며 절제하고 신중하며 단정하며 가르치기를 잘하며 나그네를 잘 대접하며 술을 즐기지 아니하며 오직 관용하며 돈을 사랑하지 아니하며 자기 집을 잘 다스려 자녀들도 공손함으로 복종하게 하는 자라야 할지니'(딤전 3:2~4)라고 자기 나름의 기준을 제시한다.

❖ 집사(Deacons)

집사 직분도 가볍게 생각하면 안 된다. 바울은 '이와 같이 집사들도 정중하고 일구이언하지 아니하고 술에 연연하지 아니하고 더러운 이익에 탐하지 아니하고 깨끗한 양심에 깊은 믿음의 진리를 품고 있는 자라야 할지니 이에 이 사람들을 먼저 시험하여 보고 그 후에 책망할 것이 없으면 집사의 직분을 맡게 할 것이요'(딤전 3:8~10)라 한다.

여자들도 이와 같이 정숙하고 모함하지 아니하며 절제하며 모든 일에 충성된 자라야 할 지니라(딤전 3:11) '내가 속히 네게 가기를 바라나'라고 하는 보조 설명은 바울이 에베소에 갈 수 있는 곳에 있음을 암시하기 때문에 바울이 로마가 아닌 마게도냐에 있을 가능성을 넌지시 보여준다고 하는 해석이 가능하다.

여하튼 바울은 교회는 살아계신 하나님의 집이고 '육신으로 나타난 바 되시고 영으로 의롭다 하심을 받으시고 천사들에게 보이시고 만국에서 전파되시고 세상에서 믿은 바 되시고 영광 가운데서 올려지신'(딤전 3:15~16) 예수 그리스도의 터전이라고 한다.

그러면서 '내가 속히 네게 가기를 바라나 이것을 네게 쓰는 것은 하나님의 집을 맡은 너에게 어떻게 그 집에서 처신하여야 할지를 알려주려 한 것이며 그 집은 살아계신 하나님의 교회이고 진리의 기둥과 터이기 때문이라'고 설명한다.(딤전 3:14~15)

❖ 과부, 장로, 종

바울은 교리적인 원칙만 가르쳐 줄 뿐 아니라 교인 중에서 특히 신경을 써야 하는 과부, 장로, 종과의 관계와 처우에 대한 실제적인 충고를 한다.

노인들은 사소한 잘못을 하여도 꾸짖지 말고 부모처럼 대하고 젊은 여자들은 자매 대하듯 하고 과부에게 신경을 쓰라고 충고한다. 특히 참 과부, 즉 부양가족이 없는 과부를 존대하라고 한다. 그들은 하나님께 소망을 두고 주야로 간구와 기도를 드리는 사람들이라고 알려준다.(딤전 5:3~5)

향락을 즐기는 사람은 멀리하고 자기는 향락으로 책망받지 않도록 하고 친족 특히 가족을 돌보지 않는 자는 불신자보다 더 악한 자라고 낙인을 찍는다. 60 이상의 선한 행동을 하는 과부만 과부 명부에 올리고 젊은 과부는 정욕으로 시집가고자 할 수 있으니 명부에 올리지 말라고 한다.

교인들 중 게으르고 쓸데없는 말만 하는 사람은 없는 일을 만든다. 장로의 고발은 최소 두세 증인이 없으면 받지 말라 범죄한 사람은 모든 사람 앞에서 꾸짖어 다른 사람들이 두려워하게 하라.

공평하게 일을 처리하고 아무에게나 안수하지 말라. 죄는 결국 밝혀지며 선행도 드러나기 마련이다.(딤전 5:9~25)

❖ 디모데에게 주는 권면

바울이 디모데에게 개인적으로 권면하는 것은 '하나님의 말씀과 기도로 거룩'하여지고 '그것으로 형제들도 깨우치라'는 것이다. '망녕되고 허탈한 신화를 버리고' '믿음의 말씀과 기도는 예수의 좋은 일꾼을 만들고' 경건에 이르게 한다고 가르친다.(딤전 4:5~6)

육체의 연단은 약간의 유익은 있으나 경건은 범사에 유익하니 금생과 내세의 약속이 있다(딤전 4:5~8)고 하면서 생활 속에서의 경건을 권하며 디모데의 연소함을 낮추어 보려는 일이 없도록 '말과 행실 사랑과 믿음과 정결'의 본과 인격의 성숙함을 보여줄 것을 강력히 권고한다.

끝으로 바울은 디모데에게 '선한 싸움을 싸우라'고 격려하면서 미혹에서 벗어나 '우리 주 예수 그리스도께서 나타나실 때까지 흠도 없고 책망받을 것도 없는' 삶을 살도록 권유하며 '은혜가 너희와 함께 있을지어다'(딤전 6:10~21)라고 하며 마친다.

xi. 디모데후서

(1) 상황

바울은 디모데전서를 쓴 후 66년 서바나에 잠시 다녀온다. 64년 로마의 대화재를 기독교인들의 행위로 몰아붙이고 교인들에 대한 박해가 보다 격렬해지자 자기의 처형도 가까워졌음을 느끼게 된다. 네로의 박해와 함께 같이 있던 형제들도 뿔뿔이 떠나가고 찾아오는 사람도 없고 아무리 법정에서 설득력 있는 변론을 펼쳐도 아무 소용이 없었다. 자기와 함께하는 동역자는 누가뿐이다.

이러한 고립무원의 상황에서 다가오는 죽음을 느끼면서도 보고 싶은 인물은 디모데였다. 제1차 선교 여행 때 바울의 설교에 감화를 받고 디모데는 복음의 믿음으로 회심하였고[60] 디모데를 유능한 동역자로 본 바울은 제2차 선교 여행 때 그가 할례를 받지 않아 비난을 받지 않을까 우려하며 루스드라에서 그에게 할례를 받게 하였다.[61]

3차 여행 때에는 예고된 것처럼 디모데는 바울과 함께 일하였으며 에베소, 마게도냐, 고린도에서는 바울 대리인으로 전도 활동을 하기도 하였다. 바울이 로마 감옥 1차 투옥에서 풀려나자 바울은 디모데와 빌립보에 갔었고 그 후 디모데가 에베소 교회

60) 고전 4:17 참조

61) 행 16:1~3 참조

를 맡아 이끌게 하였다.

그러나 64년 로마가 대화재로 잿더미가 되자 네로황제는 그것이 기독교인들의 탓이라고 몰아붙이고 기독교인들에 대한 박해와 살해가 심각해지자 석방될 것이라고 예상되던 바울은 로마 법정에서의 훌륭한 변론에도 석방 대신 처형되리라는 예상이 확실하게 되었다.

바울의 상황이 그렇게 되자 그를 도왔던 형제들은 모두 떠나고 누가만 남게 되었다. 디모데를 정신적인 아들로 생각하는 바울은 디도서를 쓴 후 디모데후서를 써서 그에게 감사하며 격려하고 그의 소명을 상기시키는 서신을 보내며 속히 와달라고 하고 두기고 편으로 서신을 보낸다.

❖ 인사와 격려 내용

바울은 디모데에게 다시 편지하면서 하나님 아버지와 '그리스도 예수 우리 주의 은혜와 긍휼과 평강이 있기를 기원한다'(딤후 1:1~2) 바울은 디모데의 '청결한 양심'과 거짓이 없는 믿음을 높이 평가한다.

바울은 하나님이 우리에게 '두려워하는 마음'이 아니고 '오직 능력가 사랑과 절제하는 마음'을 주셨으니 오로지 '하나님 능력을 따라 복음과 함께 고난을 받으라'(딤후 1:8)고 권면한다. 그것은 바울이 보기에 디모데는 능력은 있으나 담대한 의지력이 좀 약하다고 보기 때문이 아닌가 생각된다.

바울은 이미 주 예수 그리스도가 오시어 십자가의 고난을 받으시고 죽으신 후 부활하시어 '사망을 폐하시고 복음으로써 생명과 썩지 않을 것을 드러내신지라 내가 이 복음을 위하여 선포자와 사도와 교사로 세우심을 입었노라'(딤후 1:10~11)라고 확언한다.

디모데 '너는 내가 믿는 자[62]를 내가 알고 또한 내가 의탁한 것[63]을 그날까지 그가 능히 지키실 것을 확신함이라 너는 그리스도 예수 안에 있는 믿음과 사랑으로써 내게 들은 바 바른 말[64]을 본받아 지키고 우리 안에 거하시는 성령으로 말미암아 네게 부탁한 아름다운 것[65]을 지키라'(딤후 1:13~14)라고 강조한다.

바울은 디모데가 '청결한 양심'과 '거짓 없는 믿음'의 사람인 줄 아나 나이가 젊으니 '너는 청년의 정욕을 피하고 주를 깨끗한 마음으로 부르는 자들과 함께 의와 믿음의 화평을 따르라'(딤후 2:22)면서 미혹을 뿌리치고 고난을 이기신 예수 그리스도를 본받고 '참으면 또한 함께 왕 노릇할 것이요 우리가 주를 부인하면 주도 우리를 부인하실 것이라'(딤후 2:12)고 일러준다.

아울러 교회를 맡아 교인들을 지휘·감독하는 위치에 있는 디모데는 언제나 하나님과 예수님의 마음을 따라 '거역하는 자를

---

62) 하나님과 예수님

63) 생명

64) 복음의 진리

65) 복음 전도의 사명

온유함으로 훈계할지니 혹 하나님이 그들에게 회개함을 주사 진리를 알게 하실까 하며 그들로 깨어 마귀의 올무에서 벗어나 하나님께 사로잡힌 바 되어 그 뜻을 따르게 하실까 함이라'(딤후 2:25~26) 한다. 그러니 진리의 깨달음을 이루기 전에 온유함으로 거역하는 자를 이끌라는 것이다.

❖ 개인적인 권면

디모데는 바울이 자기에게 전한 교훈과 행실과 믿음과 오래 참음과 인내를 알고 있다. 안디옥을 비롯한 여러 곳에서 당한 박해를 극복하고 바울이 이길 수 있었던 것은 디모데가 본 바와 같이 '주께서 이 모든 것 가운데에서 나[66]를 건지셨느니라'(딤후 3:11)라고 알려준 것이다.

바울은 '무릇 그리스도 예수 안에서 경건하게 살고자 하는 자는 박해를 받으리라'(딤 3:12)라고 예고하면서 디모데는 배운 대로 확신을 갖고 살라고 권면하며 특히 성경의 움직일 수 없는 장점을 이야기한다.

'어려서부터 성경을 알았나니 성경은 능히 너로 하여금 그리스도 예수 안에 있는 믿음으로 말미암아 구원에 이르는 지혜가 있게 하느니라 모든 성경은 하나님의 감동으로 된 것으로 교훈과 책망과 바르게 함과 의로 교육하기에 유익하니 이는 하나님의 사람으로 온전하게 하여 모든 선한 일을 행할 능력을 갖추게 하

66) 바울

려 함이라'(딤후 3:15~17)

바울은 성경은 가르치는 교재로도 유용하지만 성경을 아는 디모데나 누구에게도 성경을 읽는 것은 지혜와 능력을 준다는 것을 강조하고 성경을 계속 읽는 것이 고난을 이기고 주 예수 그리스도를 닮기 위한 유일한 지침서 임을 강조한다. 그러니 '너는 말씀을 전파하라 때를 얻든지 못 얻든지[67] 항상 힘쓰라 범사에 오래 참음과 가르침으로 경책[68]하고 경계하며 권하라'(딤후 3:15~4:2)

바울은 평생 '선한 싸움을 싸우고 이제 떠날 시각이 가까워졌으나 의로우신 재판장이 자기를 위하여 면류관을 준비하셨을 것이니 누구나 주를 사모하는 자 또한 그 면류관을 받을 것'이라고 한다.

❖ 마지막 개인적 부탁

바울은 주위에 함께 있던 도움을 주던 자들이 모두 떠나고 누가만 남았으니 마가를 데리고 오라고 부탁한다. 그리고 겨울이 오니 드로아 가보 집에 둔 겉옷과 양피지에 쓴 두루마리를 가져오라고 한다.

구리 세공업자 알렉산더는 해를 끼치는 인물이라 주의하라고 하면서 바울은 '주께서 나를 모든 악한 일에서 건져내시고 또 그

67) 형편이 좋든지 나쁘든지 관계없이의 뜻

68) 견책하며 즉 가볍게 꾸짖으며

의 천국에 들어가도록 구원하시리니 그에게 영광이 세세무궁토록 있을지어다. 아멘'(딤후 4:18)

끝으로 브리스가[69]와 아굴라, 오네시보로[70] 집에 문안을 당부하고 형제들의 문안을 전하며 '은혜가 너희와 함께 있을지어다'(딤후 4:22) 하고 마친다.

xii. 디도서

(1) 인물과 상황

디도서는 바울이 디모데전서를 쓰고 1차 투옥에서 풀려난 후 서바나에 다녀와 66~67년에 쓴 목회서신이다. 디도는 수리아 안디옥 출신의 헬라인으로 할례를 받지 않았고 바울의 감화로 복음의 믿음을 받아들였다. 그는 바울의 2차 예루살렘 여행에 동행하며 교회의 원로들을 설득하는 데 바울을 도왔다.[71]

그 후 바울은 신뢰할 수 있는 디도에게 자기가 세운 그레데 교회를 맡겼다. 그레데는 고대 헬라에서 동방 문명을 처음으로 받아들인 유래 깊은 섬이지만 그레데인들은 오래전부터 사기성이 있고 믿을 수 없는 사람들이었고 따라서 그곳에서 교회를 꾸려나가기가 쉽지는 않을 것이라고 생각하고 바울이 동역자 중에서

---

69) 브리스길라

70) 에베소에서 봉사해준 집

71) 고후 7:13~14

믿을 수 있는 디도에게 그곳의 사역을 맡겼다.

디도는 그레데 교회가 자립할 수 있게 되자 로마로 와 바울 가까이 있었으나 64년 이후 기독교인들에 대한 박해가 심해지자 디도는 난도 피하고 선교도 할 겸 달마디아로 떠난다.

디도서는 디모데후서를 쓰기 전에 그레데 교회를 위하여 고생을 하고 있는 디도에게 바울이 가능한 도움을 주기 위해 두 번째 투옥되었을 때 쓴 서신이다.

(2) 주제와 내용

❖ 장로 선정

바울은 '참 아들 된 디도에게 하나님 아버지와 그리스도 예수 주 우리 구주로부터 은혜와 평강이 네게 있을지어다'(딛 1:4)라고 인사한다. 그리고 편지를 쓴 것은 디도에게 당부할 일이 있어서이다.

신생 교회에 여러 가지 할 일이 많이 있겠으나 바울은 디모데 혼자 모든 일들을 처리하는 것은 너무 힘들 뿐 아니라 교회의 자립을 위해서도 교회 성도들 중에 연륜이 있는 사람들이 장로가 되어 디도를 돕게 하여 교회 발전을 이룰 수 있다고 생각한 것이다. 바울은'내가 한 대로 각 성에 장로들을 세우게 하려함이다'(딛 1:5)라고 언급한다.

바울은 장로는 '책망할 것이 없고 한 아내의 남편이며 방탕하다는 비난을 받거나 불순종하는 일이 없는 믿는 자녀를 둔 자라

야 할지라'(딛 1:6)

바울은 장로 되는 사람은 가정생활에 흠이 없고 자녀 교육도 정상으로 할 뿐 아니라 세평에서 부정적인 것이 없는 원만하고 책망이나 원망받지 않을 인물이어야 한다는 것을 우선적으로 꼽는 것이다.

'감독[72]은 하나님의 청지기[73]로서 책망할 것이 없고 제 고집대로 하지 아니하며 급히 분내지 아니하며 술을 즐기지 아니하며[74] 구타하지 아니하며 오직 나그네를 대접하며 선행을 좋아하며 신중하며 의로우며 거룩하며 절제하며 기쁜 말씀의 가르침을 그대로 지켜야 하리니 능히 바른 교훈으로 권면하고 거슬려 말하는 자를 책망하게 하려 함이라'(딛 1:7~9)

장로는 대인관계가 원만하고 봉사 정신을 가졌으며 신뢰감을 주고 교인들을 바르게 교훈하며 부당하게 불만을 일삼는 사람을 책망으로 바로잡을 수 있는 영향력이 있어야 한다고 강조한다. 바울의 주문은 상당히 여러 가지이면서 그가 대인관계에서 느끼고 알게 된 것을 모두 쏟아놓는다.

바울은 할례자들 중에 '불순종하고 헛된 말을 하며 속이는 자가 많다'(딛 1:10)고 지적한다. 왜냐하면 자기 역시 정통 할례파 바리새인으로 환시를 체험하기 전까지는 자존심이 지나치게 강하여 복음을 따르는 교인들을 무조건 학대하고 비할례자들을 마

72) 감독은 일의 성과와 결과를 평가하는 책임을 지니지만 교회 내에서 장로와 같은 직분을 하고 그와 동의어로도 사용된다.

73) 관리인

74) 술을 금하는 것은 아니고 극도로 절제하는 것을 말한다.

구 대하였기 때문이다.

아울러 그레데인들에 대한 부정적인 시각을 지적한다. '그레데인들은 항상 거짓말쟁이며 악한 짐승이며 배만 위하는 게으름뱅이라'(딛 1:12) 그러나 그레데인들 모두가 그처럼 못된 인간일 수는 없으나 바울은 자기가 가진 선입견을 보편화하여 디도에게 경각심을 주고 그 점을 참작하여 교인들을 대하도록 주의를 준 것이다.

❖ 바른 가르침

바울이 교회의 장로직에 대한 모든 생각을 쏟아낸 것은 디도가 교회의 운명과 발전에 그것이 중요하기 때문이었으나 그는 목회자로서 장로의 도움을 받아 교인들에 바른 가르침을 주어 그들의 믿음을 바르게 이끌어야 정신적으로 성숙한 교회로 성장, 발전할 수 있기 때문이다.

바울은 디도에게 교인들을 몇 가지 무리로 나누고 각 무리들에게 해당하는 맞춤 교훈을 주도록 권장한다. '늙은 남자는 절제하며 경건하며 신중하며 믿음과 사랑과 인내함에 온전하게 하고 늙은 여자는 이와 같이 행실이 거룩하며 모함하지 말며 많은 술의 종이 되지 말게 하며 선한 것을 가르치는 자들이 되고 그들이 젊은 여자들을 교훈하게 하되 그 남편의 자녀를 사랑하며 신중하며 집안일을 하며 선하며 자기 남편에게 복종하게 하라 이는

하나님의 말씀[75)]이 비방을 받지 않게 하려 함이라'(딛 2:1~5)

한마디로 남편의 권위를 인정하고 세워주되 남자들은 가족 구성원을 올바른 교훈으로 이끌고 남들에게서 부끄러움을 받지 않도록 행동하라고 권면한다. 종들은 상전을 받들며 정직하고 신실한 행동으로 범사에 우리 구주 하나님의 교훈을 빛나게 하라고 충고한다. 바울 역시 오래전부터 전해지는 남편의 기존 권위를 지키라고 하면서 사회적 질서를 해치지 않은 것이 바람직하다고 생각한다.

그러나 우리 구주 하나님은 자비와 사랑으로 우리를 구원하시되 우리의 의에 따라 행하시지 않고 그의 긍휼하심과 성령으로 새롭게 하셨음을 잊지 말라고 당부한다.

바울이 우리가 의롭다 하심을 얻어 영생을 소망할 수 있게 되는 것은 오로지 우리 구주 예수 그리스도의 은혜를 입어 가능한 것이니 그것은 '하나님을 믿는 자들로 하여금 조심하여 선한 일을 힘쓰게 하려 함이라'(딛 3:5~8)고 전한다.

그러니 우리는 족보나 분쟁이나 율법 등에 대한 이야기는 무익하고 헛된 것이니 피하되 이단에 속한 사람은 '한두 번 훈계한 후에 멀리하라'(딛 3:10)고 충고한다.

---

75) 하나님은 여자가 남편에게 복종하라고 하며 남편은 아내를 존중하라고 하셨다.

바울은 아데마나 두기고를 그곳에 보낼 예정이고 자기는 니고볼리에서 겨울을 보낼 것이니 디도를 그곳으로 오라고 한다. 그리고 율법 교사 세나와 아볼로를 급히 먼저 보내겠다고 하고 자기와 함께 있는 자들과 함께 문안을 하며 은혜가 있기를 축원하고 마친다.

xiii. 빌레몬서

(1) 상황

예수님은 사랑과 함께 용서를 가르치신다. 그러니 용서는 사랑 속에 포함되어 서로 분리될 수 없는 복음의 핵심을 이룬다. 빌레몬서는 신약성경에서 가장 짧은 서신이면서 용서를 주제로 하는 유일한 서신이다.

빌레몬서는 에베소서, 빌립보서, 골로세서와 함께 옥중에서 쓰여졌다. 개인을 수신자로 하고 있으나 그의 가족과 빌레몬의 집에서 예배를 드리는 교인들도 읽을 수 있도록 하고 목회서신은 아니지만 교회에 대한 언급도 있다.

빌레몬은 골로새에서 상당한 재산을 지닌 유력자로 아마도 노예도 다수 있다고 생각된다. 그 노예들 중에서 오네시모라는 노예는 빌레몬의 집에서 탈출하여 국제적인 대도시를 찾아왔다가 그곳에서 바울을 만났다. 천성이 나쁘지는 않은 오네시모는 바울의 가르침을 받고 바울과 깊은 친분을 갖게 되고 바울에게 헌신적인 도움을 주어 형제 같은 사이가 되었다.

그러나 바울은 오네시모는 골로새의 빌레몬에게 돌아가야 한다고 생각하고 1차 투옥되었을 때 두기고와 함께 빌레몬에게 돌려보내겠다고 결정한다.

바울은 제3차 여행 때에 에베소에서 빌레몬을 복음으로 인도하였고 빌레몬은 교인들의 집회를 자기 집에서 갖도록 개방하였다. 빌레몬의 심성을 알고 있는 바울은 예의바르고 아름다운 편지로 오네시모를 받아들여 주기를 간곡히 청하는 서신을 보낸다.

(2) 감사의 인사

바울과 디모데는 빌레몬과 그 가족 그리고 교회에 편지하며 하나님 아버지와 주 예수 그리스도의 은혜와 평강이 모두에게 함께하기를 기원한다.

바울이 하나님께 감사드리고 기도할 때 빌레몬이 예수님과 성도들에 대한 사랑과 믿음을 기억하고 성도들의 마음이 빌레몬으로 평안함을 얻게 한 것에서 기쁨과 위로를 받았다고 밝힌다.

❖ 오네시모를 위한 청원

예수 그리스도를 위하여 옥에 갇힌 바울은 투옥 생활 중에서 얻은 '아들 오네시모'를 위하여 서신을 쓴다고 말한다. 오네시모가 전에는 바울에게 무익하였으나 이제는 나와 너에게 유익하고 그는 나의 '심복'이라고 하면서 아마도 바울이 연로하고 무엇보다 처형이 가까웠다고 느끼고 빌레몬의 '선한 일이 억지같이 되지 아니하고 자의로 되게 하려 함'(몬 1:14)으로 일단 빌레몬에게 보내고자 한다고 전한다.

그러면서 '그[76]가 잠시 떠나게 된 것은 너로 하여금 영원히 두게 함이리니'(몬 1:15)라고 해석하며 아무쪼록 '이 후로는 종과 같이 대하지 아니하고 종 이상으로 곧 사랑받는 형제로 둘 자라 내게 특별히 그러하거든 하물며 육신과 주 안에서 상관된 네게랴 그러므로 네가 나를 동역자로 알진대 그를 영접하기를 내게 하듯 하고 그가 만일 네게 불의를 하였거나 네게 빚진 것이 있으면 그것을 내 앞으로 계산하라'(몬 1:16~18)

바울은 빌레몬으로 기쁨과 그리스도 안에서 평안을 얻게 하기를 기원하면서 자기가 그곳에서 여생을 보낼 수 있도록 자기 숙소를 마련해 줄 것을 당부한다.

끝으로 함께 갇힌 에바브라와 동역자 마가, 아리스다고 데마, 누가와 함께 문안하면서 주 예수 그리스도의 은혜가 빌레몬의 심령과 함께하기를 축원한다.

❖ 남는 말

빌레몬서는 예수님의 사랑과 용서를 담은 아름다운 변론 서신이다. 바울은 오네시모를 위하여 짧지만 감동적인 서신을 썼고

---

76) 오네시모

빌레몬 역시 오네시모의 행위를 용서할 마음은 바울과 같으리라 생각된다.

그러나 현실적으로 그러한 용서를 받아들이기가 생각처럼 간단하고 쉬운 일은 아닌 듯하다. 마음으로는 용서를 하여도 종이었던 오네시모를 바울처럼 대접할 수 있을까 그렇게 된다면 빌레몬의 종들은 모두 달아났다가 돌아와 바울과 같은 대접받기를 원할 수 있으므로 바울의 간청은 실현하기 어렵지 않을까 생각된다.

(b) 공동 서신

i. 히브리서

(1) 인사와 상황

히브리서는 성경에서 발신자가 없고 정해진 수신자도 없는 신비한 서신이다. 단지 내용적으로 유대교를 신봉하다가 그리스도인들이 된 사람들을 위한 서신임을 알 수 있을 뿐이다.

뉴톰슨 주석성경은 영어 흠정성경에서 이 서신을 '히브리인들에게 보내는 바울의 편지'라는 표제가 붙어 있다[77]고 한다. 유대인 가정에서 태어나 바리새인으로서 교육받은 바울이 썼을 가능성을 완전 배제할 수는 없으나 뉴톰슨 히브리서에서 '우아한 헬

---

77) 뉴톰슨 주석성경 p.353 참조

라어법'이 발견되는 것으로 보아 히브리서는 이방인들을 위하여 쓴 것이라고 주장하기도 하고 수신인이 유대 그리스도인이었다는 전통적 견해가 타당성이 있다고 생각된다.

뉴톰슨 주석성경은 히브리서가 알렉산드리아에서 70인 학자가 번역한 성경만을 고집한다고 밝혔는데[78] 여러 가지 고문헌들을 참고하고 히브리서의 문체와 담긴 사상을 검토한 오스티는 히브리서가 바울의 사상을 충실히 반영하고 있어 바울 주변의 동역자가 쓴 것이 분명하다고 하면서 알렉산드리아 출신의 아볼로가 썼다고 주장한다.

아볼로는 알렉산드리아에서 통용되는 여러 가지 언어를 익히고 학문에 정통한 이름 있는 유대인 지도자[79]로 바울의 인정을 받고 바울이 아가야 지방에 건너가 복음을 전파하라고 당부하였고[80] 함께 바울이 고린도에서 사역하게 하였으며[81] 그 후 재차 고린도에서 사역하도록 권고를 한다.[82]

(2) 주제 내용

히브리서의 가장 중요한 주제는 그리스도교 복음의 우월성이

---

78) 뉴톰슨 주석성경 p.353 참조

79) 바울이 아볼로를 높이 평가하였다. 고전 4:6

80) 행 18:27~28

81) 고전 1:12, 3:4

82) 고전 16:12

다. 구약성경은 하나님의 뜻과 말씀을 여러 선지자들이 부분적으로 전하였는데 신약성경 시대에는 하나님의 뜻과 말씀을 하나님의 독생자이신 예수 그리스도를 통하여 완전한 형태로 가르침을 전한다.

인성과 신성을 갖추고 오신 그리스도 예수님은 선지자나 천사들처럼 단순히 전하기 위해 오신 것이 아니라 인간의 모든 죄악을 짊어지시고 인간을 구원하기 위하여 오신 분이다. 그리하여 흉악한 죄인처럼 취급되어 십자가에서 견디기 어려운 고난을 받으시고 돌아가신 후 사흘 후에 부활하시고 하나님 우편에 앉아 산 자와 죽은 자를 심판하시고 때가 이르면 이 세상에 영광 중에 다시 오시기로 약속하셨다.

유대교는 모세 5경에 집착하고 모세가 하나님의 뜻을 전달하는 일꾼이지만 인간으로 오신 예수 그리스도는 죽은 자들도 살리시는 능력으로 많은 난치병 환자도 치유하신 하나님의 아들이시다. 예수 그리스도는 멜기세덱의 반차를 따른 영원한 제사장이면서 인류의 구원을 위하여 오셨다. 그러므로 그리스도교는 발전적으로 유대교를 이어받고 그것을 뛰어넘는 믿음인 것이다. 히브리서는 그러한 기독교의 우월성을 몇 가지 단계로 전개한다.

❖ 교의상의 Dogmatic 우위성

하나님께서는 천사들에게 한 번도 '너는 내 아들이라 오늘 내가 낳았다'(시 2:7) 하지 않으셨고 '나는 그에게 아버지가 되고 그는 내게 아들이 되리라'(삼하 7:14) 또는 예수님 이외의 존재에게

'이는 내 사랑하는 아들이요 내 기뻐하는 자라'(마 3:17) 하신 적이 없다.

모든 피조물은 '멸망할 것이나 오직 주[83]는 영존할 것이요 그것들은 옷과 같이 낡아지리니 의복처럼 갈아입을 것이요 그것들은 옷과 같이 변할 것이나 주는 여전하여 연대가 다함이 없으리라'(시 102:25)고 하신 것은 예수님의 영원하심을 나타내는 것이다. 그러니 옛것 즉 유대교는 가고 새것 즉 하나님 아들의 그리스도교가 새 땅을 건설하게 된 것이다.

❖ 그리스도의 품성의 우위성

자녀들은 혈과 육에 속하였으매 그[84]도 또한 같은 모양으로 혈과 육을 함께 지니심은 '죽음을 통하여 죽음의 세력을 잡은 자 곧 마귀를 멸하시며 또 죽기를 무서워하므로 한평생 매여 종 노릇 하는 모든 자를 놓아주려 하심이라 그러므로 그가 범사에 형제들과 같이 되심이 마땅하도다. 이는 하나님의 일에 자비하고 신실한 대제사장이 되어 백성의 죄를 속량하려 하심이라'(히 2:14~17)

예수 그리스도가 신성을 품으시고 인간으로 오신 것은 인간의 죄를 모두 짊어지시고 인간을 죄에서 해방시키기 위하여 모진 고난을 받으시고 신성으로 부활하시어 인간이 하나님 곁에서 중

83) 예수 그리스도

84) 예수 그리스도

재하실 수 있게 한 것이다.

모세는 하나님의 뜻에 순종하는 종으로 그 집의 일부이지만 그리스도는 하나님의 집을 맡은 아들[85)]로서 그와 같이하셨으니 우리가 소망의 확신과 자랑[86)]을 끝까지 굳게 잡고 있으면 우리는 그의 집이 된다.

❖ 대제사장의 위치

예수 그리스도는 성소를 지키시는 대제사장이시다. '그러므로 우리에게 큰 대제사장이 계시니 승천하신 이 곧 하나님의 아들 예수시라. 우리가 믿는 도리를 굳게 잡을지어다'(히 4:14) 대제사장은 통상 성소의 최고 지위자로 전례의 책임자이다. 예물과 의례를 맡으며 속죄제를 맡으며(히 5:1) 우리의 죄를 하나님 대신 속죄할 수 있다. 그런데 일반적인 대제사장은 레위가 계통의 제사장으로 아론의 반차를 따라 그 직을 수행하나 예수님은 하나님을 대신하여 아브라함의 십일조를 받고 아브라함을 축복한 '멜기세덱의 반차를 따라 영원히 대제사장이 되어 우리를 위하여(지성소의 휘장) 안에 들어가셨느니라'(히 6:20) 그러니 예수님은 대제사장 중에서도 영원한 큰 제사장이시다.

예수님은 '육신에 속한 한 계명의 법을 따르지 아니하고 오직 불멸의 생명의 능력을 따라 되시었다'(히 7:16) 그러니 예수님은

---

85) 집을 관리하는 주인

86) 자부심

모든 대제사장 위에 계시는 가장 큰 대제사장인 것이다.

❖ 그리스도인의 사명과 소망

그리스도가 숨을 거두시는 순간 지성소의 휘장이 둘로 갈라져 찢어진 것은 우리가 아무런 고난과 희생 없이 '우리가 예수의 피를 힘입어 성소에 들어갈 담력[87]을 얻었나니 그 길은 우리를 위하여 휘장 가운데로 열어놓으신 새로운 살 길이요 휘장은 그의 육체니라'(히 10:19~20)

따라서 '우리가 악한 양심으로부터 벗어나고 몸은 맑은 물로 씻음을 받았으니 참 마음과 온전한 믿음으로 하나님께 나아가자. 믿는 도리의 소망을 움직이지 말며 굳게 잡고 서로 돌아보아 사랑과 선행을 격려하며 모이기를 폐하는 어떤 사람들의 습관과 같이 하지 말고 오직 권하며 그 날[88]이 가까움을 볼수록 더욱 그리하자'(히 10:22~25)라고 힘주어 권면한다.

히브리서는 우리는 약속받은 소망을 품고 믿음으로 고난을 이기자고 격려하여 '믿음은 바라는 것들의 실상이요 보이지 않는 것들의 증거니 믿음이 없이는 하나님을 기쁘게 하지 못하나니 하나님께 나아가는 자는 반드시 그가 계신 것과 또한 그가 자기를 찾는 자들에게 상주시는 이심을 믿어야 할지니라'(히 11:1~6)라고 강조한다.

---

87) 담력(Confidence)은 신임, 또는 자격

88) 그리스도의 재림의 날

❖ 마지막 권면

히브리서는 마지막으로 예수님의 기본적인 가르침과 스승의 본받기, 지성소의 성결함, 결혼생활의 중 요청, 선의 수행과 서로의 나누어 주기, 예수 안에서 즐거움의 누림 등을 권면한다. 그리고 끝으로 이달리야에서 온 자들과 함께 너희에게 문안하니 너희도 모든 인도하는 자들과 그곳 모든 성도들에게 문안하면서 은혜가 있기를 축원한다.

❖ 남는 말

히브리서는 바울의 생각과 가르침이 배여 있다고 판단되고 바울의 측근이 자신의 이름으로 그것을 알리기를 원하지 아니하고 유대교에서 그리스도교로 회심한 자들을 위한 서신이라고 추정된다.

ii. 야고보서

(1) 상황과 저자

성경 인물의 이름에는 그 앞에 할아버지, 아버지의 이름이 붙는 경우가 많이 있다. 동명이인인 경우가 많기 때문이다. 그렇지 않고 이름만 나오면 그 주인공을 놓고 의견 일치를 보기 어려운 경우가 흔히 있기 때문이다.

야고보라는 이름도 유대인들에게 흔한 이름이기 때문에 야고보서를 어느 야고보의 서신이냐를 놓고도 여러 가지 이견들이 있다.

첫째 가룟 유다의 아버지 이름이 야고보인데 그와는 다른 야고보가 행 1:13에 나온다. 그 야고보는 12사도 중 하나의 아버지로 야고보서를 썼을 가능성은 거의 없는 편이다.

둘째 알패오의 아들 야고보이다.(마 10:3) 12사도 중의 하나이나 복음서에서 그가 야고보를 썼을 가능성을 찾을 수 없다.

셋째 세베대의 아들 야고보이다. 그는 형제 요한과 더불어 주님의 각별한 사랑을 받았으나 AD 44년에 순교하여 그가 야고보서를 작성하였을 가능성은 매우 낮다.

넷째 예수 그리스도의 형제 야고보이다. 유대교에 젖은 충실하고 경건한 교인으로 예수님 신앙에 별 관심을 갖지 않았다.

그러나 부활하신 예수님이 육신으로 나타나신 것을 확인한 그는 예수님에 대해 굳건한 믿음을 갖게 되었다.(고전 15:7) 그 후 그는 예루살렘 교회의 든든한 '기둥'으로 사역하였다. 그는 62년 예루살렘에서 대제사장의 충동을 받은 무리들의 돌을 맞고 순교하였다.

그가 메시야에 대한 전도에 크게 공헌하였으나 모세의 율법이나 전통적 교리를 부정하지는 않았다.

(2) 내용과 주제

야고보서는 '흩어져 있는 유대의 12지파'에게 보내는 서신(약

1:1)이다. 그러니 유대인들을 위한 서신인데 특히 가나안 외부에 사는 유대인 그리스도인들을 주 대상으로 하고 있다. 따라서 그리스도교로 회심한 저자 야고보처럼 그리스도인이 되었으나 유대교적인 사고방식을 그대로 지니고 있으면서 그쪽으로 다시 돌아가고 싶은 심정도 지니고 있는 유대인들의 믿음을 굳게 지키게 하기 위하여 이 서신을 집필한 것이다.

당시 많은 유대인 그리스도인들은 경제적인 이유와 그리스도인들에 대한 박해 때문에 외국에 나가 살고 있으나 유대 절기를 맞거나 기회가 있으면 고향과 예루살렘을 방문하는 사람들이 많이 있었다.

야고보는 그리스도의 재림을 믿으면서 그리스도의 산상수훈은 중요하게 다루지만 정작 신약성경에 대한 언급은 없어 학자 중에는 야고보서가 공관복음보다 빠른 시기에 집필된 것이라고 주장하는 학자도 있으나 그것은 야고보의 관심에 의하여 그렇게 된 것이지 복음 이전에 쓴 것은 아니라고 본다.

저자가 그리스도의 인성이나 품성에 대해 별다른 언급이 없는 것은 아쉬운 부분이지만 그가 그리스도의 가르침에 충실히 따르면서 야고보는 그리스도교를 교리나 신학적인 관점에서 설명하는 것이 아니라 일상적인 삶에서의 실천적 행동에 초점을 맞추고 있다.

❖ 시련과 인내

그리스도인이 박해를 받는 것은 예수님의 이적을 보고 따르는 무리들이 늘어나자 유대교 지도층과 정치 세력이 그에 대해 두려움을 느꼈기 때문이다. 그뿐 아니라 그리스도인들이 순교를 기쁨으로 받아들이는 것이 더욱 큰 두려움을 준 것이다.

그리하여 야고보는 '내 형제들아 너희가 여러 가지 시험(Trials)을 당하거든 온전히 기쁘게 여기라. 왜냐하면 인내는 연단을 통하여 그것을 극복하고 더 큰 믿음을 갖게 하기 때문이다' 그래서 야고보는 '인내를 온전히 이루라 이는 너희로 온전히 구비하여 조금도 부족함이 없게 하려 함이라'(약 1:2~4)라고 한다.

시련과 인내는 믿음과 상관관계가 있고 믿음은 인내의 바탕이 된다. 믿음이 있기 때문에 시련을 받고 시련을 통하여 믿음이 강해진다. 우리에게 지혜[89]가 부족하면 우리는 '오직 믿음으로 구하고 조금도 의심하지 말라. 의심하는 자는 마치 바람에 밀려 요동하는 바닷물결[90] 같으니'(약 1:6)

그러나 '시험을 참는 자는 복이 있나니 이는 시련을 견뎌낸 자가 주께서 자기를 사랑하는 자들에게 약속하신 생명의 면류관을 얻을 것이기 때문이라'(약 1:12) 이 첫 구절은 예수님의 산상수훈을 떠올리게 한다.

야고보는 '그러므로 형제들아 주께서 강림하시기까지 길이 참으라 보라 농부가 땅에서 나는 귀한 열매를 바라보고 길이 참아 이른 비와 늦은 비를 기다리나니 너희도 길이 참고 마음을 굳건하게 하라 주의 강림이 가까우니라'(약 5:7~8)

---

89) 지혜는 하나님의 뜻을 의미한다.

90) 요동하는 물결은 미혹에 흔들리는 믿음

그는 '형제들아 주의 이름으로 말한 선지자들을 고난과 오래 참음의 본으로 삼으라'(약 5:10)고 하면서 선지자들을 본받기를 권면한다.

❖ 믿음과 실천

야고보는 복음의 말씀으로 우리에게 가르침을 주려고 하지 않고 믿음에 따른 시련의 인내를 당부하면서도 믿음을 삶에서 일상적으로 실천할 것을 강조한다. '너희는 말씀을 행하지 아니하면 그는 거울로 자기의 생긴 얼굴을 보는 사람 같아서 제 자신을 보고 가서 그 모습이 어떠했는지를 곧 잊어버리거니와 자유롭게 율법을 들여다보고 있는 자는 듣고 잊어버리는 자가 아니요 실천하는 자니 이 사람은 그 행하는 일에 복을 받으리라'(약 1:22~25)라고 하면서 실천과 함께 율법을 강조한다.

❖ 율법 따르기

야고보는 신약성경의 신학적 바탕을 세운 바울과는 대조적으로 율법을 따르는 것이 믿음을 실천하고 복을 받는 길이라고 율법을 따를 것을 강조한다. 그러나 바울은 율법은 우리의 죄를 깨닫게 하는 멍에(Yoke)로 예수님과 함께 복음을 믿고 따르는 것이 율법을 대신한다고 주장한다.

우리가 보기에는 바울은 이방인 전도로 온 세계를 복음화하려는 입장이고 야고보는 예수님의 복음을 믿으나 유대의 전통도 지키려는 입장이다. 그러고 보니 야고보는 바울과 다른 관점을 지니는 것이다.

야고보는 '누구든지 온 율법을 지키다가 그 하나를 범하면 모두 범한 자가 되나니 간음하지 말라 하신 이가 또한 살인하지 말라 하셨은즉 네가 비록 간음하지 아니하여도 살인하면 율법을 범한 자가 되느니라 너희는 자유의 율법대로 심판받을 자처럼 말도 하고 행하기도 하라 긍휼을 행하지 아니하는 자에게는 긍휼 없는 심판이 있으리라 긍휼은 심판을 이기고 자랑하느니라'(약 2:10~13)

우리가 보기에 613가지의 율법을 지키는 것은 과도한 금욕주의적 기준이라고 생각된다.

❖ 믿음과 행위

신학적 설명보다 실천을 주장하는 야고보는 '형제들아 만일 사람이 믿음이 있노라 하고 행함이 없으면 무슨 유익이 있으리요 그 믿음이 능히 자기를 구원하겠느냐'(약 2:14) 행함이 없으면 구원도 없다는 것이다. 그리하여 '이와 같이 행함이 없는 믿음은 그 자체가 죽은 것이라'(약 2:17)고 선언한다.

야고보는 아브라함의 예를 든다. '우리 조상 아브라함이 그 아들 이삭을 제단에 바칠 때에 행함으로 의롭다 하심을 받은 것이 아니냐 네가 보거니와 믿음이 그의 행함과 함께 일하고 행하므로 믿음이 온전하게 되었느니라'(약 2:21~22)

물론 행함이 없는 믿음이 공허하고 허탄한 것은 맞지만 아브라함의 경우는 '아브람이 여호와를 믿으니 여호와께서 이를 그의 의로 여기시고'(창 15:6)라고 되어 있다. 그러니 믿음이 먼저이고 그것이 순종과 행함을 이루는 원동력인 것이다.

❖ 두 가지 지혜

야고보는 '선행으로 말미암아 지혜의 온유함으로 그 행함을 보일지니라 그러나 너희 마음속에 독한 시기와 다툼이 있으면 자랑하지 말라 이러한 지혜는 위로부터 내려온 것이 아니요 땅 위의 것이요 정욕의 것이요 귀신의 것이니'(약 3:13~15)라고 한다.

원칙적으로는 선행으로 말미암아 그 행하므로 나타나는 것이 온유한 지혜이니 지혜에는 두 가지가 있어 하늘에서 내려오는 즉 하나님이 주시는 성스러운 지혜가 있고 아울러 육신의 정욕으로부터 비롯되는 악한 지혜가 있다고 한다. 그러니 우리는 오직 위로부터 난 지혜 '첫째 성결하고 다음에 화평하고 관용하며 긍휼과 선한 열매가 가득하고 편견과 거짓이 없는'(약 3:13~17) 성스럽고 하나님이 주시는 의의 열매를 거둘 것을 권면한다.

❖ 부유한 압제자들에 대한 경고

구약 시대에 가난한 자들을 옹호하고 부유한 자들의 압제와 폐해를 고발한 대표적인 선지자는 미가이다. 그 자신도 가난한 농촌 출신으로 태어나 아모스, 호세아 등의 선지자들과 함께 남부 왕국에서 함께 선지자 활동을 한 미가는 가난에 시달리는 압

박받는 자들을 옹호하고 부유한 자들을 강하게 질타하였다.(미 2:1~10)

미가는 가난한 농촌 출신의 '흙수저'로 가난의 피해자였다. 야고보 역시 가난한 시골 목수의 아들로 가난함에서 벗어나지는 못하였다고 추정된다. 그가 자기의 가난을 알리지는 않으나 부자들의 폐해를 당했을 것이다.

그리하여 그는 '들으라 부유한 자들아 너희에게 임할 고생으로 말미암아 울고 통곡하라 너희 재물은 썩었고 너희 옷은 좀먹었으며 너희 금과 은은 녹슬었으니 이 녹이 너희에게 증거가 되며 불같이 너희 살을 먹으리라. 너희가 말세에 재물을 쌓았도다 보라 너희 밭에서 추수한 품꾼에게 주지 아니한 삯이 소리 지르며 그 추수한 자의 우는 소리가 만군의 주의 귀에 들렸느니라 너희가 땅에서 사치하고 방종하여 살육의 날에 너희 마음을 살찌게 하였도다 너희는 의인을 정죄하고 죽였으나 그는 너희에게 대항하지 아니하였느니라'(약 5:1~6)

야고보의 예언적인 경고는 그가 겪었을 가난으로 인한 어려움을 짐작케 하면서 부유한 자들의 압제와 불의를 부각시킨다.

❖ 인내의 결실

그는 주님의 재림에 소망을 걸고 고난을 당한 사람들에게 인내하고 때가 올 때까지 기다릴 것을 당부한다.

야고보는 어려움을 당한 성도들이 그 어려움은 자기가 아닌 다른 사람의 탓이라고 오해하고 서로 원망하게 되는 것을 경계하라고 한다. '형제들아 서로 원망하지 말라 그리하여야 심판을 면하리라. 보라 심판주가 문밖에 계시니라'(약 5:9)

그는 욥의 경우를 인내의 모범으로 든다. '보라 인내하는 자를 우리가 복되도다 하나니 너희가 욥의 인내를 들었고 주께서 주신 결말을 보았거니와 주는 가장 자비하시고 긍휼히 여기시는 이시니라'(약 5:10)고 하나님을 예찬한다.

❖ 기도의 능력

야고보는 우리가 고난당하거나 기쁘거나 걱정이 있어도 항상 주의 이름으로 기도드리라고 권면한다. 바울이 살전 5:17에서 '쉬지 말고 기도하라'고 한 것과 같다. 그는 '믿음의 기도는 병든 자를 구원하리니 주께서 그를 일으키시리라 혹시 죄를 범하였을지라도 사하심을 받으리라'(약 5:13~15)

기도의 능력을 확신하는 야고보는 '그러므로 너희 죄를 서로 고백하며 병이 낫기를 위하여 서로 기도하라 의인의 기도는 역사하는 힘이 큼이니라'(약 5:16)고 하며 기도의 생활화를 당부한다.

그러면서 선지자 엘리야가 비가 오지 않기를 간절히 기도하니 3년 6개월간 비가 없다가 다시 기도하니 땅이 열매를 맺은 예를 들었고 주께서는 죄인의 영혼도 구원하시리라고 하시며 야고보서를 마감한다.

iii. 베드로전서

베드로는 말년을 로마에서 보내면서 자기가 복음 전파를 위해 다녔던 마게도니아와 소아시아 여러 곳의 교회가 생각나고 그 후 그곳의 교회들이 궁금하여 사도로서 자기가 남기고 싶은 말들을 서신으로 그들에게 전하고 싶었다.

AD 64년 네로의 대박해가 없는 것으로 보아 그 얼마 전에 쓰인 것으로 보고 그 진정한 저자가 누구냐에 대한 논의가 초기에 있었으나 저명한 교부들이 베드로가 서신에서 실루아노의 도움을 받아 썼다고 하였기 때문에[91] 베드로가 구술한 것을 실루아노가 유려한 문체로 썼다고 본다.

베드로는 그리스도의 아버지 하나님의 긍휼로 죽은 지 사흘 후 부활하게 하신[92] 하나님을 믿음은 죄로 가득 찬 우리의 영혼을 구원하게 하시기 위하여 그리스도를 우리에게 보내심을 상기시킨다.

우리의 믿음과 사랑은 우리를 거듭나게 하고 '우리가 거듭난 것은 썩어질 씨로 된 것이 아니요 썩지 않을 씨로 된 것이니' '모든 육체는 풀과 같고 모든 영광은 풀의 꽃과 같으니 풀은 마르고 꽃을 떨어지되 오직 주의 말씀은 세세토록 있도다'[93] 베드로는 이사야의 말씀을 인용하여 말씀이 복음이고 복음은 말씀임을 강

---

91) 벧전 6:12 실루아노는 바울이 소개한 실라

92) 벧전 1:3

93) 사 40:6~10

조한 것이다.(벧전 1:25)

복음의 말씀을 믿고 태어난 사람은 그 전과는 달리 택하신 족속이요 (사 43:20) 왕 같은 제사장(출 19:6), 거룩한 나라요 그 백성이기 때문이다.

이와 같은 신분의 변화를 알려주면서 베드로는 믿는 사람에게 정신적 상승을 이루어 그에 대한 자부심을 갖게 하고 있다. 그러나 그러한 자부심을 누리기 위해서 성도는 그에 걸맞은 행실이 따라야 한다.

가장 먼저 권면하는 것이 거룩한 삶이다. '너희 마음에 그리스도를 주로 삼아 거룩하게 하고 거룩한 삶은 언제나 고난에 대한 마음의 준비가 있어야 하고 고난은 우리를 연단시키는 기회로 받아들이고 이겨내야 한다. 너희 속에 있는 소망에 관한 이유를 묻는 자에게는 대답할 것을 항상 준비하되 온유와 두려움으로 하고 선한 양심을 가지라'(벧전 3:15~16) '사랑하는 자들아 너희를 연단하려고 오는 불 시험을 이상한 일 당하는 것 같이 이상히 여기지 말고 오히려 너희가 그리스도의 고난에 참여하는 것으로 즐거워하라. 이는 그의 영광을 나타내실 때에 너희로 즐거워하고 기뻐하게 하려 함이라 너희가 그리스도의 이름으로 치욕을 당하면 복 있는 자로다. 영광의 영 곧 하나님의 영이 너희 위에 계심이라'(벧전 4:12~14)

종교적으로는 굳건한 믿음으로 마귀에 대적하고 기쁨으로 고난을 감내하고 승리하라고 권면한다.

왜냐하면 '모든 은혜의 하나님께서 곧 그리스도 안에서 너희를 부르사 자기의 영원한 영광에 들어가게 하시며 온전하게 하시며 터를 견고하게 하시리라'(벧전 5:10)라고 확신하기 때문이다.

iv. 베드로후서

베드로전서가 마케도니아 지방과 소아시아에 자기가 낳아놓은 자식 같은 교회들의 내부에 가짜 교사(False Teacher)들이 날뛰고 있다는 것을 알게 된 베드로는 사명감을 느끼고 두 번째 서신을 쓰기로 한다. 가짜 교사들을 몰아내기 위해서는 우선 그곳 성도들의 정신적 재무장이 필요하기 때문에 그리스도의 제자로서의 품격에 대해 언급하게 된다.

전서와 마찬가지로 베드로후서의 저자 문제에 대해 그 서신이 알려진 이후 많은 논란이 있었다. 저자의 문제에 대해서는 정확한 정답을 밝히기 어렵다. 그러나 후서의 필치가 전서에 많이 미치지 못한다.

우리의 소박한 견해로는 베드로가 직접 후서가 자신의 '둘째 편지'(벧후 3:1)라고 밝히고 있음을 고려해야 한다. 문체의 문제는 베드로전서가 실루아노의 도움으로 쓴 것인데 베드로후서에는 그런 문구가 없고 베드로가 자기 스타일로 썼다는 생각을 지우기 힘들다. 그렇기 때문에 두 서신의 문체는 다를 수밖에 없다고 보여진다.

베드로는 후서를 시작하며 외골수적인 성도들에게 '그러므로 너희가 더욱 힘써 너희 믿음에 덕을 덕에 지식의 절제를, 절제에 인내를 인내에 경건을 경건에 형제 우애를, 형제 우애에 사랑을 더하라'(벧후 1:5~7)라고 권면한다.

그러니 베드로에게도 사랑은 가장 큰 덕목이나 사랑은 형제 우애를 포괄하고 있어야 하고 욕망을 절제할 수 있는 사람은 인내를 배우며 경건한 생활을 하도록 하고 믿음이 있는 사람은 덕과 지식을 갖춰야 깊고 포용적인 인품을 지닌다고 권고하고 있다.

그러나 교회 안에는 마귀를 따르는 거짓 선생들이 살며시 들어와 정결한 물을 진흙탕으로 만들고 있어 베드로는 그 위험성을 교회에 널리 알리려고 후서를 쓰게 된 것이다. 그들은 '여럿이 그들의 호색하는 것을 따르리니 이로 말미암아 진리의 도가 비방을 받을 것이요 그들의 탐심으로써 지어낸 말을 가지고 너희로 이득을 삼으니 그들의 심판은 옛적부터 지체하지 아니하며 그들의 멸망은 잠들지 아니하느니라'(벧후 2:23)

요약하면 그들은 호색하는 무리로 그것을 미끼로 신도를 미혹하고 진리를 비방의 대상이 되게 하며 기회만 있으면 물질적인 이득을 꾀하니 그들의 죄악은 심판의 대상이고 스스로 멸망을 향하면서 미혹된 성도들을 멸망으로 이끈다는 것이다. 그들은 '본래 잡혀 죽기 위하여 난 이성 없는 짐승 같아서 굳세지 못한 영혼들을 유혹하며 탐욕에 연단된 마음을 가진 자들이니 저주의 자식이라'(벧후 2:12~14)고 그들에 대한 경계심을 높인다.

끝으로 '말세에 조롱하는 자들이 와서 자기의 정욕을 따라 행하며 조롱하여 이르되 주께서 강림하는 약속이 어디 있느냐 조상들이 잔 후로부터 만물이 처음 창조될 때와 같이 그냥 있다'(벧후 3:3~4)고 한다.

'주의 약속은 어떤 이들이 더디다고 생각하는 것 같이 더딘 것이 아니라 오직 주께서는 너희를 대하여 오래 참으사 아무도 멸망하지 아니하고 다 회개하기를 원하시니라'(벧후 3:9) '그러나 주의 날이 도둑같이 오리니 그 날에는 하늘이 큰 소리로 떠나가고 물질이 뜨거운 불에 풀어지리니 땅과 그 중에 있는 모든 일이 드러나리로다'(벧후 3:10)라고 예언하고 있다.

베드로는 바울과 거의 같은 내용으로 그의 서신을 썼다고 하면서 자기의 생각이 바울과 다르지 않다는 것을 알리며 베드로후서를 마친다.

v. 요한일서

요한은 베드로와 사울의 처형 이후 선두 사도로서 특히 에베소를 중심으로 한 소아시아 지역에서 성도들에게서 높은 인망을 받아 그 지역 교인들과 소통하고자 하여 요한일서를 집필하게 된다.

그러나 요한복음에서 자신의 믿음의 핵심을 거의 모두 피력한 바 있기 때문에 그의 서신은 자신의 복음서에서 거론된 중요 내용이 반복되고는 있으나 더욱 깊어진 하나님과 예수님과의 정신적 교류를 성도들과 함께 누리고 싶은 열망을 느끼며 서신을 기록하고 있다.

'빛이시고 사랑이시고 생명이신 하나님'과 기쁨에 넘치는 믿음을 나누기 위해서는 우리 또한 빛에 거하며 우리가 끊임없이 그리스도의 피로 우리를 깨끗이 하여야 한다고 강조한다.

비록 어려운 시기를 맞아 적 그리스도들이 우리를 계속 미혹하니 성육신 하신 예수님이 우리의 그리스도이시고 사람으로 오신 하나님이심을 굳건하게 믿을 것을 강조한다.

우리는 중보자인 그리스도의 계명을 따라 형제를 미워하지 아니하고 서로 사랑하며 절제를 통하여 육적인 정욕에서 벗어나야 한다고 권면한다.

그리고 하나님은 생명이시니 그와 교제하는 사람은 그분의 뜻을 따라 영적인 삶을 사는 것이 마땅하다고 하면서 영적인 삶은 그리스도를 믿음으로 시작된다고 강조한다.(요일 5:4)

믿음만이 우리를 빛과 사랑과 생명으로 인도하기 때문이다.

요한일서에서 저자는 복음서에서 강조한 중요 개념들을 다시 강조하고 있다.

빛이신 하나님, 사랑이신 하나님, 하나님의 아들이시며 세상의 구원자이신 그리스도, 믿음의 승리, 형제 사랑, 시대의 엄중함, 적 그리스도의 거부 등이 거론되고 있다.

vi. 요한이서

택하심을 받은 부녀와 그의 자녀들에게 편지(요이 1:1)한다고 특정 여인을 수신인으로 하였으나 그들만을 위하여만 쓴 편지로 보기는 힘들다. 아마도 그들이 가장 보호를 받아야 할 대상으로 생각하고 쓴 편지가 아닌가 생각된다.

요한은 '은혜와 긍휼과 평강이 우리와 함께 하기를' 열망하는데 그것은 모두 '행하는 사랑' 안에 내포된 개념들이라 사랑이 가장 중요한 계명임을 다시 확실히 한다.

vii. 요한삼서

가이오가 정식 수신인이 되는 서신으로 요한은 '사랑하는 가이오 곧 내가 참으로 사랑하는 자'(요삼 1:1)라고 '사랑'을 반복한 것이 가이오에 대해 가지고 있는 요한의 심정인 듯하다.

자녀 같은 성도들이 진리 안에서 행한다 함을 듣는 것이 크게 기쁜 것은 진리를 위해서 함께 일하기 위함이다. 그런데 디오드레베가 우리를 시기하여 비방하고 동역자 형제들을 맞아들이지도 않으니 안타까운 일이다.

너희는 악한 것을 본받지 말고 하나님께 속하는 선한 일을 본받으라 데메드리오[94]는 사람들과 진리에서 검증된 사람이니 우리 증언이 참되다 하리라.

쓸 것이 너무 많으나 다음 기회에 말하기로 한다. 평강이 있기를 기원하며 이곳 친구들과 함께 문안한다.

viii. 유다서

(1) 상황

유다는 스스로를 '예수 그리스도의 종이요 야고보의 형제'(유 1:1)라고 한다. 유다는 주의 형제이며 12사도 중 하나로 예루살

94) 요한의 신임을 받고 요한을 도와준 신자

렘 교회의 지도자였던 야고보의 동생이다.[95] 오스티는 유다서를 '성 사도 유다의 서신'[96]이라고 하고 유다서의 헬라어를 유려하고 아마도 유능한 비서의 도움을 받았을 것으로 간주한다고 평가한다. 그러나 유다서는 처음부터 신약성경에 포함되지는 못하고 외경인 무라토리아 경전(AD 170년)에 들어 있었는데 테르툴리아누스, 오리게네스 등의 저명한 초대 교부들의 인정으로 신약성경에 포함되었다고 한다.[97]

(2) 내용과 주제

유다와 야고보는 평소 예수님의 사명과 사역을 가까이에서 보면서 별다른 느낌을 갖지는 않았다. 그러나 예수께 십자가의 고난을 받으시고 부활하신 후 예언하신 대로 사흘 만에 부활하시고 실제로 육신으로 돌아오셔서 40여 일간 제자들과 생활하시는 것을 목격하고 두 형제는 예수님이 그리스도임을 깨닫고 굳건한 믿음을 가지고 예루살렘 교회를 섬기게 된다.

그는 예루살렘 교회가 바울, 바나바와 함께 안디옥 수리아, 길리기야로 보냈고 그는 그곳 형제들에게 문안을 전하고 그들의 믿음을 굳건하게 하고자 하였다. 바울과 바나바는 그곳에 남아 주님의 말씀을 가르치며 복음을 전파하고 유다는 예루살렘 교회

---

95) 마 13:55, 막 6:3 참조

96) 'Epitre De Saint Jude'라고 하였다. Osty성경 p.2547

97) 뉴톰슨 주석성경 p.397 참조

로 돌아왔다.[98]

유다는 여러 교회를 둘러보며 가짜 교사들이 교회에 들어와 예수님에 대해 부정적인 교리를 퍼뜨리고 그들이 복음 전파에 매우 위험한 존재임을 깨닫고 그것을 그곳 형제들에게 알리고 그들을 권면하기 위하여 유다서를 쓰기로 한 것이다. 따라서 유다는 가짜 교사들의 미혹에서 벗어나 그들과 싸워 이기고 참믿음을 알리고자 한다.

❖ 반 가짜 교사

유다는 구원에 대하여 자기가 체험을 통하여 깨달은 것을 전하려고 하다가 우선 교회에 대한 가짜 교사들의 위험을 알리고 '믿음의 도를 위하여 힘써 싸우라'(유 1:3)는 편지를 쓸 필요를 느꼈다.

유다는 가짜 교사들은 '가만히 들어온 사람 몇'이라고 표현하며 가짜 교사들이 신자로 위장하고 교회에 스며든 존재들로 '그들은 옛적부터 이 판결을 받기로 미리 기록된 자'(유 1:4)라고 하면서 '아담의 7대손 에녹이 이 사람들에 대하여도 예언하였다'(유 1:14)고 하고 외경인 에녹서를 인용하여 학자들의 불만을 샀다.

그러면서 가짜 교사들은 '경건하지 아니하며 우리 하나님의 은혜를 도리어 방탕한 것으로 바꾸고 홀로 하나이신 주재 곧 우리 주 예수 그리스도를 부인하는 자'(유 1:4)라고 규정한다. 그리고

---

98) 행 15:22~35 참조

그들은 '육체를 더럽히며[99] 권위를 업신여기며 영광을 비방하는도다'(유 1:8)라고 그들의 민낯을 드러낸다.

그들은 교회 내에서 '원망하는 자며 불만을 토하는 자며 그 정욕대로 행하는 자라 그 입으로 자랑하는 말을 하며 이익을 위하여 아첨하느니라'(유 1:16)고 유다가 규탄한다.

❖ 믿음을 위한 권면

유다는 자기를 포함한 예수 그리스도의 사도들이 '마지막 때에 자기의 경건하지 않은 정욕대로 행하며 조롱하는 자들이 있으리라'(유 1:18)고 한 말을 기억하라고 한다.

그자들은 '분열을 일으키는 자며 육에 속한 자며 성령이 없는 자'(유 1:19)들이라고 주의를 준다. 그러니 '사랑하는 자들아 너희는 너희의 거룩한 믿음 위에 자신을 세우며 성령으로 기도하며 하나님의 사랑 안에서 자신을 지키며 영생에 이르도록 우리 주 예수 그리스도의 긍휼을 기다리라 어떤 의심하는 자를 긍휼히 여기라'(유 1:20~22)고 권면한다. 그러면서 죄악에 빠진 자들도 구원하여 긍휼히 여기라고 하신 예수님의 가르침을 전한다.

---

99) 가짜 교사들이 영지주의자들의 영향으로 육신을 방탕하게 하여도 문제가 되지 않는다고 주장한다.

❖ 찬영송(Doxologie)

유다는 홀로 하나이신 하나님께 우리 주 예수 그리스도를 통하여 영광, 위엄, 권력 권세가 영원토록 있기를 기원하는 아름다운 찬영송을 드리면서 아멘한다.

3. 요한계시록

창세기로 시작된 성경은 밧모섬에 유배된 요한의 계시록으로 끝을 맺는다.

요한은 예수님이 계시한 것을 기록하였고 그 계시는 하나님이 반드시 속히 일어날 일들을 종들에게 예수님을 통하여 주신 것을 천사들을 거쳐 요한에게 알게 하신 것이다.

요한은 먼저 소아시아[100)]에 있는 7교회에게 하나님 보좌 앞의 일곱 영 그리고 죽으신 후 부활하신 충성된 증인으로 땅의 임금들의 머리가 되신 예수 그리스도로 말미암아 너희에게 은혜와 평강이 있기를 기원한다.

우리를 사랑하신 예수님은 '그의 피로 우리를 죄에서 해방하시고 아버지 하나님을 위하여 우리를 제사장으로 삼으셨으니 그에게 세세토록 영광과 능력이 있으시기를 원하노라 아멘 그가 구름타고 오시리라 모든 사람이 그를 보겠고 그를 찌른 자들도 볼 것이고 모든 족속이 그를 애곡하리니 아멘'(계 1:5~6)

---

100) 오늘날의 튀르키예

주 하나님이 이르시되 '나는 알파요 오메가라 이제도 있고 전에도 있었고 장차 올 자요 전능한 자'라 하셨다.(계 1:8)

(1) 인자 같은 이

나 요한은 너의 형제요 예수의 환난과 나라와 참음에 동참하는 자라 하나님의 말씀과 예수를 증언하였으므로 밧모섬에서 주의 날에 내가 성령에 감동되어 내 뒤에서 나는 나팔 소리 같은 큰 음성이 '네가 보는 것을 에베소, 서머나, 버가모, 두아디라, 사데, 빌라델비아, 라오디게아 등 7 교회에 보내라고 한다'(계 1:9~11)

내가 몸을 돌이켜 음성을 알아보려고 하니 큰 7금 촛대가 보였고 인자같은 이가 발에 끌리는 옷에 금띠를 띠고 머리와 털이 눈과 양털처럼 희고 눈은 불꽃 같으며 발은 풀무 불에 단련한 주석 같고 그의 음성은 맑은 물소리 같으며 오른손에 7별[101]이 있고 입에서 날선 검[102]이 나오고 얼굴은 힘 있게 비치는 해 같았다.

내가 그의 발 앞에 엎드려 죽은 자 같았다.

그가 오른손을 내게 얹고 '두려워 말라. 나는 처음이요 마지막이니 곧 살아있는 자라 전에 내가 죽었었노라 볼지어다. 이제 세세토록 살아 있어 사망과 음부의 열쇠를 가졌나니 그러므로 네가 본 것과 지금 있는 일과 장차 될 일을 기록하라. 네가 본 것은 내 오른손의 7별의 비밀과 또 7금 촛대라, 7별은 7교회의 사자요

---

101) 검은 세상을 심판하는 말씀

102) 검은 세상을 심판하는 말씀

7촛대는 7교회니라'(계 1:17~20)

(2) 에베소 교회에게

예수님께서 이르시되 '내가 네 행위와 수고와 네 인내를 알고 또 악한 자들을 용납하지 아니한 것과 자칭 사도라 하되 아닌 자들을 시험하여 그의 거짓된 것을 네가 드러낸 것과 또 네가 참고 내 이름을 위하여 견디고 게으르지 아니한 것을 아노라'(계 2:2)

그러나 '네가 처음 가졌던 사랑을 잃은 것을 책망하노라 초심을 버린 것을 회개하고 그 때로 돌아가라 그리하지 않으면 네 촛대를 옮기리라'(계 2:5)

'나도 너처럼 니골라 당[103]을 미워하노라. 성령이 교회를 위한 말씀을 따라 이기는 교회가 되면 내가 하나님 나라의 생명나무 열매를 먹게 할 것이다'(계 2:7)

(3) 서머나 교회에게

예수님은 '너의 환난과 궁핍을 아시나 실상은 너는 부유하다. 자칭 유대인들이 비방하나 그들은 사탄의 집단이다. 두려워하지 말라. 마귀가 너희 몇 사람을 옥에 던져 시험받게 하고 10일 동안 환난을 받게 하리니 너희가 10일 동안 환난을 받으라 네가 죽도록 충성하라 그리하면 내가 생명의 관을 네게 주리라'(계

103) 에베소 교회와 버가모 교회에 퍼진 이교도집단

2:2~10)

성령의 말씀을 듣고 '이기는 자는 둘째 사망의 해를 받지 아니하리라'(계 2:11)라고 말씀하신다.

(4) 버가모 교회에게

예수님은 네가 사탄의 권좌 있는 곳에 살고 있는 줄을 아노라. 너희 가운데 사탄이 사는 곳에서 내 이름을 굳게 잡아 충성된 증인 안디바가 죽임을 당할 때에도 너희는 나를 믿는 믿음을 버리지 아니하였다.

그러나 책망할 것은 너희 중에 발람[104)]의 교훈을 지키는 자들이 있노라. 발람이 발락을 가르쳐 발람은 발락에게 (……) 우상의 제물을 먹게 하고 행음하게 하였느니라.(계 2:13~15)

이와 같이 네게 니골라 당을 따르는 자들도 있으니 회개하고 그런 자들과 싸우라.(계 2:16)

성령의 말씀을 듣고 이기는 자에게 만나와 흰 돌을 주리라. 흰 돌 위에는 새 이름이 써 있는데 받는 자만 그 이름을 알게 된다.

(5) 두아디라 교회에게

하나님의 아들이 이르시되 '네 사업과 사랑과 섬김과 인내를 아노니 네 행위가 처음 것보다 많도다. 그러나 네게 책망할 일이

104) 발람은 술사로 부도덕을 가르쳤다. 민 31:16

있노라. 자칭 선지자라 하는 이세벨[105]을 네가 용납함이니 그가 내 종들을 가르쳐 꾀어 행음하게 하고 우상의 제물을 먹게 하는도다. 또 내가 그에게 회개할 기회를 주었으되 자기의 음행을 회개하고자 하지 아니하는도다'(계 2:18~20)

'볼지어다. 내가 그를 침상에 던질 터이요 또 그와 더불어 간음하는 자들도 만일 그의 행위를 회개하지 아니하면 큰 환난 가운데 던지고 또 내가 사망으로 그의 자녀를 죽이리니 모든 교회가 나는 사람의 뜻과 마음을 살피는 자인 줄 알지라 내가 너희 각 사람을 행위대로 갚아주리라'(계 2:22~23)

'두아디라에 남아 있어 이 교훈을 받지 아니하고 소위 사탄의 깊은 것을 알지 못하는 너희에게 말하노니 다른 짐으로 너희에게 지울 것은 없노라. 다만 너희에게 있는 것을 내가 올 때까지 굳게 잡으라 이기는 자와 끝까지 내 일을 지키는 그에게 만국을 다스리는 권세를 주리니 그가 철장을 가지고 그들을 다스려 질그릇 깨뜨리는 것과 같이 하리라. 나도 내 아버지께 받은 것이 그러하니라 내가 또 그에게 새벽 별을 주리라 귀 있는 자는 모두가 성령이 교회들에게 하시는 말씀을 들을지어다'(계 2:24~29)

(6) 사데 교회에게

예수님은 사데 교회에게 '내가 네 행위를 아노니 네가 살았다 하는 이름은 가졌으나 죽은 자로다 너는 일깨어 그 남은 바 죽

---

105) 시돈왕 엣바알의 딸로 아합왕의 처가 된 바알 신봉자

게 된 것을 굳건하게 하라 내 하나님 앞에 네 행위의 온전한 것을 찾지 못하였노니 그러므로 네가 어떻게 받았으며 어떻게 들었는지 생각하고 지켜 회개하라 만일 일깨지 아니하면 내가 도둑같이 이르리니 어느 때에 네게 이를는지 네가 알지 못하리라'(계 3:1~3)

'그러나 사데에 그 곳을 더럽히지 아니한 자[106] 몇 명이 네게 있어 나와 함께 흰 옷을 입고 나와 함께 다니리니 그들은 합당한 자인 연고라 이기는 자는 이와 같이 흰 옷을 입을 것이요 내가 그 이름을 생명책에서 결코 지우지 아니하고 그 이름을 내 아버지 앞과 천사들 앞에서 시인하리라'(계 3:1~5)라며 성령이 하시는 말씀을 들으라고 권고하신다.

(7) 빌라델비아 교회에게

가장 모범이 되는 빌라델비아에게 예수님은 '내가 네 앞에 열린 문[107]을 두었으되 능히 닫을 사람이 없으리라'(계 3:8)고 칭찬한다.

빌라델비아 교회는 '작은 능력을 가지고서도 내 말을 지키며 내 이름을 배반하지 아니하였도다'(계 3:8)라고 좋은 평가를 하신다. 또 예수님은 자칭 유대인과 거짓말하는 자들 중에서 몇을 네게 주어 그들로 와서 네 발 앞에 절하게 하고 내가 사랑하는 줄을

---

106) '진실하고 순결한 성도

107) 복음 전파의 중심

알게 하시겠다고 하신다.(계 3:8~9)

예수님은 교회가 예수님의 인내의 말씀을 지켰으니 시험의 때를 면하게 하시겠다고 약속하시고 아무도 빌라델비아의 면류관을 빼앗지 못하게 하라고 당부하며 이기는 자를 성전의 기둥이 되게 하시겠다고 하신다. 아울러 하나님께로부터 내려오는 성의 기둥에 새 예루살렘의 이름과 자신의 새 이름을 기록하시겠다고 하시며 성령이 하시는 말씀을 따를 것을 권고하신다.(계 3:10~13)

(8) 라오디게아 교회

예수님께서는 라오디게아 교회가 '미지근하여 뜨겁지도 아니하고 차지도 아니하니 내 입에서 너를 뱉어버리리라'(계 3:16)고 일침을 가하신다. 내용적으로 교회는 부유하고 부족한 것이 없다고 하지만 실제로 자신이 곤궁하고 가련하고 가난하며 눈멀고 벌거벗었다고 알려주신다.(계 3:17)

예수님께서는 교회가 예수님에게서 불로 연단한 금과 순결의 상징인 흰 옷을 구하여 탈바꿈하라고 권고하신다. 그리고 '내가 문밖에서 두드리노니 누구든지 내 음성을 듣고 문을 열면 내가 그에게로 들어가 그와 더불어 먹고 그는 나와 더불어 먹으리라'(계 3:20)라고 하시며 환난을 이기고 하나님 보좌에 함께하시기를 기원하시고 성령의 말씀에 귀 기울일 것을 당부하신다.

청자 요한은 수신 교회에 따라 화자 예수님의 호칭을 달리한다. 에베소 교회에는 오른손에 일곱별을 잡고 일곱 촛대 사이를 거니시는 이, 서머나 교회에는 처음이자 마지막이고 부활하신

이, 버가모 교회에는 좌우에 날선 검을 가진 이, 두아디라 교회에는 발이 빛난 주석 같은 하나님의 아들, 사대 교회에는 7영과 일곱별을 가지신 이, 라오디게아 교회에는 하나님 창조의 근본이신 충성되고 참된 증인들이다.

이 모두 다양한 호칭은 하나님의 아들 예수님이 천지의 근본으로 천지를 주관하시며 우리의 죄를 심판하시는 직분을 가지신 분임을 지칭하는 것이다. 거의 모든 편지에서 고난을 '이기는 교회'가 되기를 소망하신다.

(9) 하늘에 있는 보좌

그 후에 보니 하늘에 열린 문이 있는데 처음들은 나팔 소리 같은 음성이 '이리로 올라오라 이 후에 마땅히 일어날 일들을 내가 네게 보이리라'(계 4:1)라고 하셨다.

'내[108]가 곧 성령에 감동되었는데 보라 하늘에 보좌를 베풀었고 그 위에 앉으신 이가 있었다 그의 모양은 벽옥과 홍보석 같고 또 무지개가 보좌를 둘렀는데 그 모양이 녹보석 같았다 보좌에 둘려 24장로들이 흰 옷을 입고 머리에 금관을 쓰고 있었다'(계 4:1~4)

보좌로부터 번개와 음성과 우렛소리가 나고 보좌 앞에 켠 등불이 7이 있으니 이는 하나님의 일곱 영[109]이다. 보좌 앞에 수정과

108) 요한

109) 일곱은 완전수이고 영은 성령을 일컫는다.

같은 유리 바다가 있고 보좌 가운데와 그 주위에 눈들이 가득한 네 생물이 있었다.

첫째 생물은 사자 같고

둘째 생물은 송아지 같고

셋째 생물은 얼굴이 사람 같고

넷째 생물은 날아가는 독수리 같았다.

네 생물은 각각 여섯 날개를 가졌고 그 안과 주위에는 눈들이 가득하여 쉬지 않고 '거룩하다. 거룩하다. 주 하나님 곧 전능하신 이여. 전에도 계셨고 이제도 계셨고 장차 오실이시라'(계 4:8)

그 생물들은 세세토록 살아계시는 보좌에 앉으신 이에게 영광과 존귀와 감사를 드린다. 24장로들은 보좌에 앉으신 이 앞에 엎드려 경배하며 자기의 관을 보좌 앞에 드리며 '우리 주 하나님이여 영광과 존귀와 권능을 받으시는 것이 합당하오니 주께서 만물을 지으신지라 만물이 주의 뜻대로 있었고 또 지으심을 받았나이다'(계 4:11)라고 이른다.

(10) 두루마리 책과 어린 양

내가 보니 보좌에 앉으신 이의 오른손에 앞뒤로 쓰인 두루마리가 있고 7인으로 봉인되었다. 또 보니 힘 있는 천사가 큰 음성으로 '누가 그 두루마리를 펴며 그 인을 떼기에 합당하냐'(계 5:4) 하였다.

장로 중의 한 사람이 내게 '울지 말라 유대 지파의 사자 다윗의 뿌리가 이겼으니 그 두루마리와 7인을 떼시리라'(계 5:5)라고 말하였다.

'또 보니 보좌와 4생물과 장로들 사이에 한 어린 양이 서 있는데 일찍이 죽임을 당한 것 같더라 그에게 7뿔과 7눈[110]이 있으니 이 눈들은 온 땅에 보내심을 받은 하나님의 7영이었다'(계 5:6)

그 어린 양은 나와 보좌에 앉으신 이의 오른손에서 두루마리를 받으시고 4생물과 24장로는 어린 양 앞에 엎드려 각각 거문고와 향이 가득한 금 대접을 가졌는데 그 향은 성도들의 기도를 나타낸다. 그들은 '두루마리를 가지시고 인봉을 떼기에 합당하시도다 일찍이 죽임을 당하시고 각 족속과 방언과 백성과 나라 가운데서 사람들을 피로 사서 하나님께 드리시고 그들로 우리 하나님 앞에서 나라와 제사장을 삼으셨으니 그들이 땅에서 왕 노릇 하리로다'(계 5:9)라고 새 노래를 부른다.

또 들으니 보좌와 생물들과 장로들을 둘러선 천사들의 음성이 있으니 그 수가 만만 천천 즉 수없이 많은 수가 '죽임을 당하신 어린 양은 능력과 부와 지혜와 힘과 존귀와 영광과 찬송을 받으시기에 합당하도다'(계 5:11~12)라고 큰 음성으로 말하였다.

또 들으니 하늘 위에와 땅 위에와 땅 아래와 바다 위에와 그 가운데 모든 피조물들이 '보좌에 앉으신 이와 어린 양에게 찬송과 존귀와 영광과 권능을 세세토록 돌릴지어다'(계 5:13)라 이르니 4생물이 아멘하고 장로들은 엎드려 경배드렸다.

---

110) 뿔은 능력, 눈은 밝히 아는 능력

(11) 7인

내가 보니 어린 양이 7인 중의 하나를 떼시는데 그때 4생물 중의 하나가 우렛소리와 같이 '오라'라고 외쳐서 내가 보니 흰 말이 있었는데 그 탄 자가 활을 가졌고 면류관을 받고 나아가서 이기고 또 이기려고 하였다.

둘째 인을 떼실 때에 들으니 둘째 생물이 말하되 '오라' 하니 다른 붉은 말이 나왔다. 그 탄자가 허락을 받아 땅에서 화평을 없애고 서로 죽이게 하고 또 큰 칼을 받았다.

셋째 인을 떼실 때에 들으니 셋째 생물이 말하되 '오라' 하여 보니 검은 말이 나오는데 그 탄자가 손에 저울을 가졌다. 그는 '한 데나리온[111)]에 밀 한되이고 한 데나리온에 보리 석 되로다 또 감람유와 포도주는 해치지[112)] 말라'(계 6:6)

넷째 인을 떼실 때에 넷째 생 중의 하나가 '오라' 하여 보니 청황색 말이 나오는데 그 탄자의 이름은 사망이고 음부가 그 뒤를 따른다. 그들이 땅의 1/4의 권세를 얻어 검과 흉년과 사망과 땅의 짐승들로 죽게 하였다.

다섯째 인을 떼실 때 보니 하나님의 말씀과 그들이 가진 증거[113)]로 말미암아 죽임을 당한 영혼들이 제단 아래에 있어 큰 소리로 이르되 '거룩하고 참되신 대주재여 땅에 거주하는 자들을 심

---

111) 은전의 명칭

112) 건드리지

113) 예수님에 대한 증거

판하여 우리 피를 갚아 주시지 아니하시기를 어느 때까지 하시려 하나이까'(계 6:10)라 한다.

그러자 예수께서 흰 두루마리를 각자에게 주시며 '아직 잠시 동안 그들의 동무 종들과 형제들이 죽임을 당하여 그 수가 차기까지라'(계 6:11)라고 하셨다.

내가 보니 여섯째 인을 떼실 때 큰 지진이 나며 해가 검은 털로 짠 상복같이 검어지고 달은 온통 피같이 되며 하늘의 별들이 무화과나무들이 대풍에 흔들려 설익은 열매가 떨어지는 것 같이 땅에 떨어지고 하늘은 두루마리가 말리는 것 같이 떠나가고 각 산과 섬이 제자리에서 옮겨지고 땅의 임금들과 왕족들과 부자들과 강한 자들과 모든 종과 자유인들이 굴과 산들의 바위틈에 숨어 산들과 바위에게 말하되 '우리 위에 떨어져 보좌에 앉으신 이의 얼굴에서와 그 어린양의 진노에서 우리를 가리라. 그들의 진노의 큰 날이 이르렀으니 누가 능히 서리요'(계 6:16~17)라 한다.

(12) 인치심을 받은 144,000명

이 일 후에 4천사가 땅 4모퉁이에 선 것을 내가 보니 사방의 바람을 붙잡아 바람으로 하여금 땅과 바다의 각종 나무에 불지 못하게 하였다. 또 보니 다른 천사가 살아계신 하나님의 인을 가지고 해 돋는 데로부터 올라와서 땅과 바다를 해롭게 할 권세를 받은 4천사를 향하여 큰 소리로 외쳐 '우리가 우리 종들의 이마에 인치기까지 땅이나 바다나 나무들을 해하지 말라'(계 7:3)라고 하였다.

인침을 받은 자들의 수를 들으니 144,000이라 유다의 12지파에서 12,000씩 12지파이니 모두 144,000이라.

(13) 흰 옷 입은 무리

그 후에 내가 보니 각 나라와 족속과 백성과 방언에서 셀 수 없는 큰 무리가 흰 옷을 입고 손에 종려 가지를 들고 보좌 앞과 어린양 앞에 서서 큰 소리로 '구원하심이 보좌에 앉으신 우리 하나님과 어린 양에게 있도다'(계 7:10) 한다. 모든 천사들이 보좌와 장로들과 4생물의 주위에 서 있다가 보좌 앞에 엎드려 얼굴을 대고 하나님께 경배하고 '아멘 찬송과 영광과 지혜와 감사와 존귀와 권능과 힘이 우리 하나님께 세세토록 있을지어다 아멘'(계 7:11~12)라 하였다.

장로 중의 하나가 나에게 '이 흰 옷 입은 자들이 누구며 어디서 왔느냐' 하여 내가 '내 주여 당신이 아시나이다' 하니 그가 이르되 '이는 큰 환난에서 나오는 자들인데 어린양의 피에 그 옷을 씻어 희게 하였느니라. 그러므로 그들이 하나님의 보좌 앞에 있고 또 그의 성전에서 밤낮 하나님을 섬기며 보좌에 앉으신 이가 그들 위에 장막을 치시리니

이는 보좌 가운데 계신 어린양이 그들의 목자가 되사 생명수 샘으로 인도하시고 하나님께서 그들의 눈에서 모든 눈물을 씻어 주실 것이기 때문이다'(계 7:13~17)

(14) 일곱째 인과 금향로

'일곱째 인을 떼실 때에 하늘이 반 시간쯤 고요하더니 내가 보니 일곱 천사가 일곱 나팔을 받았다 또 다른 천사가 와서 금 향로를 가지고 와서 계단 곁에 서서 많은 향을 받았으니 이는 모든 성도의 기도와 합하여 보좌 앞 금 제단에 드리고자 함이라'(계 8:1~3)

'향연이 성도의 기도와 함께 천사의 손으로부터 하나님 앞으로 올라가는 지라. 천사가 향로를 가지고 제단의 불을 담아 땅에 쏟으니 우레와 음성과 번개와 지진이 났다'(계 8:4~5)

(15) 일곱 나팔

일곱 천사가 나팔을 가지고 나팔 불 준비를 한다.

첫째 천사가 나팔을 부니 피 섞인 우박과 불이 나와서 땅에 쏟아지니 땅의 1/3이 다 타버리고 수목의 1/3도 다 타버리고 푸른 풀도 다 타버렸다.(계 8:7)

둘째 천사가 나팔을 부니 불 붙는 큰 산과 같은 것이 바다에 던져져 바다의 1/3이 피가 되고 바다 가운데 생명가진 피조물들의 1/3이 죽고 배들의 1/3이 깨졌다.(계 8:8)

셋째 천사가 나팔을 부니 횃불같이 타는 큰 별이 하늘에서 떨어져 이 별의 이름은 쓴 쑥이라 물의 1/3이 쓴 쑥이 되니 많은 사람이 죽었다.(계 8:10~11)

넷째 천사가 나팔을 부니 해 1/3과 달 1/3과 별들의 1/3이 타격을 받아 어두워지니 낮 1/3은 비춤이 없고 밤도 그러하였다. 내가 또 보니 공중에 날아가는 독수리가 큰 소리로 땅에 사는 자들에게 '화, 화가 있으리니 이는 세 천사가 불어야 할 나팔 소리가 남아 있기 때문이다'(계 8:12~13)

다섯째 천사가 나팔을 불자 내가 보니 하늘에서 땅에 떨어진 별 하나가 있는데 그가 무저갱의 열쇠를 받았다. 그가 무저갱을 여니 그 구멍에서 큰 화덕의 연기가 올라와서 해와 공기가 연기로 말미암아 어두워지며 연기 가운데로부터 땅 위에 황충이가 나오니 땅에 있는 전갈의 권세를 받았다.(계 9:1~3)

그들은 땅의 풀이나 푸른 것이나 각종 수목은 해치지 말고 오직 이마에 하나님의 인침을 받지 아니한 사람들만 해하고 하였다. 그러나 그들을 죽이지는 못하게 하시고 다섯 달 동안 괴롭게만 하게 하시는데 그 괴롭게 함은 전갈이 사람을 쏠 때 괴롭게 함과 같더라.(계 9:3~5)

그날에는 사람이 죽기를 구하여도 죽지 못하고 죽고 싶으나 죽음이 그들을 회피하리라. 황충이들의 모양은 전쟁을 준비한 말들 같고[114)] 그 머리에 금같은 관 비슷한 것을 썼으며 그 얼굴은 사람 같고 그 이빨은 사자의 이빨 같으며 또 철 호심경이 있고 그 날개들의 소리는 병거와 많은 말들이 전쟁터로 달려가는 소리 같으며 또 전갈과 같은 꼬리와 쏘는 살이 있어 그 꼬리에는 다섯 달 동안 사람을 해하는 권세가 있었다.(계 9:6~10)

그들에게 왕이 있으니 무저갱의 사자인데 히브리어로 아바돈,

---

114) 황충이 모습은 요엘서의 2장에 나오는 메뚜기의 모습과 흡사

헬라어로 아볼루온이다. 첫째 화는 지나갔으나 아직 두 가지가 남아 있다.

여섯째 천사가 나팔을 부니 하나님 앞 금 제단 4뿔에서 한 음성이 들린다. 나팔 가진 여섯째 천사에게 '큰 강 유브라데에 결박한 4천사를 놓아 주라 한다. 4천사가 풀려나니 그들은 정해진 시간에 사람의 1/3을 죽이기로 준비된 자들이다'(계 9:13~15)

마병대의 수는 내가 들으니 2억이었다. 이같은 환상 가운데 그 말들과 그 위에 탄 자들을 보니 불빛과 자주빛과 유황빛 호심경이 있고 또 말들의 머리는 사자 머리 같고 그 입에서는 불과 연기와 유황이 나왔다.(계 9:16~17)

그들의 입에서 나오는 불과 연기와 유황의 3재앙 때문에 사람의 1/3이 죽임을 당하였다. 이 말들의 힘은 입과 꼬리에 있으니 꼬리는 뱀 같고 또 꼬리에는 머리가 있어 그것으로 해하였다. 이 재앙으로 죽지 않고 살아남은 사람들은 손으로 행한 일을 회개하지 아니하고 오히려 여러 귀신과 또 보거나 듣거나 다니거나 하지 못하는 금, 은, 동과 목석의 우상에게 절하고 또 살인과 복술과 음행과 도둑질을 회개하지 아니하였다.(계 9:17~21)

(16) 천사와 작은 두루마리 책

또 보니 힘 센 다른 천사가 구름을 입고[115] 하늘에서 내려오는

115) 구름을 입는다는 비유는 하나님의 진리에 힘입는다는 뜻

데 그 머리 위에 무지개[116]가 있고 그 얼굴은 해 같고 그 발은 불기둥 같으며 그 손에는 펴놓인 작은 두루마리를 들고 그 오른발로는 바다를 밟고 왼발은 땅을 밟고 사자가 부르짖는 것 같이 큰 소리로 외치니 그가 외칠 때에 일곱 우레가 소리를 내며 말하였다.(계 10:1~3)

일곱 우레가 말할 때에 내가 기록하려고 하다가 들으니 일곱 우레가 말한 것을 인봉하고 기록하지 말라고 하였다. 바다와 땅을 밟고 있는 천사는 하늘을 향하여 오른손을 들고 '세세토록 살아계시는 이 곧 하늘과 그 가운데 있는 것들과 바다와 그 가운데 있는 것들을 창조하신 이를 가리켜 이르되 지체하지 아니하리니 일곱째 천사가 소리내는 날 그가 나팔을 불려할 때에 하나님이 그의 종 선지자들에게 전하신 복음과 같이 하나님의 그 비밀이 이루어지리라'(계 10:5~7) 한다.

하늘에서 들리던 음성이 또 내게 '바다와 땅을 밟고 서 있는 천사의 손에 펴 놓인 두루마리를 가지라' 하여 내가 천사에게 나아가 작은 두루마리를 달라 한즉 천사가 '갖다 먹어버리라 네 배에는 쓰나 네 입에는 꿀같이 달리라'(계 10:7~9) 하여 내가 천사의 손에서 작은 두루마리를 갖다 먹어버리니 내 입에는 꿀같이 다나 먹은 후에 내 배에서는 쓰게 되더라.[117]

그러기에 천사는 네가 많은 백성과 나라와 방언과 임금에

116) 무지개는 하나님의 영광을 상징한다는 뜻

117) 하나님의 진리의 말씀은 마음에 감동을 주나 말씀을 삶에서 실천하기에는 여러 가지 어려움이 따른다는 것이다.

게 전하기 위해서는 너에게 다시 예언하여야 하리라고 한다.(계 10:10~11)

(17) 두 증인

그 천사는 내게 지팡이 같은 갈대자를 주며 일어나서 성전과 제단과 그 안에서 경배하는 자들을 측량하되 성전 바깥마당은 측량하지 말고 그냥 두라. 이것은 이방인에게 주었은즉[118] 그들이 거룩한 성을 42개월 동안 짓밟으리라.(계 11:1~2)

천사는 '내가 나의 두 증인에게 권세를 주리니 그들이 굵은 베옷을 입고 1,260일을 예언할 것이다. 그들은 이 땅의 주 앞에 있는 두 감람나무와 두 촛대[119]이니 만일 누구든지 그들을 해하고자 하면 그들의 입에서 불이 나와서 그들의 원수를 삼켜 버릴 것이요 누구든지 그들을 해하고자 하면 반드시 그와 같이 죽임을 당하리라'(계 11:3~5)

그들이 권능을 가지고 하늘을 닫아 그 예언을 하는 동안 비가 오지 못하게[120] 하고 또 아무 때든지 원하는 대로 여러 가지 재앙으로 땅을 치리라.(계 11:4~6)

---

118) 안티오쿠스 에피파네스 무리들이 침략한 것을 3년 반 후 탈환하기까지의 기간이다. 뉴톰슨 주석성경 p.409 주11:2 참조

119) 감람나무와 촛대는 하나님의 충실한 선지자를 표상

120) 아합 왕 시절의 선지자 엘리야는 오랜 가뭄 끝에 비를 내리게 한다. 왕상 18:4~5

그들이 증언을 마칠 때에 무저갱에서 올라오는 짐승[121]이 그들과 더불어 전쟁을 일으켜 그들을 이기고 그들을 죽이게 되니 그들의 시체가 성에 널려 있는데 그 성은 영적으로[122] 소돔이 되기도 하고 애굽이 되기도 한다. 그러니 주님이 십자가에 못 박히신 예루살렘의 비유인 셈이다.(계 11:7~8)

백성들과 족속과 방언과 나라 중에서 사람들이 그 시체를 사흘 반 동안을 보며 무덤에 장사하지 못하게 할 것이다. 두 선지자들이 땅에 사는 자들을 괴롭게 하여 땅에 사는 자[123]들은 그들의 죽음을 즐거워하고 기뻐하며 서로 예물을 보내리라 하였다.(계 11:10)

사흘 반 후에 하나님의 생기가 그들에게 들어가니 두 선지자가 일어나서 그들을 구경한 자들을 크게 두려워하였다. 하늘로부터 큰 음성이 '이리로 올라오라' 함을 듣고 그들이 구름을 타고 하늘로 올라가니 그들의 원수들도 구경하더라. 그 때에 큰 지진이 나서 성의 1/10이 무너지고 7,000의 사람들이 죽었다. 남은 자들은 두려워 하나님께 영광을 돌린다.(계 11:11~13)

둘째 화는 지나갔으나 셋째 화가 속히 이르는도다.

(18) 일곱째 나팔

일곱째 천사가 나팔을 불자 하늘에 큰 음성들이 '세상 나라가

121) 마귀의 대장

122) 우회적으로 바벨론이나 로마를 나타낸다.

123) 땅에 사는 자들은 하나님께 경배하지 아니하는 악에 물든 사람들이다.

우리 주와 그의 그리스도의 나라가 되어 세세토록 왕 노릇하시리로다'(계 11:15)라고 한다. 하나님 앞에서 자기 보좌에 앉아 있던 24장로는 엎드려 얼굴을 땅에 대고 하나님께 경배하며 '감사하옵니다 옛적에도 계셨고 지금도 계신 주 하나님 곧 전능하신 이여 친히 큰 권능을 잡으시고 왕 노릇하시도다 이방들이 분노하매 주의 진노가 내려 죽은 자를 심판하시며 종 선지자들과 성도들과 또 작은 자든지 큰 자든지 주의 이름을 경외하는 자들에게 상 주시며 또 땅을 망하게 하는 자들을 멸망하실 때이옵니다'(계 11:15~18)라고 하였다.

그러자 하늘에 있는 하나님의 성전이 열리니 성전 안에 언약궤가 보이며 번개와 음성들과 큰 우박이 있었다.

(19) 여자와 용

하늘에 해를 옷 입고 그 발 아래 달이 있고 머리에 열두 별[124]의 관을 쓴 여자가 있었다. 이 여자가 임신을 하고 해산하게 되자 산통으로 울부짖었다.(계 12:1~2)

하늘에는 또 큰 붉은 용[125]이 있어 머리가 7이고 뿔이 10이고 머리에 7왕관이 있었다. 그의 꼬리가 하늘의 별 1/3을 끌어다가 땅에 던지고 용은 여자가 해산하면 그 아이를 삼키고자 한다.

---

124) 12지파를 가리킨다.

125) 악의 세력을 상징한다.

여자가 아들[126]을 낳으니 그는 장차 철장으로 만국을 다스릴 남자이라. 그 아이를 하나님 보좌 앞으로 올려갔다.(계 12:3~5)

그 여자가 광야로 도망가서 1,260일 동안 아들을 양육하기 위하여 하나님께서 예비하신 곳이 있었다. 하늘에 전쟁이 일어나 미가엘이 용과 그의 사자들과 싸우나 용의 무리들이 패하여 하늘에 있을 곳이 없어 용은 그 사자들과 더불어 땅으로 쫓겨났다. 용은 옛 뱀이고 마귀, 사탄이라고도 한다. 그는 온 천하를 미혹하고자 한다.(계 12:6~9)

하늘에서 큰 음성이 들렸다.

'이제 우리 하나님의 구원과 능력과 나라와 또 그의 그리스도의 권세가 나타났으니 우리 형제들을 참소하던 자 곧 우리 하나님 앞에서 밤낮 참소하던 자가 쫓겨났고 우리 형제들이 어린 양의 피와 자기들이 증언하는 말씀으로 그를 이겼으니 그들은 죽기까지 자기들의 생명을 아끼지 아니하였도다. 그러므로 하늘과 그 가운데 거주하는 자들은 즐거워하라 그러나 땅과 바다는 화 있을진 저 마귀가 자기의 때가 얼마 남지 않은 줄을 알므로 크게 분 내어 너희에게 내려갔음이라'(계 12:10~12)라고 하였다.

땅으로 내쫓긴 용이 남자아기를 낳은 여자를 박해하자 여자는 독수리의 두 날개를 받아 광야의 자기 곳으로 날아가 거기서 3년 반을 보호받는다. 뱀은 입을 벌려 물을 강같이 토하여 여자를 물에 떠내려가게 하려 하니 땅이 그를 도와 입을 벌려 용이 토한 강물을 삼킨다. 용이 분노하여 돌아가 여자의 남은 자손 곧 하나

---

126) 예수님

님의 계명을 지키며 예수의 증거를 가진자들과 더불어 싸우려고 바다 모래위에 서 있었었다.(계 12:13~17)

(20) 바다에서 나온 짐승

내가 보니 바다에서 한 짐승이 나오는데 뿔이 10[127)]이요, 머리가 7[128)]이라 뿔에는 10 왕관이 있고 머리에는 신성 모독하는 이름들이 있었다. 짐승은 표범과 비슷하고 발은 곰의 발 같고 입은 사자의 입 같은데 용이 자기의 능력과 보좌와 큰 권세를 그에게 주었다. 그 머리 하나가 상하여 죽게 된 것 같더니 그 상처가 나으니 온 땅이 놀랍게 여겨 짐승에게 경배하여 이르되 '누가 이 짐승과 같으냐 누가 능히 이와 더불어 싸우리요'라고 하였다.(계 13:1~4)

또 짐승은 과장되고 신성 모독의 말을 하는 입을 받고 42개월 동안 일할 권세를 받았다. 짐승이 입을 벌려 하나님을 향하여 비방하되 그의 이름과 그의 장막 곧 하늘에 사는 자들을 비방하였다. 또 권세를 받아 성도들과 싸워 이기게 되고 각 족속과 백성과 방언과 나라를 다스리는 권세를 받으니 죽임을 당한 어린 양의 생명책에 창세 이후로 이름이 기록되지 못하고 이 땅에서 사는 자들은 다 그 짐승에게 경배할 것이다.(계 13:6~8)

사로잡힐 자는 사로잡혀 갈 것이고 칼에 죽을 자는 마땅히 죽

---

127) 뿔은 거짓 세력을 상징

128) 머리는 악의 무리들의 집단

을 것이니 성도들의 인내와 믿음이 여기 있느니라.[129)]

(21) 땅에서 올라온 짐승

내가 보니 다른 짐승이 땅에서 올라오는데 어린 양처럼 뿔이 두 개고 용처럼 말을 하였다. 그 짐승은 먼저 나온 짐승의 모든 권세를 그 앞에서 행하고 땅과 땅에 사는 자들을 처음 짐승에게 경배하게 하니 곧 죽게 되었던 상처가 낫게 되었다.

큰 이적을 행하되 사람들 앞에서 불이 하늘로부터 땅에 내려오게 하고 먼저 짐승에게서 받은 이적을 행함으로 땅에 거하는 자들을 미혹하며 땅에 거하는 자들에게 이르기를 칼에 상하였다가 살아난 짐승을 위하여 우상을 만들라 하였다.(계 13:12~14)

그가 권세를 받아 그 짐승의 우상에게 생기를 주어 그 짐승의 우상이 말을 하게 하고 또 짐승의 우상에게 경배하지 아니하는 자는 몇이든지 다 죽이게 하였다. 그가 모든 자 곧 작은 자나 큰 자나 부자나 가난한 자나 자유인이나 종들에게 그 오른손에나 이마에 표를 받게 하고 누구든지 이 표를 받은 자 외에는 매매를 하지 못하게 하니 이 표는 짐승의 이름이나 그 이름의 수이다. 총명한 자는 그 짐승의 수를 세어보니 그의 수는 666이었다.(계 13:15~18)

129) 13:10은 하나님이 정하신 운명을 피할 수는 없으나 성도들은 인내와 예수님에 대한 믿음을 지켜야 한다고 권면한다. 참조 Osty성경 p.2572 주 13:10

(22) 어린 양과 144,000명

또 보니 어린 양이 시온에 섰고 그와 함께 144,000명이 섰는데 그들의 이마에는 어린 양의 이름과 그 아버지의 이름을 쓴 것이 있었다. 하늘에서는 많은 물소리와도 같고 우렛 소리와도 같은데 내가 들은 소리는 거문고 타는 소리 같은 것이 들렸다.(계 14:1~2)

그들이 보좌 앞과 4생물과 장로들 앞에서 새 노래를 부르니 땅에서 속량함을 받은 144,000명밖에는 능히 이 노래를 배울 자가 없었다. 이 사람들은 여자와 더불어 더럽히지 아니하고 어린 양이 어디로 인도하든지 따라가는 자며 사람 가운데서 속량함을 받아 처음 익은 열매로 하나님과 어린 양에게 속한 자들이라. 그 입에는 거짓말이 없고 흠이 없는 자들이었다.(계 14:3~5)

(23) 3천사

또 보니 다른 천사가 공중에 날아가는데 땅에 거주하는 자들 곧 모든 민족과 종족과 방언과 백성에게 전할 영원한 복음을 가졌더라.(계 14:6)

그가 큰 음성으로 '하나님을 두려워하며 그에게 영광을 돌리라. 이는 그의 심판의 시간이 이르렀음이니 하늘과 땅과 바다와 물들의 근원을 만드신 이를 경배하라'(계 14:7)라고 하였다.

또 다른 천사 곧 둘째 천사가 뒤따라 '무너졌도다. 큰 성 바벨론이여 모든 나라에게 그 음행으로 말미암아 진노의 포도주를 먹이던 자로다'(계 14:8)라고 하였다.

또 셋째 천사가 뒤를 따라 큰 음성으로 '누구든지 짐승과 그 우상에게 경배하고 이마에나 손에 표를 받으면 그도 하나님의 진노의 포도주를 마시리니 그 진노의 잔에 섞인 것이 없이 부은 포도주라 거룩한 천사들 앞과 어린 양 앞에서 불과 유황으로 고난을 받으리라. 그 고난의 연기가 세세토록 올라갈 것이다. 짐승과 그 우상에게 경배한 자는 누구든지 밤낮 쉼을 얻지 못하리라'(계 14:9~11)라고 하였다.

그러므로 성도들에게 인내가 있어야 하니 그들은 하나님의 계명과 예수님에 대한 믿음을 지키는 자들이기 때문이다.

또 들으니 하늘에서 큰 음성이 '기록하라 지금 이후로 주 안에서 죽는 자들은 복이 있도다'라 하시자 성령이 '그러하다 그들이 수고를 그치고 쉬리니 이는 그들이 행한 일이 그 뒤를 따를 것이기 때문이라'(계 14:13)라 이르셨다.

(24) 땅의 추수

또 보니 흰 구름이 있고 구름 위에 인자 같은 이가 앉으셨는데 그 머리에는 금 면류관이 있고 손에 예리한 낫을 가졌다. 또 다른 천사가 성전에서 나와 큰 음성으로 구름 위에 앉은 이를 향하여 '당신의 낫을 휘둘러 거두소서. 땅의 곡식이 다 익어 거둘 때가 이르렀음이니라'(계 14:14~15)라 하니 구름 위에 앉으신 이가 낫을 땅에 휘두르자 곡식이 거두어졌다.

또 불을 다스리는 천사가 제단에서 나와 예리한 낫을 가진 자를 향하여 큰 음성으로 '네 예리한 낫을 휘둘러 땅의 포도송이를 거두라. 그 포도가 익었느니라'(계 14:18~19) 천사가 낫을 휘둘러 땅의 포도주를 거두어 하나님의 진노의 포도주 틀에 던지자 성 밖에서 그 틀이 밟히니 틀에서 피가 나서 말 굴레에까지 닿았고 1600스타디온[130]에 퍼졌다.

(25) 7재앙을 가진 7천사

또 하늘에 크고 이상한 다른 이적을 보니 7천사가 7재앙을 가졌으니 곧 마지막 재앙이라. 하나님의 진노가 이것으로 마칠 것이다.(계 15:1)

내가 보니 물이 섞인 유리 바다 같은 것이 있고 짐승과 그 우상과 그의 이름의 수를 이기고 벗어난 자들이 유리 바닷가에 서서 하나님의 거문고를 가지고 하나님의 종 모세의 노래 어린 양의 노래를 불러 이르되, '주 하나님 곧 전능하신 이시여 하시는 일이 크고 놀라우시도다 만국의 왕이시여, 주의 길이 의롭고 참되시도다 주여 누가 주의 이름을 두려워하지 아니하오며 영화롭게 하지 아니하오리까 오직 주만 거룩하시니이다 주의 의로운 일이 나타났으매 만국이 주께 경배하리이다'(계 15:3~4)라고 하였다.

'이 일 후에 또 보니 하늘에 증거 장막의 성전이 열리며 7재앙을 가진 7천사가 성전에서 나와 맑고 빛난 세마포 옷을 입고 가슴에 금띠를 띠고 4생명 중의 하나가 영원토록 살아계신 하나

---

130) 1스타디온은 192m이다.

님의 진노를 가득 담은 금 대접 7을 그 7천사에게 주니 하나님의 영광과 능력으로 말미암아 성전에 연기가 가득 차매 7천사의 7재앙이 마치기까지는 성전에 능히 들어갈 자가 없더라'(계 15:5~8)

(26) 하나님의 진노의 7대접

또 큰 음성이 들려 7 천사에게 말하되 '너희는 가서 하나님의 진노의 7대접을 땅에 쏟으라'(계 16:1)

첫째 천사가 가서 그 대접을 땅에 쏟자 짐승의 표를 받은 사람들과 그 우상에게 경배하는 자들에게 악하고 독한 종기가 났다.

둘째 천사가 그 대접을 땅에 쏟자 바다가 죽은 자의 피 같이 되니 바다 가운데 모든 생물이 죽더라.(계 16:2~3)

셋째 천사가 그 대접을 강과 물 근원에 쏟자 피가 되었다. 내가 들으니 물을 차지한 천사가 '전에도 계셨고 지금도 계신 거룩하신 이여 이렇게 심판하시니 의로우시도다. 그들이 성도들과 선지자들의 피를 흘렸으니 그들에게 피를 마시게 하신 것이 참되시고 의로우시도다'(계 16:4~6)라 한다.

넷째 천사가 대접을 해에 쏟자 해가 권세를 받아 불로 사람들을 태우니 사람들이 크게 태움에 태워진지라. 이 재앙들을 행하는 권세를 가지신 하나님의 이름을 비방하며 또 회개하지 아니하고 주께 영광을 돌리지 아니하였다.(계 16:8~9)

또 다섯째 천사가 대접을 짐승의 왕좌에 쏟으니 그 나라가 곧 어두워지며 사람들이 아파서 자기 혀를 깨물고 아픈 것과 종기

로 말미암아 하나님을 비방하고 그들의 행위를 회개하지 아니하더라.(계 16:8~11)

또 여섯째 천사가 대접을 큰 강 유브라데에 쏟자 강물이 말라서 동방에서 오는 왕들의 길이 예비되었다. 또 보니 개구리 같은 세 더러운 영이 용의 입과 짐승의 입과 거짓 선지자의 입에서 나오니 그들은 귀신의 영이라 이적을 행하여 온 천하 왕들에게 가서 하나님 곧 전능하신 이의 큰 날에 있을 전쟁을 위하여 그들을 모았다.(계 16:12~14)

'보라 내가 도둑같이 오리니 누구든지 깨어 자기 옷을 지켜 벌거벗고 다니지 아니하며 자기의 부끄러움을 보이지 아니하는 자는 복이 있도다'(계 16:15)

세 영이 무리들을 아마겟돈[131)]으로 모았다.

일곱째 천사가 대접을 쏟으니 보좌에서 큰 음성이 '되었다' 하시니 번개와 음성들과 우렛소리가 있고 큰 지진이 일어나 이제까지 없었던 그 지진은 성을 세 갈래로 가르고 만국의 성들도 무너지게 하였으니 바벨론이 하나님 앞에 기억하신 바 되어 그의 맹렬한 진노의 포도주 잔을 받으니 각 섬들도 없어지고 산악도 간데 없었다. 또 무게가 한 달란트[132)]나 되는 큰 우박이 하늘에서 내리니 사람들이 그 우박의 재앙 때문에 하나님을 비방하니 큰 재앙이기 때문이다.(계 16:19~21)

---

131) 악의 세력이 전쟁을 위하여 모이는 집결 장소

132) 약 60kg

(27) 짐승을 탄 여자

일곱 대접을 가진 천사 중 하나가 이르되 '이리오라 많은 물 위에 앉은 큰 음녀가 받을 심판을 너에게 보이리라. 땅의 임금들도 그와 더불어 음행하였고 땅에 사는 자들도 그 음행의 포도주에 취하였다'(계 17:1~2)라고 일러주었다.

곧 성령이 나를 광야로 데려갔다. 내가 보니 여자가 붉은빛 짐승을 탔는데 몸에 하나님을 모독하는 이름들이 가득하고 7머리와 10뿔이 있으며 그 여자는 자줏빛과 붉은빛 옷을 입고 금과 보석과 진주로 꾸미고 손에 금잔을 가졌는데 가증한 물건과 음행의 더러운 것들이 가득하였다. 이마에 이름이 기록되었으니 비밀이다. '대 바벨론이라 땅의 음녀들과 땅의 가증한 것들의 어미'라 하였다.(계 17:1~5)

또 내가 보니 여자가 성도들의 피와 예수의 증인들의 피에 취하여 그 여자를 보고 내가 크게 놀랐다. 천사가 '왜 놀랍게 여기느냐 내가 여자와 그가 탄 7머리와 10뿔 가진 짐승의 비밀을 네게 이르리라'라고 하였다.(계 17:17)

네가 본 짐승은 전에 있었다가 지금은 없으나 장차 무저갱에서 올라와 멸망으로 들어갈 자니 땅에 사는 자들 중에서 창세 이후 그 이름이 생명책에 기록되지 못한 자들이 이전에 있었다가 지금은 없으나 장차 나올 짐승을 보고 놀랍게 여기리라.

지혜 있는 뜻이 여기 있으니 그 7머리는 여자가 앉은 7산이요 7왕이다. 5는 망하고 하나는 아직 이르지 않았으나 이르면 반드시 잠시 머무르리라. 전에 있다가 지금 없어진 짐승은 여덟째

왕이니 일곱 중에 속한 자라. 그가 멸망으로 들어갈 것이다. 네가 보던 10뿔은 10왕이니 아직은 나라를 얻지 못하였으나 짐승과 더불어 한동안 권세를 받으리라. 그 짐승에게도 주었다.(계 17:9~13)

그들이 어린 양과 싸우겠으나 어린 양은 만주의 주이시고 만왕의 왕이시므로 그들을 이기실 것이요. 또 그와 함께하는 자들 곧 부르심을 받고 택하심을 받은 진실한 자들도 이길 것이다.(계 17:8~14)

그 천사는 내게 '네가 본 바 음녀가 앉아 있는 물은 백성과 무리와 열국과 방언들이다 네가 본 이 10뿔과 짐승은 음녀를 미워하여 망하게 하고 벌거벗게 하고 그의 살을 먹고 불로 태우리라 이는 하나님이 자기의 뜻이 이루어질 때까지 그들에게 권세를 주었기 때문이다 또 네가 본 그 여자는 땅의 왕들을 다스리는 큰 성이라 하였다'(계 17:14~18)

(28) 바벨론의 멸망

이 일 후에 큰 권세를 가진 다른 천사가 하늘에서 내려오는 것을 보았다. 그의 영광으로 땅이 환하여졌다. 그는 힘찬 음성으로 '무너졌도다. 무너졌도다. 큰 성 바벨론이여. 귀신의 처소와 각종 더러운 영이 모이는 곳, 각종 더럽고 가증한 새들[133]이 모이는 곳이 되었도다.

---

133) 갈 곳이 없는 이방인들을 가리킨다.

음행의 진노의 포도주로 말미암아 만국이 무너졌으며 또 땅의 왕들이 그와 더불어 음행하였으며 땅의 상인들도 그 사치의 세력으로 치부하였도다.(계 18:2~3)

또 들으니 다른 음성이 '내 백성아 거기서 나와 그의 죄악에 참여하지 말고 그가 받을 재앙들을 받지 말라. 그의 죄는 하늘에 사무쳤으며 하나님은 그의 불의한 일을 기억하시기 때문에 그가 준 대로 그에게 주고[134] 그의 행위대로 갑절을 갚아주고 그가 부은 잔에도 갑절이나 섞어 부어 그에게 주라(계 18:3~6)라고 한다.

그가 얼마나 자기를 영화롭게 하였으며 사치하였든지 그만큼 고통과 애통함으로 갚아주라. 그가 마음에 말하기를 나는 여왕[135]으로 앉은 자요 과부가 아니라 결단코 애통함을 당하지 아니하리라 한다. 그러므로 하루 동안에 그 재앙들이 이르리니 곧 사망과 애통함과 흉년이라 그가 또한 불에 살라지리니 그를 심판하시는 주 하나님은 강하신 자 이심이라. 그와 함께 음행하였고 사치하던 땅의 왕들이 그가 불타는 연기를 보고 위하여 울고 가슴을 치며 그의 고통을 무서워하며 멀리 서서 이르되 '화 있도다 화 있도다 큰 성 견고한 성 바벨론이여 한 시간에 네 심판이 이르렀도다'라 할 것이다.(계 18:7~10)

땅의 상인들이 그를 위하여 울고 애통하는 것은 다시 그들의 상품을 사는 자가 없음이라. 그 상품은 금과 은과 보석과 진주와 세마포와 자주 옷감과 비단과 붉은 옷감이요 각종 향목과 각종

---

134) 동태 복수법(Talion)을 따른다.

135) 권력자 또는 지배자

상아 그릇이요 값진 나무와 구리와 철과 대리석으로 만든 그릇이요 계피와 향료와 향과 향유와 유향과 포도주와 감람유와 고운 밀가루와 밀이요 소와 양과 말과 수레와 종들과 사람의 영혼[136]들이라.(계 18:11~13)

'바벨론아 네 영혼이 탐하던 과일이 네게서 떠났으며 맛있는 것들과 빛난 것들이 다 없어졌으니 사람들이 이것들을 다시 보지 못할 것이다. 바벨론으로 말미암아 치부한 이 상품의 상인들이 그의 고통을 무서워하여 멀리 서서 울고 애통하여 이르되 '화 있도다 화 있도다 큰 성이여' 세마포 옷과 자주 옷과 붉은 옷을 입고 금과 보석과 진주로 꾸민 것인데 그러한 부가 한 시간에 망하였도다'(계 18:14~19)

모든 선장과 각처를 다니는 선객들과 선원들과 바다에서 일하는 자들이 멀리서서 그가 불타는 연기를 보고 외쳐 이르되 이 큰 성과 같은 성이 어디 있느냐 하며 티끌을 자기 머리에 뿌리고 울고 애통하여 외쳐 이르되 '화 있도다 화 있도다 이 큰 성이여' 바다에서 배 부리는 모든 자들이 너의 모든 상품으로 치부하였더니 한 시간에 망하였도다. 하늘과 성도들과 선지자들아 그로 말미암아 즐거워하라. 하나님이 너희를 위하여 그에게 심판을 행하였음이라.(계 18:14~20)

이에 한 힘센 천사가 큰 맷돌 같은 돌을 들어 바다에 던져 이르되 '큰 성 바벨론이 이 같이 비참하게 져 결코 다시 보이지 아니하리로다 또 거문고 타는 자와 풍류하는 자와 통소 부는 자와 나

---

136) 신을 위하여 제단에서 희생되는 노예들

팔 부는 자들의 소리가 결코 네 안에서 들리지 아니하고 어떤 세공업자든지 결코 다시 네 안에서 들리지 아니하고 등불 빛이 결코 다시 네 안에서 비치지 아니하고 신랑과 신부의 음성이 결코 네 안에서 들리지 아니하리로다 너의 상인들은 땅의 왕족들이라 네 복술로 말미암아 만국이 미혹되었도다'(계 18:21~23)라 한다.

선지자들과 성도들과 및 땅 위에서 죽임을 당한 모든 자의 피가 그 성에서 발견되었다고 하였다.

(29) 할렐루야

이 일 후에 하늘에 허다한 무리들의 큰 음성이 있어, '할렐루야 구원과 영광과 능력이 우리 하나님께 있도다 그의 심판은 참되고 의로워서 음행으로 땅을 더럽게 한 큰 음녀를 심판하사 자기 종들의 피를 그 음녀의 손에 갚으셨도다'(계 19:1~2)라고 하고 두 번째로 '할렐루야' 하니 그 연기가 세세토록 올라갔다. 보좌에서 큰 음성이 '하나님의 종들 곧 그를 경외하는 너희들아 작은 자나 큰 자나 다 우리 하나님께 찬송하라'(계 19:3~5)라고 하였다.

또 들으니 허다한 무리의 음성과도 같고 많은 물소리와도 같고 큰 우렛소리와도 같은 소리로 '할렐루야 우리 주 하나님 곧 전능하신 이가 통치하시도다 우리가 즐거워하고 크게 기뻐하며 그에게 영광을 돌리세 어린양의 혼인 기약[137]이 이르렀고 그의 아내

---

137) 예수님과 이스라엘의 계약

[138]가 자신을 준비하였으므로 그에게 빛나고 깨끗한 세마포 옷을 입도록 허락하셨으니 이 세마포 옷은 성도들의 옳은 행실이다'(계 19:6~8)라 한다.

천사가 내게 '어린 양의 혼인 잔치에 청함을 받은 자들은 복이 있도다'라고 하고 기록하라 하고 또 '이것은 하나님의 참되신 말씀'이라고 하였다. 내가 엎드려 경배하려 하니 그는 '나는 너와 같이 된 종이니 삼가 그리하지 말고 오직 하나님께 경배하라 예수의 증언은 예언의 영이라'(계 19:9~10)하였다.

(30) 백마를 탄 자

또 내가 하늘이 열린 것을 보니 '보라 백마와 그것을 탄 자가 있으니 그 이름은 충신과 진실이라, 그[139]가 심판하며 싸웠다.

눈이 불꽃 같고 그 머리에 많은 관들이 있고 또 이름 쓴 것 하나가 있으니 자기밖에 아는 자가 없고 또 그가 피 뿌린 옷을 입었는데[140] 그 이름은 하나님의 말씀이라 칭하였다.(계 19:12~13)

하늘에 있는 군대들이 희고 깨끗한 세마포 옷을 입고 백마를 타고 그를 따르더라. 그의 입에서 예리한 검[141]이 나오니 그것으로 만국을 치겠고 친히 그들을 철장으로 다스리며 또 친히 하나

---

138) 새로운 교회

139) 백마를 탄 충신과 진실

140) 하나님 말씀의 환유

141) 말씀의 환유

님 곧 전능하신 이의 맹렬한 진노의 포도주 틀[142)]을 밟겠고 그 옷과 다리에 이름을 쓴 것이 있으니 '만왕의 왕이요 만주의 주'라고 하였다.(계 19:12~16)

또 보니 한 천사가 태양 안에 서서[143)] 공중에 나는 모든 새들을 향하여 큰 음성으로 '와서 하나님의 큰 잔치에 모여 왕들의 살과 장군들의 살과 장사들의 살과 자유인들의 살과 말과 그것을 탄 자들의 살과 자유인들이나 종들이나 작은 자나 큰 자나 모든 자의 살을 먹으라'(계 19:17~18)[144)] 라고 하였다.

또 보니 '그 짐승과 땅의 임금들과 그들의 군대들이 모여 그 말 탄 자와 그의 군대들과 전쟁을 벌여 짐승이 잡히고 그 앞에서 표적을 행하던 거짓 선지자도 잡혔으니 그는 짐승의 표를 받고 우상에게 경배하던 자들을 표적으로 미혹하던 자라. 이들이 산 채로 유황 불 못에 던져지고 그 나머지는 말탄 자의 입으로부터 나오는 검[145)]에 죽으니 모든 새가 그들의 살로 배불리더라'(계 19:19~21)

(31) 1,000년

또 보니 '천사가 하늘에서 무저갱의 열쇠와 큰 쇠사슬을 가지

142) 심판

143) 창공의 가장 높은 곳에 서서, 참조 Osty p.2585 주

144) 겔 37:17~19에서 언급한 것을 참조한 것이다. 19:19 참조

145) 진리의 말씀

고 하늘로부터 내려와 용을 잡으니 곧 옛 뱀이요 마귀요 사탄이라 잡아서 1,000년 동안 결박하여 무저갱에 넣어 잠그고 그 위에 인봉하여 천년을 채울 때까지 만국을 미혹하지 못하게 하는데 그 기간이 차면 반드시 잠깐 놓이리라.(계 1:1~3)

또 보니 보좌들에 앉은 자들이 심판하는 권세를 받았다. 또 내가 보니 예수를 증언함과 하나님의 말씀 때문에 목이 베인 영혼들과 또 짐승과 그 우상에게 경배하지 아니하고 그들의 이마와 손에 그의 표를 받지 아니한 자들이 살아나서 그리스도와 더불어 1,000년 동안 왕 노릇 하고 그 나머지 죽은 자들은 1,000년이 차기까지 살지 못하니 이것이 첫째 부활이라'(계 20:4~5)

이 첫째 부활에 참여하는 자들은 복되고 거룩하도다. 둘째 사망이 그들을 다스릴 권세가 없고 도리어 그들[146)]이 하나님과 그리스도의 제사장이 되어 1,000년 동안 그리스도와 더불어 왕 노릇 하리라.(계 20:6)

(32) 사탄의 파멸

'1,000년이 차매 그 옥에서 풀려나온 사탄은 사방의 백성 곧 곡과 마곡[147)]을 미혹하고 그들을 모아 싸움에 나서니 그 수가 바다의 모래처럼 많았다. 그들이 지면에 널리 퍼져 성도들의 진과 하나님이 사랑하시는 성을 둘러싸자 하늘에서 불이 내려와 그들을

146) 첫째 부활에 참여하는 자들

147) 겔 38:2에 의하면 마곡은 이방 나라들이고 곡은 그 우두머리

태워버리고 또 그들을 미혹하는 마귀가 불과 유황 못에 던져지니 그곳에는 짐승과 거짓 선지자도 있어 세세토록 계속 밤낮 괴로움을 받으리라'(계 20:7~10)

(33) 죽은 자들의 심판

'흰 보좌와 그 위에 앉으신 이를 보니 땅과 하늘이 그 앞에서 피하여 간데 없었다. 또 보니 죽은 자들이 큰 자나 작은 자나 그 보좌 앞에 서 있는데 책들이 펴 있고 또 다른 책이 펴졌으니 곧 생명책이라 죽은 자들이 행위를 따라 그 책에 기록된 대로 받는다'(계 20:11~12) 사망과 음부도 불못에 던져지니 이것은 둘째 사망이다. 누구든지 생명책에 기록되지 못한 자는 불못에 던져진다.

(34) 새 예루살렘

내가 새 하늘과 새 땅을 보니 처음 하늘과 처음 땅이 없어졌고 바다도 다시 있지 않았다. 또 보니 거룩한 성 새 예루살렘이 하나님에게서 하늘로부터 내려오니 그 준비한 것이 신부가 남편을 위하여 단장한 것 같았다.(계 21:1~2)

또 들으니 보좌에서 큰 음성이 이르되 '보라 하나님의 장막이 사람들과 함께 있어 하나님이 그들과 함께 계시리니 그들은 하나님의 백성이 되고 하나님은 친히 그들과 함께 계셔서 그 눈에서 모든 눈물을 그 눈에서 닦아 주시니 다시는 사망이 없겠고 애통하는 것이나 곡하는 것이나 아픈 것이 다 지나갔음이라(계

21:3~4)라고 하셨다.

보좌에 앉으신 이가 이르시되 '보라 내가 만물을 새롭게 하노라' 하시고 또 이르시되 '이 말은 신실하고 참되니 기록하라'(계 21:5)라고 하셨다.

또 내게 말씀하시되 '이루었도다 나는 알파와 오메가요 처음과 마지막이라 내가 생명수 샘물을 목마른 자에게 값없이 주리니 이기는 자는 이것들을 상속으로 받으리라 나는 그의 하나님이 되고 그는 내 아들이 되리라. 그러나 두려워하는 자들과 믿지 아니하는 자들과 흉악한 자들과 살인자들과 음행하는 자들과 점술가들과 우상 숭배자들과 거짓말하는 모든 자들은 불과 유황으로 타는 못에 던져지리니 이것이 둘째 사망이니라'(계 21:6~8)라고 하신다.

일곱째 대접을 가지고 7재앙을 담은 7천사 중 하나가 나와서 내게 '이리 오라 내가 신부 곧 어린 양의 아내를 네게 보이리라' 하고 성령으로 나를 데리고 높은 산으로 올라가 하나님께로부터 하늘에서 내려오는 거룩한 성 예루살렘을 보이니 하나님의 영광이 있어 그 성의 빛이 지극히 귀한 보석 같고 수정 같이 맑더라.(계 21:9~11)

크고 높은 성곽이 있고 12문이 있는데 문에 12천사가 있고 그 문들 위에 이스라엘 자손 12지파의 이름이 있었다 동쪽에 3문, 북쪽에 3문, 남쪽에 3문, 서쪽에 3문이 있었다.(계 21:12) 성의 성곽에는 12기초석이 있고 그 위에는 어린양의 12사도의 이름이 있었다.

내게 말하는 자가 그 성과 성곽을 측량하려고 금 갈대자를 가졌었다. 그 성은 네모가 반듯하여 길이와 너비가 같아 갈대자로 측량하니 2000 스타디온이요 길이와 너비와 높이가 같더라. 그 성곽을 측량하니 144규빗[148]이다. 사람과 천사의 측량이 같았다.

성곽은 벽옥으로 쌓였고 성은 정금인데 맑은 유리 같았다. 그 성곽의 기초석은 색색의 보석으로 꾸며져 있는데 첫째의 기초석은 벽옥이고 둘째는 남보석 셋째는 옥수, 넷째는 녹보석, 다섯째는 홍마노 여섯째는 홍보석, 일곱째는 황옥 여덟째는 녹옥, 아홉째는 담황옥, 열째는 비취, 열한째는 청옥, 열두째는 자수정이었다.(계 21:18~20)

12문은 진주니 문마다 진주로 되어 있고 성의 길은 맑은 유리 같은 정금이었다. 성안에서 성전은 보지 못하였으니 이는 주 하나님 곧 전능하신 이와 어린양이 그 성전이시기 때문이다.[149]

성은 해나 달의 비침이 쓸데없으니 이는 하나님의 영광이 비치고 어린양이 그 등불이 되시기 때문이다. 만국이 그 빛 가운데로 다니고 땅의 왕들이 자기 영광을 가지고 그리로 들어갈 것이다. 무엇이든지 속된 것이나 가증한 일 또는 거짓말하는 자는 결코 그리로 들어가지 못하고 오직 어린 양의 생명책에 기록된 자들만 들어갈 것이다.(계 21:21~27)

148) 약 65cm이다.

149) 성전은 하나님과 어린 양의 환유이다.

(35) 생명의 강

또 천사가 수정같이 맑은 생명수의 강을 보여주니 하나님과 및 어린양의 보좌에서 나와 길 가운데로 흐르더라. 좌우에 생명나무들이 있어 12가지 열매를 달마다 맺고 나무 잎사귀들은 만국을 치료하기 위하여 있더라. 다시 저주가 없으며 하나님과 어린양의 보좌가 그 가운데 있을 것이니 그의 종들이 섬기며 얼굴을 볼 것이요 그 이름도 그들의 이마에 있으리라.(계 22:1~4)

다시 밤이 없겠고 등불과 햇빛이 쓸데없으니 이는 주 하나님이 그들을 비추심이라. 그들이 세세토록 왕 노릇할 것이다. 또 그가 내게 말하는 것은 신실하고 참되니 주 곧 선지자들의 영의 하나님이 그의 종들에게 반드시 속히 되어질 일을 보이시려고 그의 천사를 보내셨도다.(계 22:4~5)

(36) 예수께서 오시리라

'보라 내가 속히 오리니 이 두루마리의 예언의 말씀을 지키는 자는 복이 있으리라'(계 22:7)라고 하셨다.

이것들을 보고 들은 자는 나 요한이니 내가 듣고 볼 때에 이 일을 내게 보이던 천사의 발 앞에 경배하려고 엎드렸더니 그가 '나는 너와 네 형제 선지자들과 또 이 두루마리의 말을 지키는 자들과 함께 된 종이니 그리하지 말고 하나님께 경배하라'(계 22:7~9)라고 하였다.

또 내게 '이 두루마리의 말씀을 인봉하지 말라 때가 가까우리나 불의를 행하는 자는 그대로 불의를 행하고 더러운 자는 그대로 더럽고 의로운 자는 그대로 의를 행하고 거룩한 자는 그대로 거룩하게 하라'(계 22:10~11)

보라 내가 속히 오리니 내가 줄 상이 내게 있어 각 사람에게 그가 행한대로 갚아줄 것이다. 나는 알파와 오메가요. 처음과 마지막이요. 시작과 마침이다.(계 22:12~13)

'자기 두루마기를 빠는 자들은 복이 있으니 이는 그들이 생명나무에 나아가며 문들을 통하여 성에 들어갈 권세를 받으려 함이로다. 개들과 점술가들과 음행하는 자들과 살인자들과 우상숭배자들과 거짓말을 좋아하며 지어내는 자는 다 성 밖에 있으리라'(계 22:12~15)

'나 예수는 교회들을 위하여 내 사자를 보내어 이것들을 너희에게 증언하였노라. 나는 다윗의 뿌리요 자손이니 곧 광명한 새벽 별이라'[150](계 22:16)라고 하셨다.

성령과 신부[151]는 듣는 자 목마른 자 원하는 자에게 값없이 생명수를 받으라 하였다. 예수님께서는 두루마리의 예언에 더 붙이거나 삭제하면 그에 대한 대가를 치러야 한다고 경고하신다. 그리고 '내가 진실로 속히 오리라' 하시어 '아멘 주 예수여 오시옵소서'(계 22:20)라고 하였다. 요한은 모두에게 예수님의 은혜를 빌며 계시록을 마친다.

---

150) 예수님께서는 계 2:26에서 '이기는 자와 내 일을 지키는 그에게 만국을 다스리는 권세를 주리니 (……) 내가 또 그에게 새벽 별을 주리라' 하셨다. 새벽 별은 어둠이 끝날 때 세상을 밝히는 별이다.

151) 교회의 환유

요한 계시록은 몇 가지 오해를 불러일으킨다.

첫째, 계시록은 일반적으로 신비에 쌓여 읽기 부담스러운 책이라고 생각하는 성도들이 있다. 물론 삭막하고 외딴섬에 홀로 유배된 사도가 본 환상들이 예사롭지는 않으니 신비롭게 생각될 수도 있다. 그러나 실제로 읽어보면 평범한 독자가 읽기에 어렵지 않은 평이한 언어로 기술되었고 난잡한 어휘도 거의 담지 않고 있음을 확인하게 된다.

둘째로 다니엘서는 구약성경의 대표적 예언서이고 요한 계시록은 신약성경의 예언서라고 많이 알려져 있다. 계시록은 하나님께서 종말에 하늘에서 내려주실 새 예루살렘의 모습을 담고 있다. 그러므로 다양한 환상들과 미래의 새 예루살렘을 보여주는 계시록은 예언서라고 보기보다 비전들을 보여주는 비전서라고 해야 옳다고 생각한다.

계시록의 영어 번역을 'Revelation'이라고 하는데 그것은 '뜻밖의 것을 누설하는 것'을 의미하고 프랑스어의 'Apocalypse'는 '모르고 있는 종말론적인 것을 살그머니 보여준다'는 뜻이다. 한자로 '啓示'는 '문을 벌려 보이지 않는 것을 보여준다'는 뜻이니 예언서 보다 '비전서'가 맞지 않을까 생각한다.

셋째로 계시록은 천사를 통하여 보는 환상들을 무의식적으로 나열한다고 생각되지만 사실은 재앙과 고난에서 보이는 환상들은 잘 정돈되고 정리되어 요한의 계획에 따라 일관성 있게 펼쳐진다.

결론적으로 인간을 창조하시고 그들을 위하여 에덴동산을 마련하신 하나님께서는 그들이 그들의 죄악으로 에덴에서 나오자 어린 양을 보내시어 인간들을 구원하시고 선발된 성도들이 어린 양과 함께 새 에덴 격인 새 예루살렘 성을 내려주시는 것이다. 그와 함께 66권의 구약과 신약도 끝을 맺게 된다.

요한은 고난과 재앙, 마귀와 사탄에 고통받는 성도들이 그 모든 것을 '이기면' 예수님과 함께 영광스러운 삶을 살게 된다는 희망을 주기 위해 계시록을 집필한 것이다.

오늘을 살고 있는 우리도 전염병, 전쟁, 기후변화 등 많은 어려움으로 고통받고 있으나 하나님과 예수님에 대한 믿음으로 그것들을 '이기면' 우리도 하늘의 복락을 누릴 수 있는 희망이 있음을 보여주는 희망과 위로의 메시지가 요한의 계시록인 것이다.

창세기로 시작되는 66권의 성경은 신약 27권을 끝으로 그 탑의 윗부분이다. 그 안에는 믿음, 소망, 그리고 구원의 요체를 담고 있는 보화가 있다.

❖ 계시록을 여는 열쇠

계시록은 '상징과 비유'의 넓은 숲으로 닫혀 있으니 그것을 풀기 위하여서는 열쇠가 필요하다. 예컨대 감람나무와 촛대는 하나님의 충실한 선지자로 하나님의 증인이고 권세를 받았으며 악과 재앙의 싸움에서 '이기면'성도들은 예수님과 함께 영광스러운 삶을 살게 된다.

용, 짐승, 곡, 마곡 등은 마귀요 사탄으로 하나님을 따르는 세력과 최후의 전쟁을 벌이고 패한다. 짐승을 탄 여자는 음녀로 땅의 권세자들을 미혹하고 음행을 저지른다. 바벨론은 악을 상징하는 성으로 속세의 로마를 암시하는 거대한 성이다.

그런가 하면 숫자들도 의미가 있다. 4는 세상의 네 방위를 나타내고 7은 완전 수로 계시록에 여러 차례 나온다. 6은 7에 미치지 못하는 숫자로 그 수가 세 번 겹친 666은 악의 화신이다. 10은 총체를 표상하고 12는 이스라엘의 12지파와 예수님의 12사도를 나타낸다. 하늘의 24장로는 12×2로 하나님을 보좌하는 하나님의 측근들이다. 1000은 상당히 오랜 기간을 나타내고 144,000명은 구원받는 숫자로 각 지파에서 1,200명씩 1200×12로 나온 숫자이다. 그것은 제한적인 의미가 아니라 선택받은 자의 숫자로 상징적인 의미를 나타낼 뿐이다.

IV.

넷째 단 : 자유논단

1. 동방박사와 아기예수

우리 상고사에 의하면 고조선 전에 있었던 배달국 시절에 천문을 연구하는 부서가 있어 매 300년마다 일어나는 '오성일치' 즉 금성, 수성, 목성, 화성, 토성이 일렬로 배치되는 현상을 관측했다는 놀라운 일이 있었다.

그런데 유행가 가사에도 나오지만 고대 바사 즉 페르샤에서는 별을 보고 점을 치는 사람들이 있었다고 한다. 어찌 되었든 사도 마태는 '헤롯 왕 때에 예수께서 유대 베들레헴에 나시매 동방으로부터 박사들이 예루살렘에 이르러 말하되 유대인의 왕으로 나신이가 어디 계시냐 우리가 동방에서 그의 별을 보고 그에게 경배하러 왔노라'(마 2:1~2)라 기록한다.

헤롯 왕이 대제사장과 서기관들을 통하여 그가 베들레헴에 났음을 알려주자 동방박사들은 찾아가 '아기와 그의 어머니 마리아가 함께 있는 것을 보고 엎드려 아기께 경배하고 보배합을 열어 황금과 유향과 몰약을 예물로 드리니라'(마 2:11) 박사들은 길을 바꿔 돌아가라는 계시를 받고 다른 길로 돌아갔다.

동방 박사를 NIV성경에서는 'Magi'라고 하고 각 주에서

Wiseman 즉 지혜자라고 설명한다. Osty성경은 'Mages Du Levant' 즉 페르샤의 점성술 사제라고 한다. 실은 그들 세 사람, 카스파, 멜키오르, 발타자르는 고대 페르샤의 종교인 조로아스타교의 고위직 사제로 우르미야에서 하늘의 별을 보고 세상의 일들을 점지하는데 하루는 새로운 별을 관측하고 그 별이 유대의 새로운 왕의 탄생을 알리는 별임을 깨닫고 자기들도 그 새로운 왕에게 경배하기 위하여 길을 떠난 것이다.

그들의 고향 우르미아에서 예루살렘까지는 1,600여 km인데 낙타를 타고 여행하였으나 도중에는 높은 산, 황무지 강들이 있고 길도 변변치 못하고 안내자도 없이 별만 보고 길을 가니 한 달가량 여행하며 온갖 고생을 겪어야 했을 것이다.

그러나 온갖 어려움에도 불구하고 하늘이 내리신 새로운 통치자를 찾아가 반드시 경배드려야 한다는 신념이 있기 때문에 찾아가 아기 예수님께 경배드리고 왕에게 드리는 예물로 적합한 황금, 유황, 몰약을 바친 것이다.

그들이 돌아와 중요한 일이 일어났다. 세 사람의 동방박사들은 조로아스타교 사제직을 그만두고 예수님을 믿기로 하고 오로지 자력으로 세계 최초로 기독교 교회를 세우고 그 후 중단없이 예배를 드리고 있다. 오늘날 이슬람 국가에서 기독교에 대한 질시와 박해가 있음에도 500여 명의 성도들이 모여 예배를 드린다는 것은 놀라운 일이 아닐 수 없다.

우리가 피상적인 사실들은 알고 있으나 알지 못하는 일들이 많이 있다. 그들이 성경을 알고 읽는지 예수님의 십자가 고난과 부활을 아는지 믿음과 구원에 대해 아는지 세례를 행하는지 예배를 누가 어떻게 인도하는지 등등 여러 가지가 궁금하다.

2. 하늘나라의 환상

무신론자들은 하늘나라를 부정하고 없다고 하지만 대부분의 종교들은 하늘나라를 상정하고 신도들을 그곳으로 이끌고자 독려하고 있다. 하나님이 천지를 창조하시고 주재하신다고 믿는 기독교인들은 하나님과 예수님을 믿고 바른 삶을 산 신도들은 사망 후에 하늘나라 또는 천국에 가서 영생을 누린다고 믿고 있다.

그러나 실제 하늘나라에 가본 신도가 없고 그 존재를 보고 그곳에서 살아본 자가 없기 때문에 하늘나라와 하나님을 구체적으로 그리지는 못하고 성경을 토대로 믿고 있는 것이다.

기독교의 가장 중요한 대변자 바울은 하늘나라의 셋째 하늘에 이끌려 갔던 경험을 이야기하면서 그 당시 그가 '몸 안에 있었는지 몸 밖에 있었는지는 모르거니와 하나님은 아시느라'(롬 12:2)라고 하면서 그것이 환상 속에서의 체험임을 짐작하게 하고 있다.

그는 '낙원으로 이끌려 가서 말로 표현할 수 없는 말들을 들었으니 사람이 가히 이르지 못할 말이로다'(롬 12:4)라고 하면서 자기 자랑에 빠져들까 염려하여 생략하면서 한 가지만 알려준다.

바울은 예수님으로부터 병자들을 고쳐주는 은사를 받아 복음 전도에서 많은 병자들을 치료해 주고 있으나 정작 자신은 여러 가지 견디기 힘든 질병을 앓고 있었고 그 질병들은 낫기가 힘들었다.

그리하여 셋째 하늘에 가서 주님께 자기 '육체의 가시, 곧 사탄의 사자[152)]'에게서 벗어나게 해 주시라고 세 번이나 '주께 간구하였더니' 주님[153)]께서는 '내 은혜가 네게 족하도다 이는 내[154)] 능력이 약한 데서 온전하여짐이라'(고후 12:9)라고 하신다.

사람들에게 원하는 모든 것을 주시지는 않고 부족한 것을 인내와 노력으로 극복하게 하시는 하나님께서는 사랑하시는 바울에게 이미 베푸신 은혜가 충분하니 나머지 사탄이 주는 고통은 견디어 이겨내라고 하신 것이다. '그러므로 내가 그리스도를 위하여 약한 것들과 능욕과 궁핍과 박해와 곤고를 기뻐하노니 이는 내가 약한 그 때에 강함이라'(고후 12:10)

바울은 셋째 하늘의 다른 면모를 그리지는 않았으나 우리가 통상적으로 착각하는 것을 바로잡아준다. 그는 '하늘나라는 먹는 것과 마시는 것이 아니요 오직 성령 안에 있는 의와 평강이라'(롬 14:17)

한마디로 하늘나라에서의 삶이 우리에게 지극한 복락(Beatitude)을 주지만 우리는 그곳에서 육신의 삶을 재현하는 것이 아니라 성령 안에서 영적인 의와 평강의 삶을 누리는 것임을 바울이 상

---

152) 그의 지병인 두통, 안질, 간질 등

153) 곧 하나님

154) 바울

기시켜 준다.

그러한 삶은 하늘나라에 가야 누릴 수 있는 것은 아니다. 예수님께서는 '하나님의 나라는 너희 안에 있느니라'(눅 17:21)라고 일깨워 주셨다.

한마디로 우리가 하나님의 뜻을 따르는 삶을 살고 우리 안에 하나님을 모시고 있으면 우리는 이미 하늘나라의 삶을 살고 있는 것이지 그곳은 죽어야만 갈 수 있는 곳이 아님을 가르쳐 주신 것이다.

3. 교만의 천사 루시퍼와 사탄, 마귀

하늘나라의 하나님 주위에는 하나님을 보좌하는 천사들이 있다. 중요한 직을 수행하는 천사들은 기름 부음을 받은 대천사로 다니엘서에 하나님을 보위하고 전쟁을 이끄는 미가엘과 계시를 담당하며 소식과 연락을 담당하는 가브리엘이 나온다. 예수님의 탄생을 성모님께 알린 것도 대천사 가브리엘이었다. 그 밖에 라파엘은 치유를 맡고 있다.

그러나 '너 아침의 아들 계명성[155)]이여 어찌 그리 하늘에서 떨어졌으며 너 열국을 엎은 자여 어찌 그리 땅에 찍혔는고 네가 네 마음에 이르기를 내가 하늘에 올라 뭇 별 위에 내 자리를 높이리라 내가 북극 집회의 산 위의 보좌에 앉으리라 가장 높은 구름에 올라가 지극히 높은 이[156)]와 같아지리라 하는도다'(사 14:12~14)

에스겔도 겔 28:14~18에서 천사의 이름을 주지 않으나 그것이

---

155) 아침 샛별로 오스티는 교부들의 연구에 따라 계명성이 추락한 교만의 천사 루시퍼라고 하였다. Osty성경 p.1557 주 14 참조

156) 하나님

분명히 루시퍼 천사임을 알게 하면서 그가 아름답고 능력이 있었으나 교만하고 탐욕스러운 대천사로 창조주 하나님의 자리를 넘보다가 미가엘과 싸우고 패하여 하나님 나라에서 쫓겨났다고 알려준다.

능력과 권세가 있는 루시퍼는 하나님으로부터 지옥의 열쇠와 쇠사슬을 받고 자기를 따르는 1/3의 하늘 천사들과 함께 땅에 내려온다. 요한계시록은 루시퍼의 이름을 주지는 않고 그의 행적을 알려준다.

그가 땅에 내려와 천사가 '용을 잡으니 곧 옛 뱀이요 마귀요 사탄이라 잡아서 1,000년 동안 결박하여 지옥에 던져 잠그고 그 위에 인봉하여 1,000년이 다 차도록 다시는 만국을 미혹하지 못하게 하였다가 그 후에는 반드시 잠깐 놓이리라'(계 20:2~3)라고 알려준다.

땅에 떨어진 별 루시퍼는 '지옥의 열쇠'를 받았기 때문에(계 9:1) 지옥의 왕 곧 히브리어로 아바돈이 된다.(계 9:11) 루시퍼는 권세가 있어 마귀와 귀신의 영으로 세상을 하나님께 순종하지 않게 하고 지배하고자 미혹한다.

예수님에 대해 잘 아는 루시퍼의 영 마귀는 예수님을 미혹하여 그를 자기 부하로 만들고자 침례를 받으신 예수님을 광야에서 예수님에게 '내게 엎드려 경배하면 이 모든 것을 네게 주리라'(마 4:9)라고 미혹한다. 그러자 예수님께서는 '사단아 물러가라 기록되었으니 주 너희 하나님께 경배하고 다만 섬기라'(마 4:10)라고 하시자 마귀가 포기하고 떠난다.

성경에서 성도들을 미혹하는 가짜 교사, 거짓 선지자, 적 그리스도 그리고 현대의 이단 교주들은 모두 루시퍼의 영인 것이다. 계시록에서 짐승으로 표상되는 악의 세력은 하나님의 군대와의 마지막 전투에서 완전히 패배하여 모두 산 채로 유황 불붙는 못에 던져지고(계 20:9~10) 끝까지 믿음을 지킨 성도들은 그리스도와 더불어 왕 노릇 하게 된다고 요한이 예언한다.

4. 율법과 구원

아담과 하와의 후손들은 계속 늘어나 크고 작은 사회들을 이루면서 죄악들도 성행한다. 하나님께서는 출애굽한 백성들이 시내산 아래 이르렀을 때 모세를 부르시고 하나님께서 백성들의 삶을 관찰하시고 결과를 토대로 율법과 그 핵심인 십계명을 지으시고 모세에게 주시면서 그것들을 지킬 것을 명하신다.

모두 613조의 글로 이루어진 율법은 '행하라'의 행위 조문 248가지와 '하지 말라'의 금지조문 365가지로 이루어진다. 그리고 구약성경의 '창세기, 출애굽기, 레위기, 민수기, 신명기'를 묶어 '모세 5경'이라 하고 토라 즉 율법으로 정하고 랍비들은 그것을 모두 암송할 수 있어야 하고 백성들도 5경 중 한 가지는 외우게 한다.

모세는 신명기에서 하나님의 은혜를 잊지 말고 율법을 따르는 삶을 당부하였다. 그를 이은 여호수아도 고별사에서 하나님의 은혜에 감사드리며, '그러므로 너희는 크게 힘써 모세의 율법책에 기록된 것을 다 지켜 행하라. 그것을 떠나 우로나 좌로나 치우치지 말라'(수 24:26~27)라고 간곡히 당부하였다.

그러나 백성들의 삶은 공의와 의에서 멀어져 갔고 율법이 그들을 의로 이끌지는 못하였다. 바울은 '그러므로 율법의 행위로 그[157]의 앞에 의롭다 하심을 얻을 육체가 없나니 율법으로는 죄를 깨달음이라'(롬 3:20) 바울은 율법이 백성을 의로움으로 이끌지는 못하고 죄 여부를 판단하는 기준일 뿐이라고 가르쳐 준다.

그리하여 하나님께서는 백성들을 바로 이끌고 죄에서 구원하시기 위하여 독생자이신 예수 그리스도를 이 땅에 보내시어 그를 희생 제단의 제물로 삼으신 것이다.

후일에 있을 여러 가지 예언을 남긴 다니엘은 '내가 또 환상 중에 보니 인자[158]같은 이가 하늘 구름을 타고 와서 옛적부터 항상 계신 이[159]에게 나아가 그 앞으로 인도됨에 그에게 권세와 영광과 나라를 주고 모든 백성과 나라들과 다른 언어를 말하는 모든 자들의 그를 섬기게 하였으니 그의 권세는 소멸되지 아니하는 영원한 권세요. 그의 나라는 멸망하지 아니할 것이니라'(단 7:13)라고 예수 그리스도의 출현을 예언하였다.

하나님은 모든 심판과 처리를 예수님께 맡겼으니 예수님은 모든 나라와 백성들을 이끄실 책임을 받으시고 우리가 지키고 따라야 할 권세와 책임을 맡으신 것이다. 따라서 죄를 판단하기 위한 기준이 되었던 모세의 율법은 예수님의 시대에는 예수님의 가르침 즉 복음으로 바꾸는 것이 합당하다.

---

157) 하나님

158) 예수님을 지칭

159) 하나님을 지칭

바울은 갈라디아 교인들에게 '그런 즉 율법이란 무엇이냐 범법하므로 더하여진 것이라 천사들을 통하여 한 중보자[160]의 손으로 베푼 것인데 약속하신 자손[161]이 오실 때까지 있을 것이라'(갈 3:19)라고 하였다.

그러니 예수님 오시기 전에는 율법이 행위가 있은 후에 그것을 판단하는 기준이 되었으나 오신 후에는 우리가 예수님의 가르침을 따르면 율법과는 관계없이 의에 이르고 구원을 받을 수 있게 된다.

물론 예수님이 율법을 폐지하고자 하시지는 않는다고 말씀하신다. '내가 율법이나 선지자를 폐하러 온 줄로 생각지 말라 폐하러 온 것이 아니요 완전하게 하심이라'(마 5:17)라고 하신다.

구약시대에는 선지자와 율법이 하나님의 뜻을 대신하는 위치에 있었으나 예수님이 선지자와 율법을 넘어서는 권위를 가지고 오셨기 때문에 우리는 그 두 가지에 의존할 필요가 없는 것이다. 그러나 예수 그리스도의 오심과 그 뜻을 받아들이지 않는 유대인들은 율법을 문자 그대로 지킨다.

그리하여 예수님이 안식일에 중병 환자를 치료해 주시자 유대인들은 예수님의 행위가 율법의 계명을 지키지 않은 것이라고 비난하였다. 그러나 예수님은 중병 환자의 생명이 안식일을 지키는 것보다 중요하다고 생각하셨다. 율법보다 사랑의 법이 하나님의 뜻을 따르는 길이다.

---

160) 모세

161) 에수님

오늘날도 유대인들은 안식일을 토요일에 지키지만 기독교인들은 주님이 부활하신 일요일을 주일로 정하고 주일 예배를 드린다. 성도들도 대부분 십계명을 지키고 있으나 율법을 문자 그대로 지키는 유대인들은 하나님의 뜻을 따라 우리 죄를 대속하기 위하여 십자가에서 돌아가시고 부활하신 예수님의 고난을 인정하지 않고 있다.

안식일과 연관된 에피소드가 하나 있다.

아파트에 살고 있는 유대인 집의 냉장고 문이 약간 열려 있어 불이 켜져 있었다. 그런데 그날이 안식일이고 보니 율법이 일체 일하기를 금하고 있어 냉장고 문을 닫을 수 없었다. 그래서 그는 집에서 나와 복도를 왔다 갔다 하면서 '우리 집 냉장고에 불이 켜져 있는데요'라는 말을 반복하고 있었다.

같은 층에 사는 기독교인이 상황을 간파하고 그 유대인 집에 들어가 냉장고 문을 닫아주니 그 유대인은 안도의 숨을 내쉬며 '정말 감사합니다'라고 인사하였다고 한다. 그런데 그 유대인은 몇 가지로 율법을 어기는 행위를 한 것이다.

첫째는 아파트 문을 열고 나오는 것은 율법을 어기는 행위이고,

둘째는 복도를 왔다 갔다 하며 말을 한 것도 율법을 반한 것이고,

셋째는 타인으로 하여금 냉장고 문을 닫게 한 것도 비난받을 일을 한 것이다.

본인이 자기 손으로 냉장고를 닫았으면 한 번만 율법을 어겼을 것인데 율법을 지킨다고 어린아이도 아는 상식을 어겨 코미디가 연출된 것이다.

5. 사랑의 작용

사회적 동물인 인간은 타 존재와의 접촉과 관계를 통하여 생존하게 된다. 그러한 접촉과 관계에서 우리는 긍정적이거나 부정적인 감정을 느낀다. 이를 통해 상대방에 대한 호감 즉 사랑을 품게 되거나 부정적인 불쾌감, 즉 미움을 느끼게 된다.

고대 그리스의 철학자 엠페도클레스는 바로 사랑이 좋은 것 즉 아름다운 것과의 결합을 동경하거나 그와 반대로 미움은 분리를 야기시키므로 사랑과 미움은 우주 생성의 원리가 된다고 하였다.

플라톤은 선, 미의 이데아에 대한 동경과 추구를 플라토닉 러브(Platonic Love)라고 규정하였고 아우구스티누스는 융합하여 하나로 조화되기를 바라는 마음이 사랑이라고 보고 그 후의 철학자들도 아우구스티누스의 사상에 영향을 받았다.

종교들도 사랑에 해당하는 이념을 적극 권면하고 있다. 불교에서는 자비와 살생의 금지, 유교의 인과 예의, 증산도의 상생과 상극, 다른 종교들도 평등과 화평에 대한 이념들을 선포하고 있다.

그러나 그러한 이념과 사상은 대체적으로 마음의 평정을 통하여 정신을 고양시키거나 사회 질서 유지에 바탕을 두고 있다. 그

반면 기독교의 사랑은 천지와 인간을 지으신 하나님이 먼저 죄에 빠진 인간을 구원하기 위해 독생자를 메시아로 보내셨고 화목제의 제물로 십자가의 고난을 받으시고 부활하신 예수님은 하나님 경외와 함께 서로 간의 사랑과 감사를 중요한 가르침으로 주셨다. 따라서 다양한 종교들의 이념과 기독교의 사랑은 근본적으로 그 궤를 달리하는 개념인 것이다.

사랑을 분석적으로 분류하여 고찰한 것은 그리스의 철학자들이다. 그들은 첫째로 남녀 서로 간 느끼는 욕망과 욕정을 중심으로 하는 육신적인 사랑을 '에로스'라고 하였고 둘째로 필연적인 인연에 의한 사랑 예컨대 가족 간 혹은 친족간에 느끼는 사랑은 '스토르게'라 하고 셋째 좋아하는 취향을 '필리아'라고 하고 지식과 지혜의 탐구를 '필로소피(Philosophy)'라 하였고 넷째 어떤 전제나 조건 없이 베푸는 고결한 사랑을 '아가페'라 하였다.

그렇게 분류적으로 나누고는 있으나 현실적으로 접하는 사랑을 한 가지 카테고리로 한정하기가 어려운 면이 있다. 기본적으로 사랑은 몇 가지 성격을 동시에 지니기 때문이다. 그리고 사랑에 대한 논의가 지식의 차원에서 카테고리화되었고 사랑이 실천적인 작용면에서의 고찰이 고려되지 않았다는 문제를 남겼다.

19세기 프랑스 사실주의 계통에서 환경과 사랑의 유무에 따른 남매간의 얼굴과 신체의 변형이 기록되고 있고 우리가 쌍둥이 자매가 각기 다른 형편의 가정에 입양되었을 경우 얼굴과 몸이 달라지는 실례를 여러 건 볼 수 있었다. 쌍둥이 자매가 하나는 유복한 집안에 입양되어 좋은 교육을 받았고 다른 딸은 환경이 좋지 않은 가정에 입양되어 어릴 때부터 가정부 일을 하고 구박을 받다가 자매가 나이가 들어 서로 만남을 가지니 얼굴을 알아볼 수 없게 변했다는 이야기를 언론에서 몇 차례 목격한 바 있다.

그런데 사람뿐 아니라 식물이나 사물 역시 인간의 말을 통한 사랑의 발설 여하에 따라 반응하는 경우를 들어보기로 한다.

첫째는 H 일보에서 화초들을 키우면서 화초와 대화한 임 모 여류 소설가 겸 대학교수의 경우다.

베란다에서 다양한 화초들을 홀로 키우는 임 소설가는 화초들과 대화하는 능력을 갖고 있었다. 많은 화초 때문에 베란다가 좁아 같은 화초 중 하나는 '네가 예뻐 사랑한다'고 하고 다른 화초에게는 '너는 장소가 좁으니 마당에나 옮겨야겠다'고 하고 다음날 옮길 예정이었던 화초를 보니 잎이 누렇게 되고 볼품이 없게 변하였다고 한다. 그래서 임 소설가는 '어휴 보기가 별로 안 좋으니 잘 키워 밖에 내놓아야겠구나' 하고 사랑을 보이자 다시 그 화초의 잎이 파래지고 좋아 보여 베란다에 두겠다고 했다. 그러니 화초도 사랑하면 인간과 소통한다고 쓴 것을 읽은 적이 있다.

둘째는 MBC TV의 기자 이야기이다. 기자는 똑같이 생긴 두 그릇에 밥을 담고 한 그릇에 '너를 사랑한다'라고 쓰다듬어 주고 한 그릇은 아무 말 없이 두 그릇 모두 부엌에 두었는데 사랑한다고 한 그릇의 밥은 그대로의 상태를 유지하고 있었으나 아무 말 하지 않은 그릇의 밥은 누렇게 말라가고 있었다고 한다.

셋째는 자동차 이야기다. H 대의 장 모 교수는 일산에 살면서 대우사의 자동차로 출근하는데 고장 없이 잘 달려주는 자동차가 고마워 매일 아침 자동차를 청소해 주고 자동차를 '예쁘다'고 하며 다독거려 주면서 매일 그 자동차를 탔다고 한다.

그런데 그가 총장에 당선되자 주위에서 자동차를 20여 년 탔으니 학교에서 주는 새 자동차를 타라고 하였으나 그는 자기는 내 자동차를 사랑하고 그 자동차 없이 살 수 없다고 하면서 계속 그 자동차를 탔다.

내 건너편 아파트에는 정년을 한 분이 사는데 그분은 피아트 자동차를 가지고 있다. 우리나라에 피아트가 들어온 초기에 구입하였는데 정년까지 한 30여 년 탔고 정년 후 그의 일과는 매일 아침 일어나면 그 자동차를 깨끗이 닦아주고 동네를 한 번 돈다. 자동차를 얼마나 정성스레 닦는지 그 자동차는 새 차처럼 반짝인다. 그분의 피아트 사랑은 유별나다.

자동차 판매원이 차가 오래되었으니 새 차로 바꾸라고 권유하니 그는 '당신은 당신이 사랑하는 아내와 오래 살았으니 새 아내를 구하냐'라고 했다고 한다.

그런 예들을 볼 때 나는 무생물에도 생명이 있고 그것들도 사랑을 필요로 하는 것이 아닌가 하는 생각이 든다.

사랑하는 사람 사이에는 서로 간 생기가 전해져 우리에게 엔도르핀이 일게 하고 그 반대로 다른 사람에 대한 미움과 저주는 심장에 나쁜 충격을 가하고 뇌혈류의 순환을 저해한다.

성경은 하나님과 예수님을 비롯한 많은 인물들의 사랑의 이야기를 담은 사랑의 보물단지이다.

예수님의 가르침을 깊이 성찰한 바울은 복음의 핵심을 '믿음 소망 사랑'이라고 하고 '그 중의 제일은 사랑이니라'(고전 13:13)라고 하였다.

6. 죽음을 앞둔 두 노학자

나는 프랑스에 유학 가서 가장 먼저 읽어본 책이 그레마스 교수의 "구조의미론"이었고 큰 감명을 받아 그 후 구조주의를 공부하게 되었다.

그리하여 공부를 마치고 귀국하기 전에 그를 만나고 싶었다. 그가 가르치는 대학원에 가서 그레마스 교수님을 만나고 싶다고 했더니 그분은 정년을 하고 시골에 가서 사신다고 하여 주소를 받았고 전화는 없었다.

나는 늦은 가을날 무작정 서부역 생라자르 안내에 가서 그분의 주소지에 어떻게 가느냐고 물어보니 안내원은 자동차 경주로 유명한 르망에 가서 그곳에 가면 지선이 있는데 그곳에서 지방 열차로 갈 수 있다고 했다. 찾아가 역에 도착하니 이미 날은 어둑해졌다. 작은 간이역이라 안내소도 없었다.

역에서 나와 지나는 사람에게 주소지를 보여주고 어떻게 가느냐고 물으니 생각보다 가까운 위치에 있었다. 그레마스 교수는 그곳의 유명 인사였다.

교수는 작은 별장에 살고 있었는데 문이 열려 있어 들어가니 거실 마루에 큰 둥근 책상이 있고 거기에는 40대 중반 가량의 여인이 앉아 있다가 내가 들어가니 나를 반갑게 맞아주었다. 나는 내 소개를 하고 그레마스 교수에게 인사차 왔다고 하니 곧 나오실 것이라고 하고 자기 소개를 하였다.

그녀는 영국 출신으로 미스 킹이라고 하고 언어학을 공부하고 있으며 그레마스 교수의 생활을 도와드리며 낮에 함께 공부한다고 하였다. 그런데 얼핏 펼쳐진 책들을 보니 중세 종교화들이었다. 그레마스 교수가 얼마 후 나와 인사를 하고 자기 소개를 하며 그분의 '구조의미론' 이야기를 하면서 펼쳐진 책들이 언어학과는 별 관련이 없는 것 같다고 하였다.

그레마스 교수는 빙그레 웃는데 그에게서 술 냄새가 풍겼다. 그레마스 교수는 자기 부인은 약 10여 년 전에 돌아가셨고 자기가 살날도 얼마 남지 않았으니 지금은 미스 킹과 함께 그것을 준비한다고 하면서 내가 저세상에 가서 좋으신 하나님을 뵈올 때 나에게 '자네는 세상에서 무슨 일을 하다가 왔느냐'고 물으시면 내가 '언어학을 공부하다가 왔습니다'라고 하는 것보다 '중세 기독교 성화들을 공부하고 왔습니다'라고 하면 좋아하실 것 같아 준비 중이라고 하였다.

그레마스 교수는 자기 밑에서 공부한 사람들도 교수가 되었는데 그들은 자기 연구를 계승하지 않고 모두 독자적인 이론을 내놓았는데 미국의 중서부의 일부 대학들이 자기의 연구를 계승하고 있어 위로가 된다고 실토하였다.

저녁 식사 시간이 된 것 같아 인사를 하고 나오니 미스 킹이 문 앞까지 배웅하면서 자기 고민을 털어놓았다. 자기가 매일 그레마스 교수의 식사를 준비하는데 그는 식사도 하지 않고 포도주만 드신다는 것이다. 그렇게 생활한 지 한 달도 지났는데 매일 술만 드시고 음식을 전혀 드시지 않으니 자기 시름이 깊다고 하였다.

나는 서둘러 기차를 타고 저녁 늦게 파리에 도착했다. 그 후 그레마스가 중세 성화 연구를 끝내신 것 같지는 않았는데 내가 그레마스 교수를 만난 지 두 달도 되지 않아 르몽드에 그의 부고 소식이 났다.

내가 그레마스 교수를 적기에 찾아뵌 것 같아 다행이라고 생각하면서도 말년 그분의 삶이 안타깝고 하나님과의 면접이 어땠을지 좀 궁금했다.

나는 우연한 기회가 있어 철학자 베르그송의 말년에 대해 알게 되었다. 프랑스 학문은 독일과 비교하면 문학과 철학이 별개의 학문으로 문학을 공부하는 사람들이 철학에 대한 소양이 별로 없다는 인상이다.

나 역시 프랑스 문학을 공부하며 철학도 공부해야 한다는 생각을 하지 않았고 구조주의는 언어학과 연관이 있어 문학을 하면서도 그 분야를 공부하였다. 그런데 내가 대학촌 프로방스관에서 지내던 시절 7, 8월에는 방을 비워주고 9월에 다시 들어가기 때문에 8월 한 달 지낼 곳을 구하여야 했다. 나는 학생들을 담당하는 이 바오로 신부님을 찾아가 상의를 했다. 방값을 내고 한 달간 지낼 수 있는 방을 구해달라고 청했다.

바오로 신부님은 마침 제5구 생 쉴피스 성당 바로 옆에 사는 할머니 신도가 식구들이 8월에 바탕스를 떠나니 외국 학생에게 한 달 동안 방을 거저 빌려주겠다고 알려 왔다고 했다. 나는 즉시 찾아갔다.

아파트 4층에 살고 있는 할머니는 70여 세로 보였다. 아파트에는 방 4개가 있고 방 3개를 쓰는 아들 가족이 남프랑스로 떠나고 할머니가 아들네 아파트를 쓰니 자기 방을 쓰라고 하였다.

그 할머니의 이름은 마담 샬이고 남편은 재무부 고위 간부로 대외적인 국가의 채권 관계를 맡고 있어 러시아 혁명 전에 러시아에 상당한 액수를 대출하였으나 혁명으로 국가를 장악한 스탈린이 채무를 상환하지 않아 남편이 많은 스트레스를 받고 그것이 원인이 되어 일찍 타계한 것 같다고 말하였다.

그 할머니는 매우 너그러워 나에게 자기 냉장고와 부엌 기구들을 자유롭게 쓰라고 허락해 주었다. 할머니 방에는 책장이 있는데 베르그송의 모든 저서를 직접 기증받은 듯 저자 서명과 할머니 내외의 이름이 있었다. 그래서 내가 베르그송 책들의 내력을 물었다.

할머니는 남편과 5구의 아파트에 살았는데 베르그송이 바로 옆 아파트에 살고 있어 가깝게 지냈다고 했다. 베르그송이 특강을 하는 수요일에는 파리의 귀부인들이 자가용 마차를 타고 몰려왔고 꼴레쥬 드 프랑스의 앞과 옆을 그 마차들이 막고 있어 큰 교통 혼잡이 일어났다고 하였다.

할머니는 꼴레쥬 드 프랑스에서 가까이 살고 있어 특강이 있는 날에는 일찍 좋은 자리를 잡고 앉았는데 베르그송의 특강을 들으러 오는 사람들이 넘쳐 마이크로 교실 밖에서도 들을 수 있게 하였다고 했다. 베르그송의 강의는 언제나 평이하고 명쾌하고 논리적이어서 철학에 대한 소양이 깊지 않아도 이해하는 데 별

지장이 없었다고 했다.

마담 샬의 책장에 다른 책들은 거의 없었다. 나에게 베르그송을 읽어보았냐고 물어 아직 읽어보지 못하였다고 하니 저서 중에서 몇 권을 주며 재미있으니 읽어보라고 권하였다. 나는 '창조적 진화'에 대해서는 들어본 적이 있어 매일 식사 후 카페에 앉아 읽어보았다. 나는 보름이 걸려 대충 그의 '창조적 진화'를 읽을 수 있었는데 철학자면서도 생물학에 대한 과학적 분석이 놀라웠다.

유대계인 베르그송은 마담 샬과 종교적인 이야기를 나눈 적은 별로 없으나 2차대전이 일어나고 나치의 유대인 박해가 심해지면서 베르그송은 잡혀가지는 않았으나 몸은 쇠약하였고 그러면서도 성경을 열심히 읽었다고 하였다.

그러더니 1941년 하루는 자기가 예수님을 믿게 되었으니 구역을 담당하는 신부에게 세례를 받았으면 좋겠다고 하면서 마담 샬에게 부탁하였다고 한다. 마담 샬은 급히 잘 아는 신부를 찾아가 베르송 이야기를 하고 본인이 세례를 받고 싶다고 하니 준비해주시라고 부탁하였다 한다. 그 신부는 황급히 세례 준비를 하고 베르그송의 아파트에 갔다. 베르그송은 자기가 유태인으로 열성적인 유태교 신자는 아니나 모세 5경과 율법에 따라 살아왔고 성경 전체를 심도 있게 공부해 보니 예수 그리스도의 복음을 믿게 되었는데 세례를 원하는 것은 일시적인 마음의 충동에 의해서가 아니고 상당한 기간 묵상한 결과라고 고백하였다고 한다.

신부님이 세례 의식을 시작하려고 하자 베르그송은 한 가지 부탁할 것이 있다고 하였다. 한마디로 지금 자기 민족이 나치에 의하여 비극적인 죽음을 당하고 있는데 만약 이러한 판국에 자기가 유대교를 버리는 것은 자기 민족을 모두 버리는 것으로 받아들여질 수 있고 전 세계의 유대인들에게 마음의 상처와 큰 실망을 줄 수 있으니 자기의 개종과 세례는 이 자리에 계신 분들만 알고 외부에는 알리지 말아달라고 간곡한 부탁을 했다고 한다.

신부님도 베르그송에게 개종의 이유에 대해 간단히 설명해 주시라고 부탁했다고 한다. 그는 자기가 구약을 공부해 보니 하나님은 예수님이 그리스도로 오실 것을 여러 선지자들에게 예언하셨고 이제 자기 죽음에 가까워졌는데 자기는 수많은 전화기 중 하나이고 전화 줄이 있어 자기가 다른 사람들과 소통하였는데 죽는다는 것은 그 전화 줄이 끊어지게 되지만 그 모든 전화를 책임지시는 우체국장이신 하나님은 살아계시니 죽으면 하늘에 올라가 하나님의 처분을 받는 것이 옳지 않으냐고 하면서 하나님께 자기가 세례를 받았음을 말씀드리겠다고 하였다고 말했다고 한다.

그레마스와 베르그송, 이 두 학자의 사후 세계에 대한 마음의 준비는 다른 모습을 보여주었다.

7. 십자가의 상징성

십자가는 로마제국에서 중죄인을 사형시키는 형틀이었다. 교인들은 십자가를 보면 예수님의 고난을 떠올리고 십자가는 기독교와 천주교의 표상이 되었다. 그러나 천주교는 십자가에 예수님의 형상을 올려 예수님의 고난을 보다 선명하게 표현하지만 기독교는 십자가가 예수님 고난을 상기시키기 때문에 예수님의 형상을 필요로 하지 않는다.

그런데 보기에 따라서는 십자가는 삼위일체이신 세 분 하나님의 존재를 표상한다고 보여진다. 수직의 윗부분은 천지를 주재하시는 하나님의 머리 부분이고 아랫부분은 하나님으로부터 세상의 이끄실 소망을 맡으신 예수님의 몸체이고 두 손을 상징하는 좌우로 뻗친 부분이 수직과 수평이 만나는 부분에 예수님의 마음이 있고 좌우로 뻗은 두 손은 우리를 하나님과 예수님의 뜻을 따라 이끄시는 성령님 표상인 것이다.

예수님이 부활하시면서 하나님께 요청하여 보내주신 보혜사 성령님은 우리 각자의 행위와 생각에 영감을 주시고 예수님도 성령의 인도를 받으신다고 하셨다.

세 분 하나님은 각기 자의적 재량권을 가지신 자율적인 존재이나 세 분은 조화를 통하여 큰 자아를 이루시고 세분이 분리적인 역할을 하시지는 않는다. 물론 총체적인 결정권은 하나님이 가지셨으나 하나님은 세상 인간들에 관한 자세한 것은 예수님에게 위임하셨고 성령님은 우리를 옳은 방향으로 이끄시는 분이다.

8. 하나님, 예수님 그리고 삼위일체

❖ 하나님의 시대

아담과 하와의 불순종 죄악으로 에덴동산을 나온 후 인간들의 죄악이 널리 퍼지자 하나님은 인간을 지으신 것을 후회하시고 대홍수, 소돔과 고모라의 파멸 등으로 징계하신다.

그 후 아브라함의 순종을 보시고 그것을 의로 보시고 그의 자손을 복 주시고 하늘의 별처럼 많게 하시겠다고 하여 이스라엘 민족이 형성된 것이다.

그러다가 이스라엘의 죄악이 심해지면 직접 징계하시기보다 근방의 나라로 이스라엘을 점령하여 그들을 통치하게 하신다. 그러면 백성들은 자기들의 죄악을 깨닫고 하나님께 회개하고 살려주시라고 간청한다. 긍휼이 많으신 하나님은 그들을 용서하시고 회복시켜 주신다.

그러나 얼마 지난 후 백성들이 하나님이 내리신 율법과 십계명을 어기고 불법에 빠져들고 하나님이 징계하시고 그것이 괴로우면 회개하고 하나님의 용서를 받고 그런 현상의 반복이 이스라엘의 역사인 것이다.

하나님께서는 선지자들을 통하여 하나님의 뜻을 전하게 하시나 백성들의 죄악이 커져만 가니 자기 가까이 있는 인물을 보내어 백성들에게 깨달음을 주고 그들을 구원하시겠다고 생각하신다. 그러나 그가 사명을 다하는 중 고난으로 사망에 이를 것을 예상하신 하나님은 가장 가까운 독생자를 구원자로 보낼 수밖에 없다는 결론에 이르신다.

하나님께서는 자기의 구상을 신뢰하시는 선지자들에게 조금씩 알려준다. 선지자 이사야가 가장 여러 가지 정보를 계시받고 우리에게 전하고 선지자 미가는 구원자 메시야가 태어날 장소가 베들레헴이며 바벨론에 잡혀가리라는 이스라엘이 백성들이 예언까지 하였으나(미 4:10) 백성들은 믿지 않았다. 환상을 통하여 가장 중요한 정보를 받은 것은 구약의 계시록으로 불리는 예고를 받은 다니엘이다.

다니엘은 예수님이 탄생하시기 500여 년 전에 인자[162)]가 옛적부터 항상 계신 이[163)]에게 나아가 그에게서 권세와 영광과 나라를 받고 모든 언어를 말하는 자들이 섬길 것이며 그의 권세는 소멸되지 않는 영원한 권세이고 그의 나라는 영원히 멸망하지 않을 것이라는 환상과 말씀을 받았다.(단 7:13~15)

---

162) 예수님의 별칭

163) 하나님을 지칭

성육신 하시어 예언대로 다윗의 줄기에서 요셉의 부인 마리아에게 예수님은 성령으로 태어나신다. 동방의 박사들은 천문을 연구하며 먼 예루살렘까지 찾아와 제일 낮은 구유에 누우신 예수님께 경배하고 가져온 선물을 드린다.

공생애를 시작하시면서 먼저 어부, 세리 등 평범한 사람 12명을 택하신다. 주로 갈릴리 지역에서 사역하신 예수님은 많은 중병환자들을 고쳐주셨고 많은 이적을 행하셨으며 말씀과 비유로 깊은 깨달음을 주셨다.

그의 치유, 이적, 말씀의 사역은 수많은 청자들을 몰려들게 하면서 그들에 대한 사랑과 하나님의 영광을 드러낸 것이고 요한복음의 '하나님이 세상을 이처럼 사랑하사 독생자를 주셨으니 이는 그를 믿는 자마다 멸망하지 않고 영생을 얻으리라'(요 3:16)의 말씀을 이루신 것이다.

그러나 예수님을 많은 백성들이 열렬히 따르는 것을 보고 위기를 느낀 대제사장을 비롯한 기성세력은 불량배들을 동원하고 로마 총독 빌라도를 압박하여 예수님에게 중죄인을 벌하는 십자가형을 선고하여 고난을 받고 돌아가시게 하였다. 예수님이 피 흘리며 숨을 거두시는 순간 기적과 같은 일이 벌어졌다. 지성소의 휘장이 위로부터 아래까지 둘로 찢어진 것이다.

성전의 지성소는 대제사장이 1년에 한 번 이스라엘 백성을 대신하여 피 묻은 황소나 염소를 바치고 제사를 드리는 곳이다. 휘장이 찢어진 것은 지성소에 대제사장뿐만 아니라 히브리서의 지적(히 4:16)대로 이제는 모든 성도들이 원하면 누구나 그곳에 들어가 하나님께 경배드리고 소통할 수 있는 곳이 된 것이다.

그러나 그 사건은 그 이상의 의미를 담고 있다. 예수님이 십자가에서 만민의 죄를 짊어지고 돌아가셨으니 대제사장이 더 이상의 제사가 필요치 않고 하나님은 더 이상 이스라엘 민족만을 위하는 하나님이 아니시고 예수님의 '언약의 피'는 성도들이 지성소에서 나와 땅끝까지 예수님의 복음을 전파하라는 계시이다. 그것이 곧 하나님의 뜻임을 분명히 선포한 것이다.

예수님은 '내가 곧 길이요 진리요 생명이니 나로 말미암지 않고는 아버지께 올 자가 없느니라'(요 14:6)라 하셨고 그 말씀을 따라 바울이 선교한 안디옥 교회는 크리스천이라는 용어를 쓰면서 기독교가 세계화를 지향하며 형성되기 시작하였다.

한 가지 의문이 남는다. 하나님이 신약시대에도 세상을 주재하시고 예수님은 그 하나님의 아드님이신데 어째서 하나님의교 또는 여호와의교가 아니고 기독교 또는 크리스천이즘이라 할까.

바벨론 포로들이 귀환 후 여호와는 이스라엘이 민족인 유대, 특히 바리새 중심이 되면서 유대교는 전통적으로 여호와만을 경외하면서 여호와 하나님을 그들의 전유물로 생각하고 선지자들이 탄생을 예고한 예수님이 구원자라는 사실을 외면하며 모세 5경(토라)만 외우고 있다.

그리하여 인터넷에서 어느 학자는 유대교는 기독교의 뿌리가 아니라고 주장하나 그것은 신, 구약성경 전체를 부정하는 것과 마찬가지이다. 기독교와 천주교의 기본이 되는 삼위일체론도 삼위삼체론으로 이해될 소지가 충분히 있다.

그러나 그것은 성자 예수님과 보혜사 성령님이 성부 하나님으로부터 비롯된다는 것을 부정하는 것이다. 바꿔 말하자면 하나님이 성스러운 분이고 예수님과 성령이 그에게서 비롯되기 때문에 삼체가 같은 위에 서계시고 그리하여 삼위일체가 이루어진다.

예수님의 뜻을 받아 땅끝까지 전파되어 26억의 성도를 지닌 기독교 위에는 하나님이 계시고 기독교는 앞으로도 하나님과 예수님의 복음을 더 많은 민족과 나라들에게 전파할 것이다. 아멘.

V.

별책부록

1. 바울의 길

바울은 기독교 세계화의 초석을 놓은 인물로 그는 교통이 불편하던 시절 2만 4,000여 km를 오가며 전도에 헌신한 인물이다.

(a) 초년의 삶

바울[164)]은 오늘날 튀르키예의 길리기야 다소에서 태어났다. 그의 부모는 유대인으로 베냐민 지파에 속하였다. 당시 길리기야가 로마의 영토여서 그는 태어나면서 로마 시민권을 받았고 그의 부모는 그가 저명한 랍비 가말리엘의 문하에서 교육받게 하였다. 그는 자기의 생업으로 목축인들에게 필요한 천막 만들기를 배워 자립적인 삶을 살 수 있는 기술을 닦았다.

그가 원하였으면 유대인 가정의 여성과 혼인을 하고 가장이 되었겠으나 열렬한 유대교 신자로 바리새파의 성실한 바울은 모세의 율법을 지키며 공회 회원으로 살면서 기독교인들에게 적대감

164) 히브리어로 사울이 헬라어 바울로 됨

을 가졌었고 스데반의 순교 찬동하며 그 현장에 있었다.

(b) 뜻밖의 개종

그리스도인의 박해에 앞장선 바울은 다메섹 주변에 사는 기독교인들을 결박할 수 있는 공문을 대제사장에게서 받아 들고 다메섹 가까이에 이르자 갑자기 하늘로부터 빛이 그를 비추자 땅에 엎드렸다.

그러자 한 목소리가 있어 '사울아 사울아 어찌하여 네가 나를 박해하느냐'(행 9:4)라 하였고 그가 '주여 누구시나이까'라고 하니 '나는 네가 박해하는 예수라 너는 일어나 시내로 들어가라 네가 행할 것을 이를 자가 있느니라'(행 9:5~6)

그런데 예수님과의 대화는 바울만 알아들을 수 있었을 뿐 동행들은 알아듣지 못하였다. 바울이 일어나 눈을 떴으나 아무것도 볼 수 없었다. 다른 사람들의 손에 이끌려 시내에 들어갔으나 사흘 동안은 보지도 못하고 먹거나 마시지도 못하였다.

한편 다메섹에 사는 제자 아나니아는 환상 중에 주께서 직가거리에 있는 유다의 집에 가서 다소 사람 사울을 찾으라고 하명하셨다. 아나니아가 그 사람이 예루살렘에서도 주의 성도들에게 적지 않은 해를 끼쳤고 대제사장에게서 이곳의 성도들을 결박할 명을 받고 이곳에 왔다고 알려드렸다.

그러자 주께서는 '가라 이 사람은 내 이름을 이방인과 임금들과 이스라엘 자손들에게 전하기 위하여 택한 나의 그릇이라'(행 9:15) 하셨다.

아나니아는 말씀하신 집에 가서 그에게 안수하며 '형제 사울아 네가 오는 길에 나타났던 예수께서 나를 보내어 너로 다시 보게 하시고 성령으로 충만하게 하신다'(행 9:16~19)라고 하니 즉시 바울의 눈에서 비늘 같은 것이 벗겨져 다시 볼 수 있게 되었다.

그가 세례를 받고 음식을 먹으며 강건하게 되었다. 바울은 유대교에서 벗어나 예수님께 순응하는 그리스도인으로 거듭나게 된 것이다.

그는 예수님이 하나님의 아들이시고 그리스도이시라고 전파한다.(행 9:20) 바울은 먼저 회당에 찾아가 유대인들을 설득하고자 하였다. 그러자 사람들은 그가 예루살렘에서 성도들을 멸하려고 한 사람이 아니냐고 묻는다. 그러나 '사울은 힘을 더 얻어 예수를 그리스도라 증언하여 다메섹에 사는 유대인들을 당혹하게 하니라'(행 9:22)

바울이 유대인들에게 위험한 존재임을 알게 된 그들은 그를 죽이기로 공모하고 성문까지 지킨다. 제자들은 밤에 바울을 광주리에 담아 성벽을 타고 내려와 달아나게 한다.(행 9:24~25) 박해를 피하기 위하여 그는 멀리 아라비아로 갔다. 아라비아에서 약 3년간 보냈다. 그곳에서의 행적에 대한 자료는 없다.

아라비아는 광야로 모세, 다윗 그리고 고명한 수도자들은 광야에서의 고행을 통하여 하나님과의 대화와 묵상을 하면서 깊은 깨달음을 얻었다. 바울 역시 그러한 심정으로 아라비아에 찾아가 자기 수련을 했으리라 추정된다.

그 후 그는 다시 다메섹으로 돌아갔다.(갈 1:17) 바울은 사도들에게 인사드리기 위해 예루살렘에 내려갔다. 그러나 사람들은 그를 두려워하여 만나고자 하지 않았다.

바나바는 사도들에게 그가 다메섹에서 환상을 통하여 주를 만났고 그 후 그가 완전히 회심하였음을 증거하니 유대인들이 그를 죽이려 하여 그가 아라비아 광야로 도피하게 되었다고 알려주었다.

형제들도 그를 알게 되자 그를 가이사랴로 데려갔다가 그로부터 다소로 보낸다. 바나바가 다소의 바울을 찾아가 그들은 함께 안디옥에 가 1년간 그곳에서 가르친다.(행 11:26) 바울의 가르침은 많은 제자를 만들게 되고 그곳에서 처음으로 그리스도인이라는 용어가 생겼다.(행 11:26)

그 시절 흉년이 들자 가르침을 받은 형제들은 부조금을 모아 예루살렘 교회에 전달하고자 한다.(행 11:27~30) 바나바와 바울은 부조금을 전하고 요한을 데리고 돌아온다. 예수님이 직접 선정한 12사도가 아닌 바울은 예수님의 복음을 위하여 사도로 택정되었음을 밝힌다.(롬 1:1)

바울은 선교 여행을 하며 먼저 회당에 가서 유대인들을 상대로 복음을 전하였다. 그러나 유대인들에게서 별로 환영을 받지 못한다.

어느 날 예루살렘 성전에서 기도할 때 황홀한 중에 주께서 '속히 예루살렘에서 나가라 그들은[165] 네가 나에 대하여 증언하는 말을 듣지 않으리라'(행 22:18) 그리고 '내가 너를 멀리 이방인에게 보내리라'(행 22:21) 하신다.

165) 유대인들

그로부터 바울은 이방 즉 서양 여러 나라의 전도에 착안하게 되었다. 그는 세 차례의 선교 여행을 하게 된다. 안디옥 교회에서 기도할 때 성령께서 지시한 대로 바울은 요한과 함께 여행을 떠나게 된다.

(c) 선교 여행

❖ 제1차 여행

바울과 일행은 먼저 구브로[166)]로 간다. 그곳의 사라미에서 복음을 전하고 섬 남서쪽의 성읍 바보에 가서 유대인으로 가짜 선지자를 자청하는 마술사를 만나게 된다. 그는 섬의 총독 서기로 총독과 함께 있으며 그를 조종하는 인물이다. 총독 서기오 바울은 마술사의 농간에도 불구하고 바울을 불러 하나님의 말씀을 듣고 싶어 하였다.

바울은 성령이 충만하여 마술사에게 '모든 거짓과 악행이 가득한 자요 마귀의 자식이요 모든 이의 원수여 주의 길을 굽게 하기를 그치지 아니하겠느냐 보라 이제 주의 손이 네 위에 있으니 네가 맹인이 되어 얼마 동안 해를 보지 못하리라'(행 13:10~11)라고 하니 그는 볼 수 없어 자기를 데려다줄 사람을 구하게 되었다. 그것을 본 총독은 즉시 믿게 되었고 가르침을 놀랍게 여겼다.(행 13:12)

166) 현 사이프러스 섬

일행이 밤빌리아의 버가에 이르자 요한은 별다른 이유 없이 그들을 떠나 예루살렘으로 가버린다. 그에 충격을 받은 바울은 요한을 좋게 생각하지 않는다. 바울은 버가에서 비시디아 안디옥에 도착하니 안식일이었다. 그는 회당에 찾아갔고 다행히 회당장은 그에게 말할 수 있는 기회를 주었다.

바울은 구약시대로부터 신약시대에 이르기까지의 이스라엘 민족의 역사를 풀이하고 하나님께서 우리를 구하기 위하여 예수님을 보내셨고 예수님이 십자가의 고난을 받고 돌아가셨으나 하나님께서는 그를 살아나게 하셨다. 우리는 예수님을 통하여 죄사함을 받고 의롭다 함을 얻을 수 있고 모세의 율법으로 의롭다 함을 얻을 수 있는 것이 아님을 역설하니 바울과 바나바는 청중의 공감을 얻어 그다음 안식일에도 말씀해 주기를 청하였다.

그다음 안식일에 성읍의 시민들이 하나님의 말씀을 듣고자 몰려왔다. 유대인들이 바울과 바나바의 강론을 별로 따르는 기색이 없자 하나님께서도 '내가 너로[167] 이방의 빛으로 삼아 너로 땅끝까지 구원하게 하리라'(행 13:47)라고 하셨음을 알려주었다.

그러자 분개한 유대인들은 그들을 그 성읍에서 쫓아내어 그들은 이고니온으로 떠난다. 일행은 기쁨과 성령이 충만하였다. 다시 찾은 이고니온에서도 회당에 들어가 강론을 펼치니 헬라인들은 믿었으나 유대인들이 폭력을 가하고자 하여 그들은 루스드라와 더베 지방으로 가 복음을 전하였다. 그 후 그들은 수리아 안디옥으로 돌아왔다.

---

167) 바울

그곳에서 유대에서 온 사람은 교회에서 모세의 율법에 따라 할례를 받지 않으면 구원을 받을 수 없다고 하였다. 바울과 바나바는 반론을 펼쳤다. 성도들은 바울, 바나바 그리고 몇 사람을 그에 대해 알아보기 위하여 예루살렘 교회로 보낸다.

그것을 논의하기 위한 모임에서 바울은 하나님께서 이방인들도 믿게 하기 위해 자기를 택하셨고 이방인들에게도 성령을 주시어 차별하지 않으셨기 때문에 그들에게도 우리와 동일하게 주 예수의 은혜로 구원받게 하셨다. 그런데 베드로가 우리와 우리 조상조차 메지 못하는 율법의 멍에를 이방인들에게 매게 할 수는 없다고 역설하였다.(행 15:6~11)

결국 야고보가 이방인들 중 하나님을 믿는 형제들에게 괴롭게 하지 말되 우상과 음행, 피 흘리는 것을 멀리하라고 편지하자고 하여 그리하기로 정하였다. 예루살렘 교회는 바울과 바나바와 더불어 유다와 실라도 함께 보냈고 안디옥 형제들은 예루살렘 교회의 편지를 받고 기뻐하였다.(행 15:14~31)

안디옥에 있던 베드로에게 책망할 일이 있었다. 베드로가 이방인들과 함께 식사하다가 바울 일행이 오자 그 자리에서 떠나버렸다. 그 광경을 목격한 바울은 베드로에게 '사람이 의롭게 되는 것은 율법의 행위로 말미암음이 아니요 예수 그리스도를 믿음으로 말미암은 줄 앎으로 우리도 예수 그리스도를 믿음으로 의롭다 함을 얻으려 함이라 율법의 행위로서 의롭다 함을 얻을 육체가 없느니라'(갈 2:16~17)라고 하며 베드로를 꾸짖었다. 그가 그리스도의 가르침에 반하여 율법을 따랐기 때문이다.

❖ 제2차 여행

얼마 후 바울은 바나바에게 그들이 주의 말씀을 전한 각 성읍에 가서 형제들이 어떤지 방문하자고 하니 바나바도 찬동하며 요한도 데려가자고 하였다. 그러나 바울은 바나바가 밤빌리아에서 우리를 갑자기 떠나버린 요한을 또 동행하자고 하니 그에 반대하게 되었다.

서로 다투다가 바나바는 자기 조카인 요한과 함께 구브로로 배 타고 가고 바울은 실라를 데리고 더베와 루스드라에 이르러 디모데를 발견한다. 헬라의 부친과 독실한 믿음의 어머니를 둔 디모데는 모든 교인들의 칭찬을 받고 있었다. 그를 만나자 바울은 디모데를 동역자로 삼았고 유대인들에게서 흠 잡히지 않도록 하기 위해서 그가 할례받도록 하였다.

2차 여행은 수리아와 길리기야 지방의 교회들을 방문하여 그 교회들을 굳게 다지기 위한 여행이었다. 그러나 더베와 루스드라를 방문한 후 성령이 소아시아에서 말씀을 전하지 못하게 하여 무시아 앞에 이르러 비두니아로 가고자 하였으나 예수님의 영이 허락지 아니하시어 무시아를 지나 드로아로 내려갔다.

밤에 환상을 보았는데 마게도냐 사람이 서서 그에게 이르되 마게도냐로 건너와 자기들을 도와달라고 하였다. 바울은 그것이 우리가 마게도냐로 건너와 마게도냐를 돕는 것이 하나님의 뜻이라고 인정하게 되었다. 우리는 배로 떠나 사모드라게로 직행하여 그 이튿날 네압볼리로 가고 거기서 마게도냐의 빌립보에 이르렀다. 빌립보는 마게도냐의 첫 성이고 로마의 식민지였다. 그곳에서 며칠을 유하다가 그들이 안식일에 기도할 곳을 찾다가 강가에서 여자들이 모여 말하는 것을 보았다.

그곳에는 두아디라에서 자색 옷감을 팔며 하나님을 섬기는 루디아라는 여인에게 주님이 마음을 열게 하여 바울의 말을 따르게 한지라 그 집안 식구들 모두가 세례를 받고 바울 일행을 자기 집에 유하게 하였다.(행 16:14~15)

바울 일행은 회당에 기도하러 가던 중 귀신 들려 점을 치는 한 여종을 만났다. 그 여종은 돈을 벌면 자기를 고용한 주인에게 모두 바친다. 그 여종이 바울 일행을 보자 '이 사람들은 지극히 높은 하나님의 종으로서 너희에게 구원의 길을 전하는 자'(행 16:17)라고 외치고 만날 적마다 크게 외치니 바울은 괴로워 귀신에게 '예수 그리스도의 이름으로 내가 네게 명하노니 그에게서 나오라'(행 16:18)라고 하니 귀신이 즉시 나온다.

수입이 없어진 주인은 바울과 실라를 붙잡아 관리들에게 끌고 갔다. 상관에게 이 유대인들이 성읍을 요란하게 하고 우리가 행하지도 못할 풍습을 전한다고 하자 상관들이 일행의 옷을 찢어 벗기고 매로 친 후 간수에게 그들을 엄히 지키라고 명한다.(행 16:20~23)

한밤중에 바울과 실라가 기도하고 찬송을 하자 큰 지진이 나 옥터가 움직이고 문이 열리자 매인 것이 벗겨진다. 잠자던 간수는 죄수들이 모두 도망친 줄 알고 칼을 빼고 자결하고자 한다. 바울이 큰 소리로 '네 몸을 상하지 말라 우리가 다 여기 있노라'라고 하자 간수가 등불을 들고 뛰어와 무서워 떨며 바울과 실라 앞에 엎드리고 그들을 데리고 나가 '내가 어떻게 해야 구원을 받으리까'라고 묻는다. 바울은 '주 예수를 믿으라 그리하면 너와 네 집이 구원을 받으리라'라고 주의 복음을 전하였다.(행 16:25~32)

간수는 일행을 자기 집에 모시고 가 바울이 맞은 자리를 씻어 주고 온 가족이 세례를 받은 후 큰 상을 차려 대접하고 하나님 믿게 된 것을 기뻐하였다. 날이 새자 상관들이 바울과 실라를 방면하라고 하니 바울은 '로마 시민인 우리를 죄도 정하지도 않고 공중 앞에서 때리고 옥에 가두었다가 이제는 가만히 내보내고자 하느냐. 아니다 그들이 친히 와서 우리를 데리고 나가야 하리라'(행 16:37)

간수가 상부에 보고하니 바울이 로마 시민임을 알자 두려워하여 내려와 바울과 실라를 떠나게 하니 두 사람은 루디아의 집에 들러 형제들을 만나고 길을 떠났다.

바울과 실라는 암비볼리와 아블로니아를 거쳐 데살로니가에 이른다. 바울은 관례대로 안식일 날 회당에 찾아가 성경을 가지고 강론하고 예수께서 우리 죄를 대신하여 십자가에서 돌아가시고 부활하신 참 그리스도이심을 깨닫게 하였다.

많은 경건한 헬라인들과 많은 귀부인들의 호응을 받았으나 유대인들의 시기와 반발을 받았다. 그들은 불량배들을 동원하여 그들을 잡고자 하였으나 찾아내지 못하자 그들을 맞아준 야손과 몇 형제들을 끌고 읍장에게 가서 이 사람들이 가이사의 명을 거역하고 예수라하는 이를 앞세운다고 하자 무리와 읍장이 소동하여 그 사람들에게서 보석금을 받고 그들을 놓아주었다.(행 17:5~9)

밤에 형제들이 바울과 실라를 베뢰아로 보냈다. 그들은 유대인 회당을 찾아갔다. 베뢰아 사람들은 데살로니가 사람들보다 고결하여 간절한 마음으로 말씀을 받아들이고 성경으로 사실 여부를 찾아보았다. 그곳에는 믿는 사람들이 많았고 헬라의 귀부인들도 많이 믿었다. 데살로니가의 유대인들은 베뢰아에서도 전도하는 줄 알고 무리를 움직여 소동하게 하자 사람들이 바울을 인도하여 아덴으로 데려갔다 실라와 디모데에게 속히 아덴으로 오라고 하였다.

그리스는 신화의 나라로 아덴은 온갖 우상에 빠져 있는 고장이었다. 바울이 곳곳에서 변론하니 그 역시 이방신을 모시는 사람으로 간주되었다. 바울은 아레오바고 관리 디오누시오와 다마리라는 여인을 믿게 하고 그는 고린도로 떠났다.

당시의 로마 황제 글라디오는 모든 유대인들에게 로마를 떠나게 하였다. 바울은 로마에서 쫓겨난 아굴라와 그 아내 브리스길라를 만났다. 아굴라 역시 천막 장인이라 함께 작업하며 안식일에는 회당에 가서 유대인과 헬라인들을 상대로 강론하였다. 실라와 디모데가 데살로니가에서 그곳에 도착하여 그들과 합류하였다.

바울은 예수님이 참 그리스도이심을 강조하였으나 유대인들은 그를 대적하고 비방하여 그는 회당 옆에 사는 유스도 집에 들어가 살았다. 그는 회당장 그리스보와 그의 집안 식구들을 믿게 하고 세례를 주었다.

밤에 환상 가운데 주께서 자기가 함께하니 두려워 침묵하지 말고 과감히 믿음을 전하라고 하시고 내 백성이 많으니 너를 대적하거나 해롭게 할 자는 없으리라는 확신을 주셨다.(행 18:8~10)

바울이 고린도에서 1년 6개월 동안 하나님 말씀을 전하니 그를 따르는 사람들이 많았다. 그러나 갈리오가 아가야 총독이 되자 유대인들이 바울은 율법을 어기며 하나님을 경외하라고 한다면서 그를 법정에 고소하였다.

다행히 갈리오는 무슨 불순한 일이 있으면 유대인들의 말을 들어주겠으나 그것이 언어, 명칭, 율법에 관한 것이라면 '너희가 스스로 처리하라 나는 이러한 일에 재판장 되기를 원하지 아니하노라'(행 18:14~16)라고 대답하였다.

서원을 할 것이 있는 바울은 겐그리아에서 머리를 깎고 브리스길라, 아굴라와 함께 수리아로 떠나면서 잠시 에베소에 머물다가 떠나려고 하니 여러 사람들이 더 오래 있기를 청하였으나 그는 하나님의 뜻이 있으면 돌아오리라고 하며 에베소를 떠났다.

바울은 가이사랴에 상륙하여 교회 안부를 묻고 안디옥으로 내려가 얼마 있다가 갈라디아와 브루기아 땅을 다니며 제자들을 굳건하게 하였다. 그것이 바울의 3차 여행이다.(행 18:23, 21:15)

바울은 알렉산드리아 태생의 아볼로를 에베소에서 만났는데 그는 말솜씨가 좋고 성경에 능통하였다. 일찍부터 복음을 배워 예수님의 말씀을 가르치고 있으나 세례는 세례 요한의 세례만 알 뿐이었다.(행 18:24~25)

아볼로가 회당에서 담대히 말하기 시작하자 아굴라와 브리스길라가 데리러 가 하나님의 도를 정확히 알려주었다. 아볼로가 아가야로 건너가고자 하자 형제들이 제자들에게 편지를 보내 그를 잘 영접해 달라고 부탁하였다. 그를 믿은 자들은 그에게서 큰 유익을 얻었다. 그는 성경으로 예수가 그리스도라고 증언하여

유대인들의 말을 이겼다.(행 18:26~28)

아볼로가 고린도에 있을 때 바울은 동쪽 지방을 다니다 에베소에 돌아와 만난 제자들에게 믿으며 성령을 받았느냐고 묻자 그들은 성령이 계심도 알지 못하고 세례 요한의 세례만 알면서 세례요한이 '내 뒤에 오시는 이를 믿으라 하였으니(행19:4) 이는 곧 예수라'라고 바울이 말하였다. 그리하여 그들도 안수를 받고 성령이 임하시어 그들도 방언을 하고 예언도 하였다.

바울은 회당에서 석달동안 하늘나라에 대하여 강론하고 권면하였으나 어떤 유대인들은 마음이 굳어져 순종치 않고 예수님을 비방하였다. 바울은 그들을 떠나 두란노 서원에서 매일 강론하였다.(행 19:6~9)

2년 동안 강론하며 바울이 놀라운 능력을 발휘하자 어떤 사람들은 바울에게 손수건이나 앞치마만 대었다 가져와도 병든 사람의 병이 떠나고 마귀도 떠났다. 이에 유대인들도 시험 삼아 악귀들린 자들에게 '내가 바울이 전파하는 예수를 의지하여 너희에게 명하노라'(행 19:12~13)라고 하였다.

그러자 유대의 제사장 스게와의 일곱 아들들도 이렇게 행하니 악귀가 '내가 예수도 알고 바울도 알거니와 너희는 누구냐'(행 19:15)라고 하며 악귀 들린 자가 그들에게 뛰어올라 눌러 이기니 그들의 몸이 상하여 그 집에서 도망쳤다. 에베소의 유대인과 헬라인들 모두 이 일을 알고 두려워하여 주 예수의 이름을 높였다.(행 19:15~16)

믿는 사람들이 많이 와서 자기들이 행한 일을 자복하며 마술을 행하던 많은 사람들이 그에 관한 책을 모아 불사르니 그 책값이 계산하니 5만 드라크마[168]나 되었다. 주의 말씀이 힘이 있어 널리 전파되었다.

이런 일이 있은 후 바울은 마게도냐와 아가야를 거쳐 예루살렘에 가기로 작정하고 그곳에 갔다가 로마에도 가보겠다고 하였다. 그는 동역자 중에서 디모데와 에라스도를 마게도냐로 보내고 자기는 소아시아에 남아 있었다.(행 19:22)

(d) 에베소의 소동

그 시절 에베소에서는 그리스도교로 인하여 소동이 벌어지는 일이 있었다. 은장색 데메드리오는 아데미의 신상을 만들어 직공들을 고용하며 넉넉한 수입을 올리고 있었는데 바울이 장인이 만든 것은 참신이 아닌 우상이라고 하자 아데미신도 무시당하고 은장색은 큰 피해를 입게 되었다.

분노한 은장색이 '에베소의 아데미여, 위대하도다'라고 외치니 군중들이 들고 일어나 바울의 일행인 가이오와 아리스다고를 끌고 연극장으로 가는 것이었다. 바울이 연극장으로 들어가려고 하자 제자들이 말리고 그를 아는 관리도 그에게 연극장에 들어가지 말라고 하였다.

군중의 무리들은 각자 자기가 생각하는 말을 하니 분란만 일으켰을 뿐 각자 딴소리만 하는 것이었다. 그러자 유대인들도 '위대하도다 아데미여'라고 외쳤다.

---

168) 하루 일당 값에 해당하는 은화 한 닢

답답함을 느낀 도시의 서기장은 에베소 사람들이 제우스와 아데미의 신전지기임에 자부심을 가졌는데 그 사실을 알면 경솔한 행동을 그만두고 너희가 잡은 사람들은 신전의 물건을 도둑질하거나 우리의 여신을 비방하지도 않았으니 고발할 것이 있으면 재판정과 총독에게 고소하면 되고 원하는 것이 있으면 재판정과 총독에게 고소하면 되고 민회에 올리면 되니 해산하라고 종용하였다.

에베소에서 갈라디아서를 집필한 바울은 소요가 그치자 제자들과 작별하고 마게도냐로 떠났다. 그는 드로아에서 만나기로 한 디도가 먼저 마게도냐로 간 것이라고 생각하고 에베소에서 고린도전서를 기록하고 마게도냐로 가서 디도를 만난다.

마게도냐에서 고린도후서를 기록하고 디도편으로 고린도로 보낸다(고후 8:6~18) 그리고 헬라를 방문한다. 헬라에서 석 달을 보낸 후 배를 타고 수리아로 가고자 하나 유대인들이 그를 해치려고 공모하니 마게도냐를 거쳐 돌아가기로 하였다.(행 20:3)

소아시아까지 함께 가는 자는 베뢰아 사람 아리스다고와 세군도, 더베 사람 가이오, 그리고 디모데, 소아시아 사람 두기고, 드로비모 등이다. 그들은 드로아에서 우리를 기다리고 있었다. 우리는 빌립보에서 배로 떠나 드로아로 갔다. 바울은 드로아에 들러 7일을 머무르며 밤중까지 강론한다. 다락의 창가에 앉아 강론을 듣다 졸던 유두고는 삼층 창문에서 떨어져 즉사하고 만다. 바울이 내려가 유두고 위에 엎드려 몸을 안고 그에게 아직 생명이 있다고 하고 올라가 떡을 떼며 날이 새기까지 이야기하고 떠났다.

앗소에서 바울을 배에 태우고 미둘레네로 가서 거시서 다음날 기오 근해에까지 가고 그다음 날 사모에 들렀다가 다음 날 밀레도에 도착했다. 바울이 소아시아에서 지체하지 않고 오순절 안에 예루살렘에 이르려고 밀레도에서 사람을 보내 에베소 교회 장로들에게 그곳으로 오라고 청하였고 그들이 밀레도로 찾아왔다.

바울은 그들에게 자기는 에베소에서 겸손과 눈물로 섬겼으며 유대인들의 간계로 말미암은 시험들을 참고 주를 섬겼으며 그들에게 유익한 것을 모두 전하여 가르쳤고 유대인과 헬라인들에게 하나님께 대한 회개와 우리 주 예수 그리스도에 대한 믿음을 증언하였다고 말하였다.

이제 자기는 성령의 지시를 따라 예루살렘으로 가나 그곳에서 어떤 일을 당할지는 알지 못하고 결박과 환난이 나를 기다린다고 하지만 내가 달려갈 길과 주 예수께서 받은 사명, 곧 하나님의 복음을 생명을 바치며 증언하고자 한다는 결심을 밝힌다.

앞으로 여러분을 다시 보지는 못할 것이나 내가 3년이나 쉬지 않고 눈물로 훈계한 것을 기억하라고 하며 무릎을 꿇고 함께 기도하였다. 모든 사람과 목을 안고 입을 맞춘 후 배까지 전송을 받았다.

일행은 고스, 로도, 구브로를 바라보며 두로에 상륙하여 제자들과 7일을 머문 후 성령의 권고를 따라 제자들이 바울의 예루살렘행을 말리려고 하였으나 죽기를 각오한 바울을 설득할 수는 없었다. 여러 날 후 바울은 제자들과 함께 예루살렘으로 떠난다.

(e) 예루살렘에서 체포된 바울

예루살렘에 도착한 바울은 야고보 집에 찾아가니 그곳에 장로들이 모여 있었다. 바울은 문안하고 하나님의 은혜로 말미암아 행한 이방인 사역에 대해 보고하니 그들이 하나님께 영광을 돌린다.

장로들은 유대인 중 믿는 자가 수만명이 되는데 그들 모두가 율법에 열성을 지닌자들이다. 바울이 그들에게 모세를 배반하고 아들들에 할례를 행하지 말고 옛 전통을 지키지 말라고 말한 것을 들었다고 알려준다.(행 21:20~21)

그들은 바울이 할 바를 알려준다. 서원한 유대인 넷을 아는데 그들을 데리고 결례[169]를 행하고 그들의 머리를 깎게 하면 율법을 따른다는 것을 보여주는 것이라고 유대인들에게 알려주는 것이 된다고 하였다.

장로들은 주를 믿는 이방인들에게 우상의 제물과 피와 목메어 죽인 것과 음행을 피할 것을 권하는 편지를 보내기로 결의하였다. 그러나 그런 조치들에도 불구하고 소아시아에서 돌아온 유대인들은 바울이 율법을 부정하고 성전을 더럽힌 인물이며 헬라인들을 성전에 들여 성전에 들어가 더럽혔다고 외치니 큰 소동이 일어났다.

백성들이 바울을 성전 밖으로 끌어내어 죽이려 하자 군대의 천부장이 그 소문을 듣고 백부장들과 함께 달려와 바울 치기를 중

---

169) 정결례

지시켰다. 천부장은 바울을 쇠사슬로 결박하고 사람들에게 그가 무엇을 했냐고 물으니 사람들마다 말이 달라 천부장은 바울을 영내로 데려가라고 명하였다.

바울이 층대에 이르자 무리의 폭행이 심해져 그가 군사들에게 들려 영내로 들어갔다. 바울은 천부장에게 자기는 길리아 다소에서 태어난 로마 시민이니 백성들에게 말할 수 있게 해달라고 요청하니 천부장이 허락하였다.

바울이 히브리 말을 하자 조용해졌다. 그는 다소에서 태어난 유대인으로 가말리엘 문하에서 율법에 대한 엄한 교육을 받았고 하나님에 대한 열심히 있어 기독교를 박해하고 믿는 사람을 죽이기까지 하였다고 말하고 대제사장들과 장로들이 그에 대한 증인임을 밝혔다.

자기는 대제사장의 공문을 받고 다메섹 부근의 교인들을 잡아 형벌을 받게 하려고 가는 도중에 큰 빛이 비추며 예수님의 환상이 보이고 자기를 박해하지 말 것을 요청하시고 자기가 할 일을 지시하여 그를 따르게 되었음을 설명하였다. 함께 가던 사람들은 빛은 보았으되 소리는 듣지 못하였고 자기는 빛으로 말미암아 볼 수 없게 되어 도움을 받아 율법을 잘 따른다고 하는 아나니아의 도움으로 세례를 받고 죄를 씻게 되었다고 밝혔다.(행 22:14~16)

후에 예루살렘에 돌아가 성전에서 기도드릴 때에 황홀한 중에 주[170]께서 '속히 예루살렘에서 나가라 그들[171]은 네가 내게 대하

---

170) 예수님

171) 유대인들

여 증언하는 말을 듣지 아니하리라'(행 22:18) 그리고 '떠나가라 내가 너를 멀리 이방인에게 보내리라'(행 22:21)라고 하셨다. 말씀을 통하여 자신의 사명을 깨달은 바울은 이방 전도에 대한 뜻을 계획하게 되었다.

여기까지 듣던 무리들은 '이러한 자는 세상에서 없애버리자 살려 둘 자가 아니라'(행 22:22) 하며 소동을 피우자 천부장은 바울을 영내로 데려가라고 명하고 저들[172]이 무슨 일로 저런 소동을 벌이는지를 알기 위해 심문하자 바울이 백부장에게 '너희가 로마 시민 된 자를 죄를 전하지도 아니하고 채찍질할 수 있느냐'(행 22:24~25)라고 따진다.

백부장이 천부장에게 그의 말을 전하니 천부장이 바울에게 와서 '네가 로마시민이냐' 하니 바울이 그렇다고 하였다. 천부장이 '나는 돈을 많이 들여 이 시민권을 얻었노라'고 실토한다. 바울이 '나는 나면서부터'(행 22:26~27)라고 하니 심문하려던 자들이 두려워하였다.

다음 날 천부장은 사건의 진상을 알고자 하여 제사장, 공회 회원들을 모으고 바울의 결박을 풀고 바울을 그들 앞에 세웠다. 바울이 그들에게 '자기가 양심을 따라 하나님을 섬겼노라'(행 23:1)라고 하자 대제사장이 바울 곁에 있는 사람에게 '그 입을 치라'라고 명한다.

바울은 '너 회칠한 벽이여 하나님이 너를 치시리로다 네가 율법대로 나를 심판한다고 앉아서 율법을 어기며 나를 치라 하느

172) 유대인들

냐'(행 23:3)라고 하니 곁에 선 사람들이 '하나님의 대제사장을 네가 욕하느냐'라고 한다.

바울이 '형제들아, 나는 그가 대제사장인 줄 알지 못하였노라 기록되었으되 너의 백성의 관리를 비방하지 말라'(행 23:5)라고 한다.

바울은 모인 사람들의 일부는 사두개인이요, 다른 일부는 바리새인인 줄 알고 공회에서 외쳐 이르되 '여러분 형제들아 나는 바리새인이요, 또 바리새인의 아들이라 죽은 자의 소망 곧 부활로 말미암아 내가 심문을 받노라'(행 23:6)라고 한다.

유대인들 40여 명이 바울을 죽이기 전에는 먹지도 마시지도 않겠다고 맹세하고 기회를 엿보고 있다고 한 청년이 와서 말하니 천부장은 두 백부장에게 밤 제 삼시에 가이사랴에까지 갈 보병 200명, 기병 70명, 창병 200명을 준비하라고 명한다. 그리고 바울을 태울 말도 준비시킨다.

한편 천부장은 벨릭스 총독에게 유대인들이 죽이고자 하는 로마 시민을 구출하고 그들이 죽이고자 하는 이유가 율법에 관한 것뿐이어서 죽이거나 결박할 이유가 없기에 당신에게 보내니 고발자와 피고발자의 말을 들어보시라고 편지하였다.

천부장은 고발자들이 오면 바울의 말을 들어보기로 하고 우선 그를 헤롯 궁에 보내어 지키게 한다. 5일 후 대제사장 아나니아가 장로들과 변호사를 데리고 와 총독에게 바울을 고발한다. 그들은 바울이 성전을 더럽히고 유대인들을 모두 소요케 하고 나사렛 이단의 우두머리로 전염병 같은 바울을 고발하니 유대인들은 그에 동조한다.

바울은 자기가 예루살렘에 간 지 12일밖에 되지 않았고 유대인들은 자기가 누구와 변론하거나 소동하는 것을 본 일이 없다고 밝힌다. 자기는 조상의 하나님을 섬기고 율법과 선지자 들이 기록한 것을 믿으며 부활을 믿고 하나님에 대한 소망을 가지고 양심에 거리낌 없이 살았다고 말한다.(행 24:4~18)

자기는 결례도 행하고 소아시아에서 온 일부 유대인들이 고소할 일이 있으면 당신에게 와서 해야 하는데 그런 소리만 있을 뿐이라고 말한다. 총독과 그의 유대인 아내도 바울을 불러 예수 그리스도의 도에 대해 들었다. 그러나 바울이 의와 절제 그리고 장차의 심판에 대해 말하자 바울에게 그들은 그만하면 됐고 시간이 있으면 또 부르겠다고 하였다.

그 후에도 은근히 바울에게서 금전을 기대하여 자주 불렀으나 7일 후 베스도가 총독으로 임명되자 유대인 고관들의 환심을 사기 위해 바울을 구금하여 두었다. 유대인들은 바울을 예루살렘으로 옮겨달라고 하고 매복하여 바울을 죽이려고 하였으나 베스도는 가이사랴에 구금되었고 자기도 얼마 지나면 떠날 것이니 유대 유력자들이 내려가 바울에게 옳지 않은 일이 있거든 고발하라고 하였다.(행 25:3~5)

베스도는 유대인 유력자들과 함께 근 10일을 지내다가 가이사랴에 내려가고 다음 날 바울에 대해 예루살렘에서 온 유대인들은 여러 가지 일로 고발하면서도 증거를 대지 못하였다. 바울은 자기가 율법이나 성전이나 가이사에게나 전혀 죄를 지은 것이 없다고 단언하였다.

베스도는 유대인들의 환심을 얻을까 하여 바울에게 예루살렘에 가서 재판을 받겠느냐 하니 바울은 자기가 가이사의 재판 자리에 섰으니 마땅히 이곳에서 재판받아야 하고 만일 자기가 죽을 죄를 지었으면 죽기를 사양치 않을 것이나 고발하는 것이 모두 사실이 아니면 아무도 나를 유대인들에게 내어줄 수 없고 나는 가이사에게 상소한다고 하였다.(행 25:9~11)

베스도가 배석자들과 상의하고 바울이 가이사에게 상소하였으니 가이사에게 갈 것이라고 알려주었다. 며칠 후 분봉 왕 아그립바와 버니게가 총독에게 문안드리러 가이사랴에 왔다. 베스도가 바울을 그들에게 데려와 아그립바에게 소개한다. 베스도는 바울을 죽여야 마땅하다고 유대인들이 외치나 자기가 보니 큰 죄를 범한 것이 없으나 황제에게 상소하여 그에게 보내기로 하였다고 말한다. 혹시 그를 심문하고 상소할 자료가 나올까 하여 당신 앞에 세웠다고 하였다.

아그립바 왕이 바울에게 말할 기회를 주니 바울이 자기변명을 한다. 자기가 젊어서 생활한 상황을 유대인들이 잘 알고 있는데 자기는 가장 엄한 유대교 지파인 바리새인으로 살았고 자기가 하나님이 우리 조상에게 약속하신 것을 바라는 까닭에 이곳에서 심문을 받는다고 한다.

바울은 그리스도인들을 박해하는 앞자리에 서서 그들을 체포하러 다메섹으로 가다가 예수님의 환상을 보면서 자기는 하늘에서 보이신 것을 자기가 거스르지 않고 따르게 되었다고 밝힌다. 바울은 모든 유대인과 이방인들에게 회개하고 하나님께 합당한 일을 하라고 전하니 성전에서 나를 죽이고자 하였으나 하나님의 도우심을 받아 살아남았고 선지자들에게 약속하신 바와 마찬

가지로 '그리스도가 고난을 받으실 것과 죽은 자 가운데서 다시 살아나사 이스라엘과 이방인들에게 빛을 전하리라 하심이니이다'(행 26:22~23)라고 말하였다.

그러자 베스도가 큰소리로 '네가 미쳤도다 네 많은 학문이 너를 미치게 한다'라고 한다. 그러자 바울은 '각하여 내가 미친 것이 아니요 참되고 온전한 말을 하나이다 왕께서는 이 일을 아시기로 내가 왕께 담대히 말하노니 이 일에 하나라도 아시지 못함이 없는 줄 아나이다 이 일은 한쪽 구석에서 행한 것이 아니니이다'(행 26:25~26)

총독, 왕, 버니게, 그리고 그와 함께 앉은 사람들이 다 일어나서 물러가 서로 말하되 '이 사람은 사형이나 결박당할 만한 행위가 없다'라 하였다. 아그립바가 베스도에게 이르되 '이 사람이 만일 가이사에게 상소하지 아니하였더라면 석방될 수 있을 뻔하였다'라고 말했다.

(f) 로마로의 호송

백부장 율리오가 로마로 가게 된 죄수들을 맡아 아드라뭇데노에서 배에 모두 오른다. 그 배에는 데살로니가인 아리스다고도 있었다. 다음 날 시돈에 이르니 백부장은 바울에게 친구들에게 가서 대접 받기를 허락한다. 배가 길리기아와 밤빌리아 바다를 건너 루기아의 무라시에 이르자 백부장이 이달리야로 가는 알렉산드리아 배를 맞아 우리가 타게 한다.

속도가 느린 배는 며칠 만에 니도 맞은편에 이르러 미항이라는 그레데항에 간신히 도착했다. 항해가 위태로워지자 바울은 그곳에서 겨울을 지내기가 불편하니 뵈닉스에 가서 겨울을 보내자고 권한다. 그레데의 항구 뵈닉스는 한쪽은 서남을 한쪽은 서북을 향하고 있다.

얼마 후 순한 남풍이 불자 배는 닻을 감고 그레데 해안을 끼고 항해하는데 섬 가운데에서 유라굴로라는 광풍이 일어 배가 바람 부는 대로 밀려가다가 가우다라는 작은 섬을 지나며 겨우 거루를 잡아 끌어 올리고 밧줄로 선체를 두른 후 모래톱에 걸릴까 두려워하여 연장들을 내리고 배가 쫓겨가더니 사흘째 날에는 무거운 도구들을 물에 버렸다.

해나 별이 보인 지 여러 날 되고 풍랑은 그대로이자 구원의 여망마저 사라졌다. 사람들이 먹지 못한지 여러 날이 되자 바울이 가운데 서서 '내 말대로 그레데에서 떠나지 않았으면 좋았을 것이니라 이제는 안심하라 너희 중 아무도 생명에는 지장이 없겠고 오직 배가 손상을 입을 것이다 하나님의 사자가 어젯밤에 나에게 네가 가이사 앞에 서야 하겠고 너와 함께 항해하는 자들의 생명을 다 주겠다고 하였으니 나는 내게 하신 말씀대로 되리라고 믿는다'(행 27:23~25) 그러니 우리가 반드시 어느 섬에 이를 것이라고 하였다.

열나흘째 되는 날 밤에 우리가 아드리아 바다에서 이리저리 쫓겨가다가 자정쯤 되어 사공들이 어느 육지에 가까워진다고 짐작하고 물을 재어보았다. 스무 길이 되고 조금 후에 재니 열다섯 길이라 암초를 두려워하여 고물로 닻 넷을 내리고 날 새기를 고대하였다.

사공들이 도망가고자 하여 이물에서 닻을 내리는 척하고 거룻배를 바다에 내려놓는다. 바울이 백부장과 군인들에게 '저들이 없으면 나머지 승객들은 살아남을 수 없다'고 하자 군인들이 거룻배 줄을 끊어버렸다.

날이 새자 바울은 음식 먹기를 권하며 '너희가 먹지 못하고 주린 지가 14일이니 구원을 위하여 먹으면 머리카락 하나도 잃을 자가 없으리라'고 하고 떡을 가져다 하나님께 축사한 후 모두 떡을 받아먹었다.

배에 있는 사람은 모두 276명이었다. 실컷 먹고 배에 있는 밀은 바다에 버려 배를 가볍게 하였다.

어떤 땅인지는 모르나 경사진 해안의 항만이 눈에 띄어 그곳에 배를 댈 수 있는지 의논한 후 닻을 끊어 바다에 버리고 아울러 키를 풀어 늦추고 돛을 달고 바람에 맞춰 해안을 향해 들어가다가 모래톱에 걸리고 뱃머리가 부딪혀 산산조각이 나니 군인들은 죄수들이 도망갈 수 있으니 죽이는 것이 좋다고 하였으나 백부장이 바울을 구하기 위하여 군인들의 계획을 막고 헤엄칠 줄 아는 사람은 먼저 육지에 오르게 하고 나머지는 널빤지나 배 조각에 의지하여 나가게 한다. 그리하여 모든 사람들이 안전하게 상륙할 수 있었다.

(g) 멜리데섬

상륙한 섬은 지중해 남쪽 아프리카에 가까운 멜리데섬이었다. 십자군들이 유럽으로 돌아가다가 개발된 멜리데는 도시와 건물들이 유럽풍으로 건설되고 풍광이 아름다워 유럽의 이름 있는 관광지가 되었다.

바울과 항해자들이 상륙하자 날씨가 추워 그곳 주민들은 그들에게 불을 피워주며 따뜻하게 영접하였다. 나뭇가지들을 모아 불을 피우는데 그곳에 있던 독사가 나와 바울의 손을 물었다. 그것은 본 주민들은 바울이 죽으리라고 예상했으나 바울이 손을 털자 독사는 불 위에 떨어지고 바울은 곧 쓰러지거나 죽을 것으로 생각한 주민들은 바울이 아무 일 없자 바울을 신이라고 생각한다.

그 섬에서 가장 높은 보블리오는 근처에 토지를 가지고 있어 바울을 집으로 초대하였다. 그런데 보블리오의 부친은 열병과 이질에 걸려 방에 누워 있었다. 그를 본 바울은 방에 들어가 기도하고 그에게 안수하자 병이 금세 나았다.

섬의 환자들이 찾아와 모두 고침을 받았다. 그 사람들은 바울 일행에게 융숭한 대접을 베풀고 그들이 배에 오르기 전에 그들에게 필요한 것들을 배에 실어주었다.(행 28:7~10)

그 섬에서 겨울을 난 바울과 항해자들은 석 달 후 뱃머리에 디오스구로를 장식한 알렉산드리아 배는 수라구사(Syracuse)에서 사흘 정박한 후 남풍이 불자 레기온(Rhegium)에서 하루를 지내고 보디올에 이르러 형제들을 만났고 그들의 초대로 그곳에서 일주일 머물렀다 그리고 로마로 갔다.

(h) 드디어 로마

로마의 형제들이 우리의 소식을 듣고 압비오 광장(Forum Of

Appius)과 트레이스 타베르네(Three Taverns)[173]까지 우리를 맞으러 나왔다. 그들을 만난 바울은 하나님께 감사드리고 담대한 마음을 갖게 되었다.(행 28:14~16) 로마에 들어가니 바울을 지키는 군인이 있었다. 그들은 세든 독립가옥에서 함께 지내게 되었다.

로마에 도착하고 사흘 후에 바울은 유대인 중 높은 사람들을 청하여 자기는 이스라엘 백성이나 조상의 관습을 배척한 적이 없는데 죄인으로 이곳까지 오게 되었다고 자기 변론을 펼쳤다. 그곳 로마 관리들이 바울은 죄가 없다고 석방하려 하였으나 유대인들이 반대하여 자기가 가이사에게 상소하게 되었고 내 민족을 고발하려 한 것은 아니라고 하였다.

바울의 거처에 많은 유대인들이 찾아오니 바울은 아침부터 저녁까지 하나님의 나라를 증명하고 모세의 율법과 선지자들의 말을 통하여 예수님을 증언하였다.

그를 믿는 사람도 있고 믿지 않는 사람도 있어 그는 선지자 이사야를 인용하여 '너희가 듣기는 들어도 도무지 깨닫지 못하며 보기는 보아도 도무지 알지 못하는도다 이 백성들의 마음이 우둔하여져서 귀로 듣는 것은 듣고 마음으로 깨달아 돌아오면 내가 고쳐줄까 함이라'(행 28:27) 그리하여 하나님이 이방인에게 구원을 베풀게 되었다고 하였다.

바울은 2년간 셋집에 머물며 에베소서, 골로세서, 빌립보서, 빌레몬서를 집필하였다.(엡 3:1~6, 6:20, 빌 1:7, 13, 골 4:7~18, 몬 1:10, 22)

---

173) 세 여관을 뜻함

바울은 로마의 감옥에서 풀려나(딤후 4:17) 디모데전서와 디도서를 썼다.(딛 1:5) 감옥에서 풀려난 후 다시 가이사의 대대적인 숙청으로 다시 감옥에 들어갔다가 디모데후서에서 마지막 인사를 한 후 AD 67년경 참수로 생을 마감한 바울은 오늘날 세계 종교가 된 기독교의 중심 기둥을 세웠다.

2. 환상과 그 작용

우리는 보통 꿈에서 어떤 영상이 떠올라 계시를 받기도 하지만 믿음이 깊은 경우는 꿈에서 보이는 초현실적인 현상을 통하여 선지자나 하나님으로부터 중요한 뜻을 전달받는다. 바울의 경우에는 그러한 환상이 삶의 중요한 계기가 되었다는 점에서 중요한 의미를 지닌다.

(a) 예수 그리스도의 환상

바울이 기독교인들을 체포 결박 압송을 허락하는 공문을 안고 다메섹으로 가던 바울이 하늘에서 비치는 빛을 통하여 예수님의 환상을 접한 바울은 그의 삶을 송두리째 바꿔 예수님과 기독교의 열렬한 전도자가 되었고 사도행전은 그의 변모를 자세히 기록하고 있다.

(b) 마게도냐의 환상

전도자 바울은 먼저 소아시아 쪽으로 가 전도하고자 하였으나 예수님의 영이 그것을 막았다.(행 16:7) 그날 밤 가진 환상에서 마게도냐 사람 하나가 마게도냐로 건너와 자기들을 도와달라고 하였다.(행 16:9~10) 바울은 그것이 하나님께서 마게도냐 사람들에게 복음을 전하라고 명하신 것으로 받아들였다.(행 16:10)

로마제국의 영지였던 마게도냐는 서구로 통하는 관문으로 그곳을 선교하는 것이 동쪽으로 가서 선교하는 것보다는 훨씬 중요한 선택이었다.

(c) 로마로의 환상

어느날 밤에 보인 환상에서 곁에 서신 예수께서 바울에게 보다 담대한 마음으로 선교에 임하라고 하시며 '네가 예루살렘에서 나의 일을 증언한 것 같이 로마에서도 증언하여야 하리라'(행 23:11) 하셨다.

바울의 능력과 삶을 꿰뚫어 보시는 예수님은 복음이 세상 끝까지 전해지려고 하면 바울이 로마까지 가야 한다고 생각하시고 꿈에 환상을 통하여 명하신 것이다.

로마는 세계 수도의 비유로 우리는 아직도 '모든 길은 로마로 통한다'고 하는데 그 역도 진이다. 로마는 전 세계로 뻗어나가는 시발점인 것이다.

(d) 삼층천의 환상

하늘은 텅 빈 푸른 하늘, 해와 별과 달이 있는 공간, 그리고 하나님과 천사들이 거하는 낙원의 세 층으로 되어 있다고 상상한다. 바울은 자기가 체험한 삼층천(The Third heaven)에 대한 환상이 자기 자랑이나 되지 않을까 하여 '그리스도 안에 있는 한 사람'을 체험의 당사자로 설정하고 그가 고린도후서를 기록하기 14년 전에 체험한 환상이라고 소개한다.

그는 그 당시 몸안에 있었는지 밖에 있었는지 모르지만 그가 낙원으로 이끌려 가 상상 밖의 경험을 하게 된다. 그는 주님을 만나 자기가 '사탄의 사자들'[174]에게 매어 있으니 그것들에게서 벗어나고 싶어 세 번이나 간구하였다. 바울은 자기의 질병들이 '나를 쳐서 너무 자만하지 않게' 하기 위한 것임을 잘 알고 있으나 너무 괴로워 세 번씩이나 간구한 것이다.

그러나 주님은 '내 은혜가 네게 족하도다'라고 하시며 바울이 이미 충분한 은혜를 받아 누리고 있으니 그것으로 충분하다고 상기시키신 것이다. 그리고 '내 능력이 약한 데서 온전하여짐이라'(고후 12:9) 하신 것은 자기가 약할 때 그것을 극복하기 위하여 강해지기 때문이다. 그 대답의 뜻을 깨닫고 바울은 오히려 기뻐하였다.(고후 12:10)

174) 여러 가지 질병들

3. 깨우침과 가르침

바울이 여러 교회들과 동역 제자들에게 보낸 13권의 서신들은 그 수신자들이 처한 상황을 고려하여 기록한 '맞춤형' 서신들이지만 전체적으로 예수님의 삶과 가르침을 기록한 4복음서를 보완하여 기독교의 세계화를 위한 복음서라고 간주된다. 그리하여 바울이 깨우치고 우리에게 주고자 하는 가르침을 종합화하여 기본이 되는 주제들을 중심으로 살펴보고자 한다.

(a) 바울과 율법

저명한 랍비 가말리엘 문하에서 수학한 바울이 유대교에서 벗어나 예수님의 진리를 택한 후 가장 먼저 부딪친 문제가 율법에 관한 것이었다.

본디 율법은 하나님께서 이스라엘 백성들이 삶에서 옳은 길을 찾아가게 하기 위해서 지으신 613조항으로 이루어진다. 365가지 금지조항과 행함이 허용된 248가지 조항으로 구성된다. 금지조항 365가지는 1년의 날들 숫자이고 248가지 허용된 조항은 인체 내부의 뼈와 장기의 숫자를 상징한다.

통상적으로 창세기 출애굽기 레위기 민수기 신명기의 5경을 모세 5경이라고 부르며 토라라고 하고 율법을 담은 구약의 핵심 성경이라고 간주하고 나머지 구약성경들은 보조 경전으로 중요성이 훨씬 덜 하다. 시내산에서 모세에게 내리신 십계명은 율법을 집약하고 있다.

우리가 삶을 살아가는 과정에서 '육체의 일은 분명하니 음행과 더러운 것과 분쟁과 시기와 분냄과 당 짓는 것과 분열함과 이단과 투기와 술 취함과 방탕함과 또 그와 같은 것들이라 전에 너희에게 경계한 것 같이 경계하노니 이런 일을 하는 자들은 하나님의 나라를 유업으로 받지 못할 것이요'(갈 5:20~21)

그러니 '율법으로 말미암지 않고는 내가 죄를 알지 못하였다'(롬 7:77) '그런즉 우리가 무슨 말을 하리요 율법이 죄냐 그럴 수는 없느니라 율법으로 말미암지 않고는 내가 죄를 알지 못하였으리라'(롬 7:7)

그런데 '율법의 행위로는 그[175]의 앞에 의롭다 하심을 얻을 육체가 없나니 율법으로는 죄를 깨달음이라'(롬 3:20) '율법이 우리를 그리스도께 인도하는 초등 교사[176]'(갈 3:24)가 될 뿐이라고 하니 '의롭게 되는 것은 율법의 행위로 말미암음이 아니요 오직 예수 그리스도를 믿음으로 말미암는 줄을 앎으로 우리도 그리스

---

175) 하나님

176) 뉴톰슨 주석성경은 몽학선생이라하고 NIV 성경은 Guardian이라 하고 Osty성경은 Gédagogue 즉 가리키는 노예라고 하였다.

도를 믿나니 그리스도를 믿음으로써 의롭다 함을 얻으려 함이라'(갈 2:16~17)

바울은 우리가 율법을 따라 의에 이를 수 없고 오로지 예수 그리스도를 따라야 의에 이르고 하늘나라에 갈 수 있음을 주장한다. 그럼으로써 모세는 구약성경 시대의 율법을 표상하나 신약시대로 들어서면서 예수 그리스도의 말씀이 모세의 율법을 대체하였다고 주장한다.

(b) 믿음

바울은 우리가 율법이 아니라 예수 그리스도를 믿어 의에 이를 수 있다고 주장하고 그의 믿음이 이방 선교를 통하여 기독교를 세계 종교로 만드는 기초가 되었는데 그가 말하는 믿음이란 무엇인가?

그의 믿음은 물론 그가 기록한 13가지 서신에 담겨 있다. 그는 우리에게 가장 먼저 '그리스도께서 우리 죄를 위하여 죽으시고 장사 지낸 바 되셨다가 성경대로 사흘 만에 다시 살아나사 게바[177]에게 보이시고 후에 12제자에게 와 그 후에 500여 형제에게 일시에 보이셨나니 그중에 지금까지 대다수는 살아있고 어떤 사람은 잠들었으며 그 후에 야고보[178]에게 보이셨으며 그 후에 모든 사도와 맨 나중에 만삭되지 못하여 난 자 같은 내게도 보이셨

177) 베드로의 희랍어 이름

178) 예수님의 형제

느니라'(고전 15:3~8)

바울은 돌아가신 예수님의 부활을 많은 대중들도 확인한 것을 믿음의 바탕이라고 밝힌다. 그와 함께 '네가 만일 네 입으로 예수를 주로 시인하며 또 하나님께서 그를 죽은 자 가운데서 살리신 것을 네 마음에 믿으면 구원을 받으리라 사람이 마음으로 믿어 의에 이르고 입으로 시인하여 구원에 이르느니라'(롬 10:8~10)

말하자면 부활 신앙을 마음으로 믿으면 의에 이르고 구원을 받아 죽은 후 하늘나라에 이르게 된다는 것이다. 믿음 → 의 → 구원은 긴밀하게 연관되어 전개된다.

삼위일체의 신앙과 함께 믿음이 강해진 사람에게 마땅히 부과되는 의무는 믿음이 약한 자의 약점을 맡아 강하에 하며 자기 자신의 즐거움을 추구하기 전에 이웃을 기쁘고 즐겁게 하고 선을 이루고 덕을 세우도록 하라고 권고한다.(롬 15:1~2)

바울은 구약성경에 여러 의로운 사람과 훌륭한 선지자들이 있지만 믿음의 살아 있는 모형으로 아브라함을 꼽는다. '아브라함이나 그 후손에게 세상의 상속자가 되리라고 하신 언약은 율법으로 말미암은 것이 아니요 오직 믿음의 의로 말미암은 것이니라'(롬 4:13)라고 하면서 묻지도 않고 따지지도 않으며 무조건 말씀에 순종하는 아브라함의 믿음을 높게 평가한다.

왜냐하면 '아브라함이 바랄 수 없는 중에 바라고 믿었으니 이는 '네 후손이 이 같으리라' 하신 말씀대로 많은 민족의 조상이 되게 하심이라 그가 100세나 되어 자기 몸이 죽은 것을 알고 사라의 태가 죽은 것을 알고도 믿음이 약하여지지 아니하고 믿음이 없어 하나님의 약속을 의심하지 않고 믿음으로 견고하여져서 하나님께 영광을 돌리며 약속하신 그것을 또한 이루실 줄 확신하였으니 그러므로 그에게 의로 여겨졌다'(롬 4:18~22)

바울이 무조건 믿음만 강조하는 것이 아니라 약한 믿음을 올려주고 이웃과도 함께하라고 하는 것은 나누는 믿음을 권장하는 것이다.

(c) 복음

복음은 복된 기쁜 소식이다.

우리가 믿지 않는 사람에게 하나님께서 인간을 사랑하사 독생자 예수님을 보내 주시어 우리 죄악을 대속하시고 구원으로 이끌고자 하신다고 전하면 전도하는 것이 되고 복음을 전한 것이 되는 것이다.

인간은 아담과 하와 이후 여러 가지 육적인 정욕과 자유의지로 인하여 끊임없이 죄의 유혹을 받고 죄를 지으며 살고 있다. 인간을 사랑하신 하나님은 인간의 죄를 대속하고 구원하기 위해 독생자 예수님을 보내주셨다. 그러나 그 사실을 믿고 따르기 위해서는 믿음을 뒷받침하고 믿음의 내용을 설명하는 그릇이 필요하다. 그래서 작성된 것이 성경이다.

구약 39책, 신약 27책 도합 66책 속에 모든 설명이 모두 포함되었다. 그러나 유대인들은 창세기, 출애굽기, 레위기, 민수기, 신명기가 적혀 있는 모세 5경을 중요한 경전으로 보고 다른 책들은 보조 경전으로 간주하고 있으며 신약에는 마태, 마가, 누가, 요한의 4복음서와 구약과 신약의 모든 책자들은 하나님의 감동으로 쓰여진 진리의 말씀이기 때문에 중요성의 경중을 정하거나 비교 우위를 따진다는 것은 어려운 것이다.

바울도 '복음은 모든 믿는 자에게 구원을 주시는 하나님의 능력이 됨이라'(롬 1:16)고 하면서 하나님의 능력으로 된 복음을 믿는 자에게 구원을 주신다고 약속하셨음을 상기시킨다.

바울은 자기가 그들에게 전한 복음은 '사람의 뜻을 따라 된 것이 아니라 이는 사람에게서 받은 것이 아니요 오직 예수 그리스도의 계시로 말미암은 것이라'(갈 1:11~12)라고 밝히면서 자기의 자의로 생각한 것이 아니라 예수님의 뜻을 그대로 전한 것이라고 자신을 낮춘다.

학자들에 따라서는 바울의 롬은 4복음서를 이은 제5복음서라고 하고 어떤 분은 히브리서를 제5복음서라고 주장한다. 이 두 가지가 그만한 근거를 가지고 있으나 우리는 성경 66권의 책자가 모두 복음을 구성한다고 하고 싶다.

(d) 교회

초기 교회는 성도의 집에 모여 의견 교환과 찬송을 하며 예배를 대신하였고 그 후 2교우 이상 모여 예배를 드리면 그것이 교회가 되었다. 그 후 점차 독립적인 공간에 모여 예배하면서 초기 교회가 성립되었다고 추정된다.

그러나 교회는 공간적인 문제보다도 그것이 갖는 의미가 중요하다. 바울은 하나님과 예수님이 '거하시는' 처소라고 하고 '그리스도께서 교회의 머리 됨'(엡 5:23)이라고 하면서 '너희 몸이 그리스도의 지체인 줄을 알지 못하느냐 (……) 주와 합하는 자는 한 영이라'(고전 6:15)라고 하면서 그에 걸맞은 처신을 하라고 권고한다.

그러나 교회 교인들의 증가는 예기치 못한 문제들을 야기시킨다. 에베소에서 바울은 고린도 교회의 여신도 글로에에게서 고린도 교회의 내분에 관한 두 가지 소식을 듣게 된다.

한 가지는 교인들이 바울파, 아볼로파, 베드로파 등으로 갈라져 있고(고전 1:12) 또 다른 문제는 교인들간에 견해 차이가 있으면 그것을 교회 내부에서 처리하지 못하고 민간 소송들을 한다는 것이다.(고전 6:1~8)

교회 내부의 문제를 신도가 아닌 비신도들이 해결하게 한다는 것은 이치에도 맞지 않을 뿐 아니라 교회 내부의 일을 교회 안에서 해결하지 못하고 믿지 않는 자들에게 판단을 부탁하니 올바른 판단을 받을 수 없다고 질책한다.

그 밖에 교인들의 음행과 혼인에 관하여도 올바른 가르침을 주면서 하나님이 기뻐하시는 처신을 하면서 '하나님께 영광을 돌리라'(고전 6:20)라고 일깨운다.

바울은 자신이 에베소에서 계속 교회를 맡을 수 없게 되니 에베소 교회에 자기가 아끼는 제자 디모데를 보내어 그에게 자기가 염려하는 문제들에 대한 도움을 주고자 한다. 에베소 교회는 대형 교회로 젊은 디모데가 맡기에 버거운 교회임을 바울이 잘 알고 있다.

디모데에게 보낸 서신에서 가짜 교사에 대한 주의를 환기시키고 모세의 율법의 한계를 지적하면서 그리스도의 가르침에 대한 전적인 신뢰와 흔들림 없는 사역을 당부한다.

교인들의 교육에서는 남자들의 절제와 자제, 여자들의 순종과 정숙, 사랑과 거룩을 권고한다. 교회의 합리적 운영을 위하여 가장으로서 교인들의 신망을 받으며 나그네를 잘 대접하고 신중하고 절제하며 너그러운 성품을 가진 자를 감독으로 선택하라고 권한다.

집사도 정중하고 행동에 일관성이 있고 믿음과 양심의 소유자를 고르고 가정을 충실히 이끄는지 주의할 것을 당부한다.

교인과의 관계에서 노인에게 꾸짖지 말고 특히 여자 노인은 어머니 대하듯 하고 특히 과부를 신경 써 존대하고 나이 든 과부와 젊은 과부를 구분하여 대하라고 한다. 그리고 범죄한 자들은 사람들 앞에서 꾸짖어 다른 사람들에게도 주의하게 하고 그리스도의 말씀과 경건을 따르지 않는 자는 교만하고 변론만 하는 자는 언쟁과 분쟁 그리고 진리를 버린 자니 이익만 탐하는 자라고 주의시킨다.

마지막으로 디모데에게 바울은 의와 경건, 믿음과 사랑, 인내와 온유함으로 선한 싸움을 할 것을 당부하고 예수님께 존귀와 권능을 돌리도록 권고한다.

디모데후서는 감옥에서 보낸 서신으로 디모데의 인내를 감사하고 앞으로 당할 수 있는 박해를 의와 믿음, 사랑과 화평으로 맞을 것을 당부하며 몇 가지 요청을 부탁한다.

디모데와 함께 가장 믿을만하고 사랑하는 디도에게 그레데 교회를 맡기고 그에게도 도움을 주고 싶어 서신을 보낸다. 그레데는 그리스에서 가장 먼저 문물을 받아들인 섬으로 풍부한 문화유적을 보전하고 있는데 그곳 주민들은 거짓말을 잘하고 재물에만 밝은 사람들이어서 그것을 감안하고 서신을 썼다.

바울은 가장 먼저 교회에 장로들을 세워(딛 1:5) 도움을 받기를 권한다. 그 밑에 두는 감독 집사 등의 직책에 대해서는 디모데에게 쓴 것과 거의 흡사하고 바울은 아데마나 두기고를 그곳에 보내겠으니 니고볼리에 가 있을 자기를 보러 오라고 당부하고 우선 율법 교사 세나와 아볼로를 먼저 보내겠다고 알려준다.

여러 교회에 가서 사정들을 본 바울은 디모데와 디도에게 교회에 대해 알고 있는 것과 자기의 생각을 두 제자 동역자에게 알려준다.

(e) 성령

성령은 삼위일체 중의 하나의 위격(Persona)으로서 예수님이 돌아가시기 전에 자기를 대신하여 하나님께 말씀드려 성령님을 보내주시겠다고 약속하셨다. 우리에게는 태어나면서 영이 주어졌으나 성령님은 거룩하신 하나님의 성스러운 영이시다. 하나님의 영이신 성령님은 보혜사(Parakletos)라고도 하며 예수 그리스도로 말미암아 우리 안에 계시며 우리를 위로하시고(행 9:31) 우리를 인도하고 이끌어 주며 우리에게 강건한 힘을 주신다.

우리의 중재자, 상담자, 협조자 역할을 하시며 하나님의 영적 활동력(Vital Force)의 근원인 성령님은 이해와 지식과 깨달음과 자의식을 가진 인격체로 성부, 성자와 지식을 공유하고 그것을 우리에게 불어넣어 주는 '은혜로 돕는 스승(Advocate)'이시다.

바울은 성령의 은혜에 민감하여 '(……) 성령도 우리의 연약함을 도우시나니 우리는 마땅히 기도할 바를 알지 못하나 오직 성령이 말할 수 없는 탄식으로 우리를 위하여 친히 간구하시느니라'(롬 8:26) 라고 하며 성령님의 고마움을 표현한다. 그는 '그리스도 예수 안에 있는 생명의 성령의 법이 죄의 사망의 법에서 너를 해방하였음이라'(롬 8:2)라고 일깨운다.

특히 바울은 율법과의 대비를 통하여 성령을 이해시킨다. '그가 또한 우리를 새 언약의 일꾼 되기에 만족하게 하셨으니 율법 조문으로 하지 아니하고 오직 영으로 함이니 율법은 죽이는 것이요 영은 살리는 것이니라'(고후 3:6)

'율법이 우리를 죽이는 것이라'는 표현은 좀 과격한 감이 있지만 명령법으로 구성된 율법이 생명으로 이끄는 힘은 아니고 그 역할은 오로지 성령으로만 가능한 것이다.

바울이 어떤 중요한 일을 결정할 경우 합당하지 않은 것을 막고 하나님의 뜻에 합당한 것을 알려주는 것이 성령님이다. 어떤 경우에는 환상을 통하여 그것을 계시한다. 선교 여행지의 선택이나 이방으로 전도 확장, 로마 선교 등 중요한 결정이 그렇게 이루어진 것이다.

때로는 가짜 영이 성령의 지시라고 고집할 경우가 있다. 특히 어떤 결정을 놓고 그것을 집행하려는 그룹과 그것을 반대하는 그룹이 대립하는 경우 양쪽 모두 성령의 지시를 주장한다. 나중에는 그것이 소송으로 번져 재판장에서 결정 날 수도 있다. 그런 경우 어느 쪽이 하나님의 뜻에 합당한가를 알아보는 것이 가장 올바른 정답이 아닐까 생각된다.

(f) 교만

교만은 거만, 오만 등과 동의어로 쓰인다. 한자로 驕慢은 말 위에서 밑에 있는 사람을 지휘 감독하는 형상이다. 유대 사회에서 모르는 것도 아는 척하며 잔칫집에서 윗자리에 앉고자 하고 네거리 사람들 많은 곳에서 소리내어 오래 기도하고 성전에서도 당연히 상석에 앉아야 한다고 생각하는 바리새인들은 자기들이 다른 사람들과 구별되는 거룩한 사람이라고 생각하는 교만에 찬 사람들이다.

천사들 중에서도 돋보이는 직책을 받지 못한 교만한 천사나 하나님 같은 권력을 갖고자 하는 천사는 마귀가 되어 하늘나라에서도 쫓겨난다. 사람의 교만은 하나님을 경외하거나 순종치 않고 다른 사람들과 원만한 관계를 갖지 못하여 하나님도 교만을 가장 견제하신다.

교만이나 오만은 단순한 개인적인 특성이 아니라 공동체 안에서 사람들과 원만한 소통과 협조를 저해하는 걸림돌이 된다. 그리하여 바울도 '새로 입교한 자도 교만하여져서 마귀를 정죄하는 그 정죄함에 빠질까'(딤전 3:6) 염려한다고 주의시킨다.

일반적으로 '누구든지 다른 교훈을 하며 바른말 곧 우리 주 예수 그리스도의 말씀과 경건에 관한 말씀을 따르지 않으면 그는 교만하여 아무것도 알지 못하고 변론과 언쟁을 좋아하는 자니 이로써 투기와 분쟁과 비방과 악한 생각이 나고 마음이 부패하여 진리를 잃어 버려 경건을 이익의 방도로 생각하는 자들의 다툼이 일어나느니라'(딤전 6:3~5)

교만한 자는 자기에게 조금이라도 만족스럽지 못한 상황이 오면 하나님에 대한 순종이나 경외로부터 멀어진다.

특히 말세가 되면 '사람들이 자기를 사랑하며 자랑하며 교만하여 비방하며 부모를 거역하며 감사하지 아니하며 거룩하지 아니하며 무정하며 원통함을 풀지 아니하며 모함하며 절제하지 못하며 자만하며 사나우며 선한 것을 좋아하지 아니하며 쾌락을 사랑하기를 하나님을 사랑하는 것보다 더하며 경건의 모양은 있으나 경건의 능력은 부인하니 이 같은 자들에게서 네가 돌아서라'(딤후 3:2~5)라고 강력히 권한다.

교만은 많은 악의 뿌리가 되니 강력히 경계시키는 바울이 성도들에게 늘 겸손함을 보이나 내적으로 자신에 대한 자부심은 대단하다. 가장 늦게 사도가 되었으나 자기가 어느 사도 못지않게 예수님을 위하여 헌신하였음을 자부하고 있다.

(g) 사랑

다메섹에서의 환상을 통해 회심한 바울은 '우리가 아직 죄인 되었을 때 그리스도께서 우리를 위하여 죽으심으로 하나님께서 우리에 대한 자기의 사랑을 확증하였느니라'(롬 5:8)라고 하면서 예수님이 우리에 대한 사랑을 고난을 통하여 보여주셨다고 가르치고 있다.

따라서 '누가 우리를 그리스도의 사랑에서 끊으리요 환난이나 곤고나 박해나 기근이나 적신[179]이나 칼이랴'(롬 8:35)라고 묻는

179) 적신은 알몸(Naked)의 뜻이다.

다. 그러면서 그리스도의 사랑을 지키기 위하여 순교까지 결심하고 있음을 보여주고 있다.

바울은 에베소 교인들을 위한 기도에서 그들의 마음에 그리스도께서 계시고 그들의 사랑 가운데 뿌리가 박히고 굳어져 '능히 모든 성도와 함께 지식에 넘치는 그리스도의 사랑을 알고 그 너비와 깊이와 높이와 길이가 어떠함을 깨달아 하나님의 모든 충만하신 것으로 너희에게 충만케 하시기를 구하노라'(엡 3:17~19)라고 염원한다.

예수님의 사랑을 본받은 바울은 '네 원수가 주리거든 먹이고 목마르거든 마시게 하라'(롬 12:2)고 권고하고 '악에게 지지 말고 선으로 악을 이기라'(롬 12:20)라고 요구하신다.

우리가 모든 사람에게 사랑의 감정을 가질 수는 있으나 실제로 우리의 사랑을 베푸는 것이 삶에서 우리와 관계있는 사람에 한정되는 경우가 많다. 그래서 예수님도 하나님의 뜻을 따라 '네 이웃을 네 몸같이 사랑하라'(마 22:39)라고 하셨으나 바울 역시 자기가 만난 실바, 바나바 같은 동역자 제자들을 사랑하지만 마음에 들어 '자기 아들'이라고 부른 디모데와 디도를 특히 사랑하셨다.

바울은 제1차 선교 여행 중에 함께하던 중 갑자기 자기를 떠나 예루살렘으로 가버린 요한에 대한 불편한 심기를 보였으나 바울이 로마에서 감옥에 있을 때 요한이 그를 찾은 것을 보면 서로의 오해를 풀고 서로 다정한 마음을 가지고 화해한 것으로 해석된다.

사랑은 믿음 소망과 함께하는데 바울 역시 '그런즉 믿음 소망 사랑은 항상 있을 것인데 그 중의 제일은 사랑이니라'(고전 13:13)이라고 하면서 사랑의 중요성을 확언한다.

(h) 감사

우리가 태어나면 우리를 낳아주고 길러주는 부모님이 있고 하나님이 지으신 태양과 주시는 음식을 먹고 대기를 호흡하며 살아가고 있다. 우리는 그 모든 것이 자연적으로 주어진 것이니 부모에게 감사할 줄도 모르고 천지를 지으시고 모든 생물을 길러주시는 하나님께 감사하는 법도 모른다.

소수의 성도들이 교회에서 목사님의 말씀을 통하여 모든 것이 부모님의 노고와 하나님의 은혜로 이루어진 것임을 알게 되고 늦게나마 감사한 마음을 품게 된다.

그러나 우리가 받은 가장 큰 은혜는 하나님께서 우리에게 성령을 보내시고 복음의 진리를 믿고 구원을 받을 수 있게 하신 것이다. 바울은 복음으로 우리를 부르사 우리를 사랑하시고 주 예수 그리스도 안에서 우리에게 승리를 주시는 하나님께 감사드려야 한다'(고전 15:57)라고 전한다.

바울은 우리가 평생 품고 행하여 할 덕목을 세 가지로 집약한다. '항상 기뻐하라 쉬지 말고 기도하라 범사에 감사하라 이것이 예수 아에서 너희를 향하신 하나님의 뜻이니라'(살전 5:16~18) 기쁨, 기도, 감사는 분리된 것이 아니라 연결되어 그리스도 안에 있는 우리에 대한 하나님의 뜻임을 명심하게 한다.

4. 바울과 베드로

베드로는 예수님이 택하신 초기의 제자로 본래 결혼한 어부인 베드로는 세례 요한에게 관심이 있었다. 그는 성품이 성급하고 쉽게 화를 내기도 하였으나 예수님과 함께 동행하며 자신 본래의 성정을 많이 누그러뜨리고 겸손하면서 열성적으로 예수님을 따르는 제자로 예수님은 그를 제자들의 리더로 삼으시고 장차 형성될 교회의 반석으로 삼으셨다.

그에 비해 바울은 일찍부터 유대교에 열성을 보이며 저명한 가말리엘 밑에서 수학하고 예수교 신자를 박해하는 데 앞장섰던 인물로 다메섹에 가던 중 갑자기 빛나는 환상이 보이고 눈이 멀게 되며 예수님의 훈계로 예수님이 하나님의 아드님이심을 믿고 유대교를 버리고 모든 위험을 무릅쓰고 예수님의 믿음을 전파하기 위하여 사도로서 부름을 받았으나(롬 1:1) 그가 예수님이 택하신 12제자는 아니다.

그러나 그는 신약성경의 21권의 서신에서 절반이 넘는 13권의 서신을 기록하였으며 그는 자신이 죄가 있으면 자기가 로마 시민권을 가졌으니 로마에 가서 황제의 심판을 받겠다고 주장하여 해상에서의 모든 위엄을 무릅쓰고 로마로 간 것은 오로지 전도를 위한 것이다.

베드로와 바울은 사도 가운데에서 주도권을 잡기 위해서 다툰 적이 없고 베드로도 바울의 권위를 인정하고 그 역시 이방 선교에 힘썼다.

바울은 베드로와 같은 감옥에 갇혀 있었고 현재도 그 건물이 남아 있는데 창문에 그 두 사도의 모습이 양각으로 빚어져 있다. 베드로가 중죄로 십자가에 달리는데 어떻게 예수님처럼 달리겠느냐고 하여 머리가 땅에 달리도록 거꾸로 하고 죽었다. 바울은 AD 65~67년경 6월에 참수되었는데 바울의 목이 땅에 세 번 튀었고 그 자리마다 물이 솟았다고 한다.

바울과 베드로의 순교는 기독교 발전의 양 날개가 되어 서구에서부터 전 세계에 전파되었다. 베드로는 예수님의 뜻을 따라 천주교의 초대 교황으로 추대되어 34년간 천주교의 등불이 되었고 바울은 전도의 세계화에 초석을 놓으며 기독교 복음의 기초를 가르쳐 주었다.

드리고 싶은 말씀

(1)

나는 한 목사님이 TV에서 우리는 가톨릭에 저항하는 개신교도 Protestant라고 하는 말씀을 듣고 놀랐습니다. Protest라는 말은 일반적으로 저항한다는 뜻으로 사용하지만 본래 Pro는 '위하여'의 뜻이고 Test는 언약과 복음으로 Protest는 '선언하다, 증언하다'의 뜻으로 Christian이라는 뜻과 동의어로 씁니다.

그러니 우리는 가톨릭시즘에 저항하는 사람이 아니라 오직 복음의 믿음으로 구원의 진리를 증거하는 것을 자랑스럽고 감사하는 사람입니다.

(2)

On-Line 시대에 살고 있는 우리에게는 5가지 기독교 채널이 있습니다. 24시간 가동되는 이들 채널을 통하여 매우 은혜로운 말씀들을 듣고 있습니다. 신학교육을 받지 못한 나는 유익한 설교를 통하여 신학교육을 받을 수 있게 되어 시간이 있으면 채널 중에서 도움이 되는 말씀을 통하여 미처 알지 못했던 사실을 알게 되고 은혜를 받습니다.

(3)

1,700페이지가 넘는 성경은 읽고 싶은 성도에게 큰 부담을 주는 경전입니다. 그러나 읽겠다는 뜻을 세우고 매일 창세기에서 시작하면 요한계시록에 이르게 됩니다. 큰 부담을 느끼지 않고 매일 적당한 분량만 읽기를 계속하면 반드시 끝낼 수 있습니다. 물방울도 계속되면 바위도 뚫게 되니 성경의 두께를 생각지 않고 매일 읽기를 생활화하면 그 끝에 도달하고 큰 자부심을 갖게 되고 크신 은혜를 받게 됩니다. 아멘.

탑처럼
구조화된 신약성경

초판 1쇄 발행 2025. 3. 21.

지은이 서정철
펴낸이 김병호
펴낸곳 주식회사 바른북스

편집진행 박하연
디자인 양헌경

등록 2019년 4월 3일 제2019-000040호
주소 서울시 성동구 연무장5길 9-16, 301호 (성수동2가, 블루스톤타워)
대표전화 070-7857-9719 | **경영지원** 02-3409-9719 | **팩스** 070-7610-9820

•바른북스는 여러분의 다양한 아이디어와 원고 투고를 설레는 마음으로 기다리고 있습니다.

이메일 barunbooks21@naver.com | **원고투고** barunbooks21@naver.com
홈페이지 www.barunbooks.com | **공식 블로그** blog.naver.com/barunbooks7
공식 포스트 post.naver.com/barunbooks7 | **페이스북** facebook.com/barunbooks7

ISBN 979-11-7263-264-9 03230